TRENDIGE TASCHEN

EINFACH SELBST GENÄHT

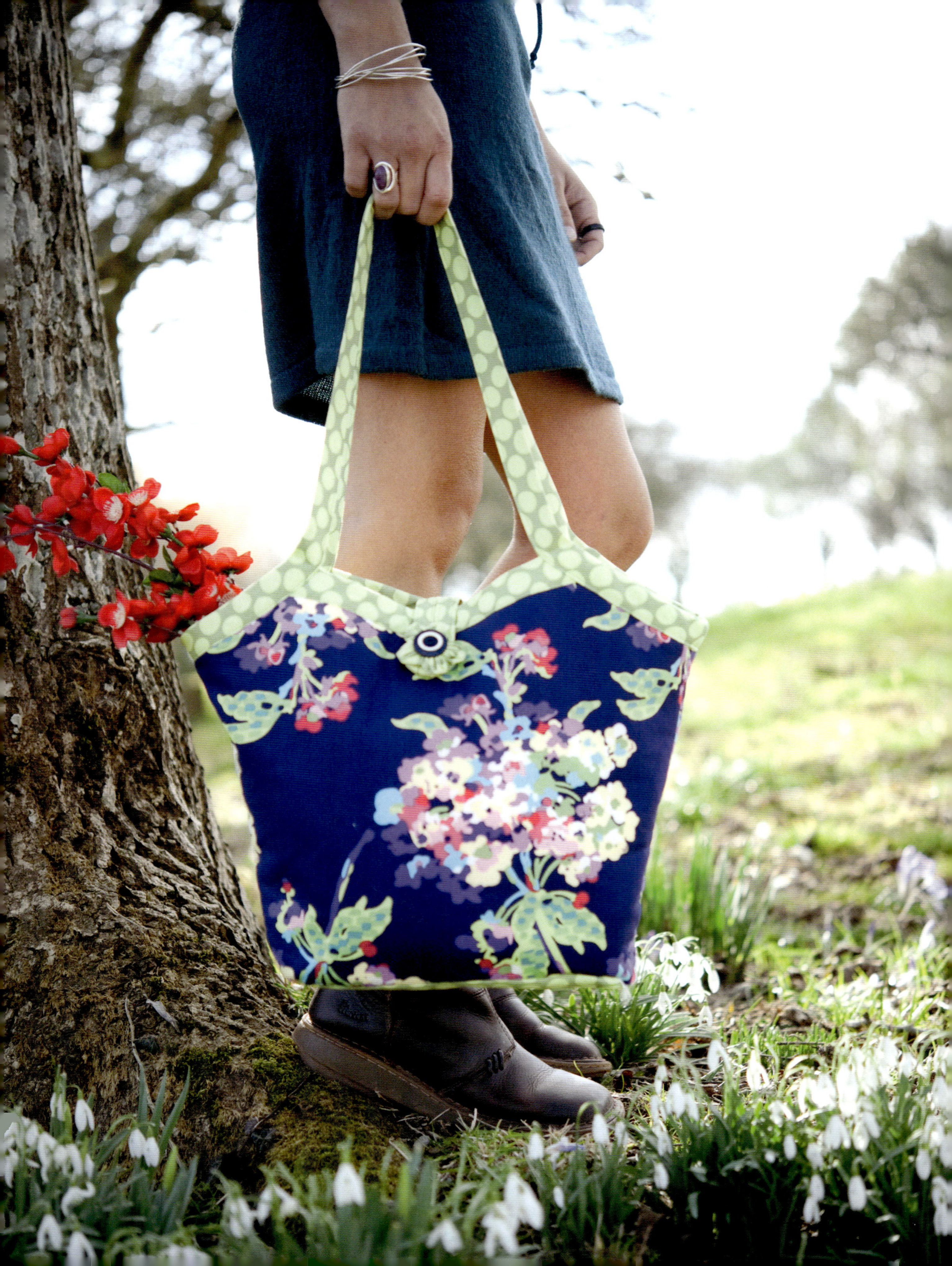

TRENDIGE TASCHEN
EINFACH SELBST GENÄHT

Das umfassende Praxisbuch

Lisa Lam *Vorwort von Amy Butler*

2. Auflage

Stocker
stv

Widmung

Meine Schwester Jenny ist die liebste Freundin und Helferin in Handarbeitsdingen, die man sich vorstellen kann. Mama und Papa, Wendy und Haymond haben mich immer unterstützt und ermutigt. Und mein lieber Mann Alan hat mich vor vielen Jahren dazu angespornt, den Schritt in die Selbständigkeit zu wagen. Ihnen allen ist dieses Buch gewidmet.

Umschlaggestaltung: Werbeagentur Rypka GmbH, 8143 Dobl/Graz, www.rypka.at
Umschlagfotos Rückseite: Jack Kirby und Lorna Yabsley

Titel der Originalausgabe: Lisa Lam: The bag making bible. The complete creative guide to sewing your own bags.
David & Charles, Brunel House, Newton Abbot, Devon (First published 2010)
© 2010 David & Charles, 4700 East Galbraith Road, Cincinnati, OH 45236

Aus dem Englischen ins Deutsche übertragen von Dr. Claudia Tancsits

Der Inhalt dieses Buches wurde vom Autor und Verlag nach bestem Gewissen geprüft, eine Garantie kann jedoch nicht übernommen werden. Die juristische Haftung ist ausgeschlossen.

Bibliografische Information der Deutschen Nationalbibliothek
Die Deutsche Nationalbibliothek verzeichnet diese Publikation in der Deutschen Nationalbibliografie; detaillierte bibliografische Daten sind im Internet unter http://dnb.d-nb. de abrufbar.

Auf Wunsch senden wir Ihnen gerne kostenlos unser Verlagsverzeichnis zu:
Leopold Stocker Verlag GmbH
Hofgasse 5 / Postfach 438
A-8011 Graz
Tel.: +43 (0)316/82 16 36
Fax: +43 (0)316/83 56 12
E-Mail: stocker-verlag@stocker-verlag.com
www.stocker-verlag.com

ISBN: 978-3-7020-1360-8

Alle Rechte der Verbreitung, auch durch Film, Funk und Fernsehen, fotomechanische Wiedergabe, Tonträger jeder Art, auszugsweisen Nachdruck oder Einspeicherung und Rückgewinnung in Datenverarbeitungsanlagen aller Art, sind vorbehalten.

© Copyright der deutschen Erstausgabe: Leopold Stocker Verlag, Graz 2012;
2. Auflage 2013

Printed in China

Inhalt

Vorwort von Amy Butler — 6
Einleitung — 8

Grundausstattung — 10
Die Nähmaschine — 12
Die Anatomie der Handtasche — 14

1: Bald kann es losgehen — 16
Ihre vielseitige Tragetasche — 24

2: Stoffe auswählen — 30
Ihre Umhängetasche zum Wenden — 40

3: Struktur und Verstärkung — 46
Ihre elegante Rüschen-Clutch — 58

4: Futter — 64
Ihre perfekte Businesstasche — 76

5: Verschlüsse — 82
Ihre topaktuelle Oversize-Tasche — 94

6: Griffe und Träger — 100
Die Reisetasche „Große Fahrt" — 112

7: Fächer — 122
Die Tausendsassa-Tragetasche — 132

8: Verzierungen — 140
Ihre schicke Hobo-Tasche — 148

Alle Arbeitsschritte auf einen Blick — 156
Bezugsquellen — 157
Über die Autorin — 158
Danksagung — 158
Stichwortverzeichnis — 159
Schnittmuster

Vorwort

Bevor ich auf das vorliegende Buch näher eingehe, möchte ich Ihnen von Lisa erzählen. Unsere Freundschaft begann als E-Mail-Bekanntschaft, nachdem ich erfahren hatte, dass sie meine Schnittmuster und meine Stoffe auf ihrer großartigen Website U-Handbag.com führt. Ich war von ihrem Blog sofort begeistert und fühlte mich geehrt, eine so außerordentlich fähige und engagierte Geschäftspartnerin zu haben. Ich schickte ihr schnell eine kurze Nachricht mit meinen besten Wünschen und erhielt eine ganz besonders herzliche Antwort.

Wir fanden bald heraus, dass wir sehr viel gemeinsam hatten, sowohl im Privatleben als auch in unserer kreativen Tätigkeit. Ich hatte gleich das Gefühl, eine verwandte Seele gefunden zu haben, einen Menschen mit vielfältigen Begabungen und einer unglaublichen Herzenswärme. Bei mir stand damals gerade eine Signierstunde im Londoner Kaufhaus Liberty auf dem Programm und ich fragte Lisa, ob sie in der Nähe von London wohne und ob wir uns bei dieser Gelegenheit persönlich treffen könnten. Lisa sagte nur: „Sicher, kein Problem." Im Nachhinein erfuhr ich, dass sie eine ziemlich weite Anreise gehabt hatte – und doch verbrachte sie den ganzen Nachmittag mit mir, obwohl zu Hause jede Menge Aufträge auf sie warteten. Aber so ist Lisa eben.

Sie steckt voller Energie und hat auch sehr viel Humor. Mit ihrer Intelligenz, ihrer Begabung, ihrem Engagement, ihrem Charme und ihrem Sachverstand ist sie für jeden da, der sie braucht. Sie würde sich normalerweise diese Komplimente nicht gefallen lassen, aber diesmal bleibt ihr nichts anderes übrig! Auch in ihrem Buch will Lisa ihr Bestes geben, anderen Handarbeitsfreunden ihre Erfahrung, ihre Ideen und ihr Wissen vermitteln und ihnen eine Fülle von Anregungen bieten. Lisa überlässt nichts dem Zufall.

Das Buch ist eine wahre Fundgrube an Informationen und stellt allen Interessierten das Handwerkszeug zum kreativen Gestalten nach eigenen Entwürfen zur Verfügung. Lisa stellt jede einzelne Technik in einem eigenen Kapitel vor, gibt dazu wertvolle Hintergrundinformationen zu Materialien und Werkzeugen und ergänzt ihre genauen, klaren Schritt-für-Schritt-Anleitungen mit anschaulichen Fotos. Am Ende des Kapitels steht immer ein Projekt als praktisches Beispiel, bei dem die vorgestellte Technik zur Anwendung kommt. Die Leser erhalten ausführliche Informationen zum Thema Nähen und dazu eine Reihe von Arbeitsanleitungen und Schnittmustern für ebenso schöne wie praktische Taschen, die auch ganz nach den individuellen Bedürfnissen abgeändert werden können.

Vor Ihnen liegt eines der umfassendsten Werke zum Thema Nähen, die ich kenne. Auf der Suche nach Ideen, Anregungen und Informationen werden Sie immer wieder zu diesem Buch greifen.

Viel Freude beim Nähen!

Amy Butler

Rechts: *Die Tasche „Große Fahrt" (S. 112) ist ein besonderes Prachtstück. Zu ihrer Herstellung wurde Möbelstoff aus meiner Kollektion „Love" verwendet. Durch ihre hohe Funktionalität kann sie Ihnen in allen möglichen Lebenslagen gute Dienste leisten!*

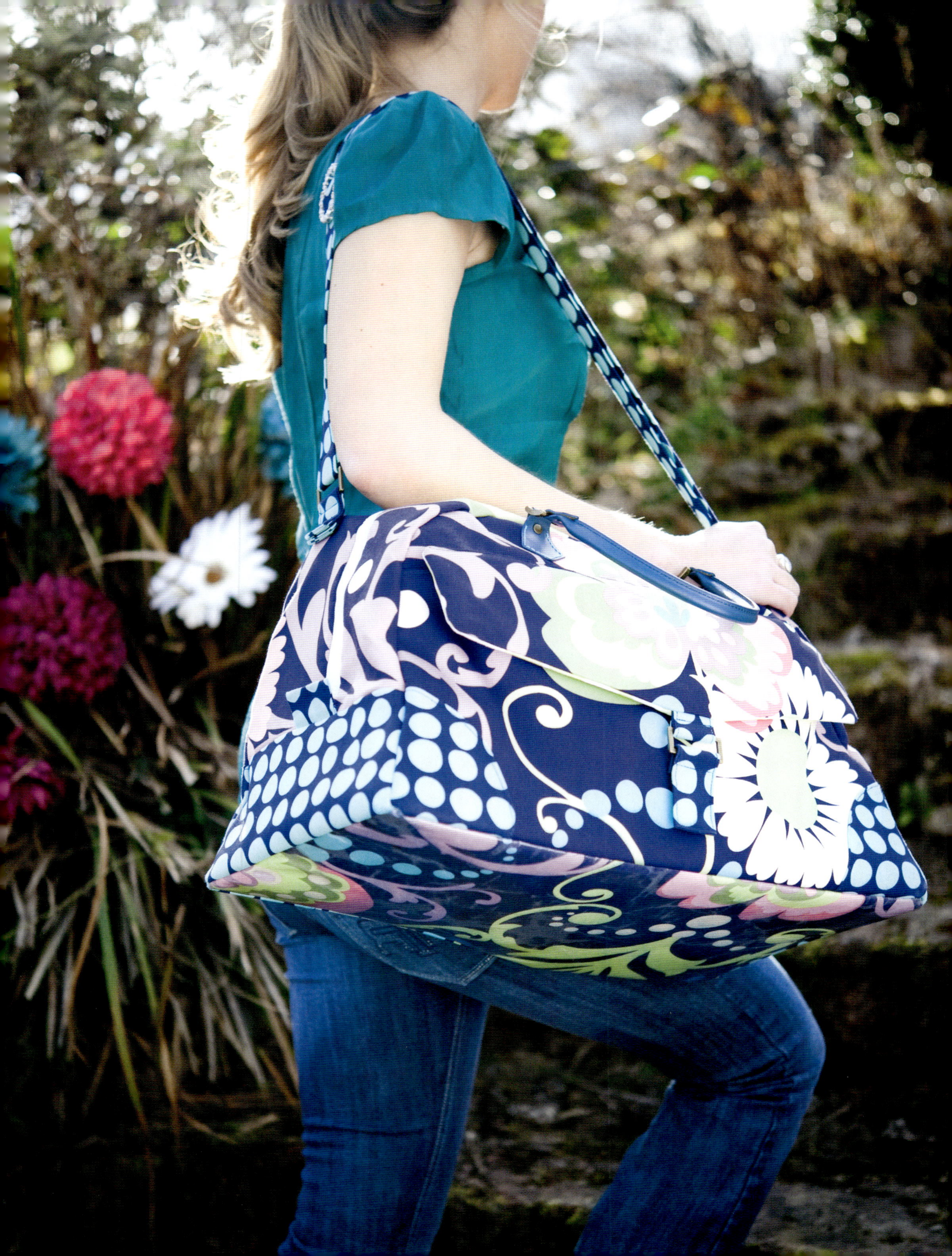

Einleitung

Nähen ist für mich Arbeit und Zeitvertreib zugleich und es macht unglaublich viel Spaß. Schon als kleines Mädchen habe ich genäht – die Anregung dazu kam von meiner Mutter. Mit den coolen Sachen, die sie uns schneiderte, waren wir 1970er-Jahre-Kinder immer in Mode. Seither bin ich von Stoffen, Accessoires und Nähzubehör geradezu besessen. Ich bin Autodidaktin, habe Freude am Experimentieren und kann auch (meistens) über meine eigenen Fehler lachen.

Am liebsten nähe ich Taschen. Jedes weibliche Wesen braucht eine Handtasche (zehn sind natürlich besser) und eine selbst gemachte Tasche ist das perfekte Geschenk für alle Gelegenheiten. Es ist ein wirklich gutes Gefühl, eine Handtasche zu besitzen, die ein absolutes Einzelstück ist, und auf bewundernde Fragen zu antworten: „Die Tasche? Oh, die habe ich selbst gemacht!"

Dazu ist keine Meisterschaft im Nähen und kein ausgefallenes Handwerkszeug erforderlich. Sie brauchen nur eine Nähmaschine und einige leicht erhältliche Materialien. Für manche der Arbeitsanleitungen in diesem Buch wäre ein bisschen Erfahrung im Taschennähen von Vorteil, aber alle verwendeten Techniken sind für Einsteiger wie für Fortgeschrittene geeignet. Auch als Einsteiger(in) können Sie dem Buch entnehmen, wie Sie eine vorgegebene Anleitung etwa durch eine beliebige Anzahl von Seitentaschen oder einen Zippverschluss an der Oberkante variieren können. Die Leser(innen) meines Taschen-Blogs wissen, dass ich mich immer um leicht verständliche Arbeitsanleitungen und jede Menge anschauliche Fotos bemühe, und hier habe ich es ebenso gehalten.

Haben Sie nicht schon manchmal die Handtasche einer anderen Frau kritisch gemustert und sich gedacht: „Hübsche Form, aber zu wenig Seitentaschen."

– oder: „Zu klein." – oder: „Der Stoff ist aber eklig!"? Es ist Ihr gutes Recht, sich eine größere Tasche, mehrere Seitentaschen oder sogar ein Täschchen aus demselben Material wie Ihr schickes Partykleid zu wünschen. Aber wie heißt es so schön: Manche Dinge muss man selbst machen. Genau das können Sie anhand dieses Buches erlernen. Es enthält alle grundlegenden Informationen und acht Arbeitsanleitungen für wunderhübsche Taschen. Und als allererstes Buch zu diesem Thema zeigt es, wie die einzelnen Bestandteile einer Tasche hergestellt und befestigt werden – von verschiedenen Arten von Seitentaschen bis zu Handgriffen, von diversen Verschlüssen bis zum Innenfutter.

Mithilfe der hier vermittelten Techniken können Sie nicht nur die prachtvollen Projekte verwirklichen, die in diesem Buch vorgestellt werden. Vor allem können Sie auch Ihre eigenen Taschen entwerfen und die Entwürfe auch umsetzen. Warum sollten Sie sich mit der Massenware begnügen, die im Handel angeboten wird? Nähen Sie Ihre eigene Tasche genau so, wie Sie sie haben möchten! Dieses Buch zeigt Ihnen den Weg und macht Sie mit allen notwendigen Techniken vertraut.

Lisa Lam

Schauen Sie doch einmal bei meinem Taschen-Blog vorbei:
www.u-handbag.typepad.com

Grundausstattung

Wenn Nähen schon zu Ihren Hobbies zählt, besitzen Sie sicher bereits die Grundausrüstung zum Taschennähen. Kaufen Sie die beste Qualität, die Sie sich leisten können, dann müssen Sie das Handwerkszeug nicht so oft ersetzen.

Zum Zuschneiden

- **Rollschneider:** Er ermöglicht ein viel schnelleres und exakteres Zuschneiden. Ein Schärfgerät hilft, Geld zu sparen, weil Sie stumpfe Klingen nicht gleich ersetzen müssen.

- **Schneidematte:** Sie gehört unbedingt zum Rollschneider. Wählen Sie eine Matte, die sowohl ein metrisches als auch ein angloamerikanisches Raster hat. Das Raster ist dann auch eine große Hilfe bei Ihren eigenen Entwürfen.

- **Schneiderschere:** Sie sollte so schwer sein, dass Sie sie noch bequem halten können (das Gewicht erhöht die Stabilität beim Schneiden). Die Schneidfläche sollte bis zur Spitze reichen und die Griffe sollten nach oben gebogen sein.

- **Stickschere:** Eine kleine Schere mit feiner Spitze ist für präzise, kurze Schnitte unentbehrlich.

- **Trennmesserchen:** Zum Auftrennen von Nähten, aber auch für die winzigen Einschnitte für Magnetverschlüsse und Knopflöcher ist es sehr praktisch. Ersetzen Sie stumpfe Trennmesserchen sofort – wenn Sie zu fest andrücken müssen, könnten Sie leicht abrutschen.

Um gefahrlos und exakt zu schneiden, müssen alle Schneidgeräte scharf sein.

Zum Markieren, Messen und Feststecken

- **Selbstlöschender Stift (Sublimatstift):** Mir sind diese Stifte am liebsten, weil man mit ihnen exakter arbeiten kann als mit Kreide. Die Markierungen verschwinden innerhalb von 48 Stunden. Probieren Sie dies zur Sicherheit zuerst auf einem kleinen Stück Stoff aus.

- **Falzbein:** Durch Aufdrücken mit diesem praktischen Werkzeug entsteht ein Knick im Stoff – die ideale Lösung, wenn Ihr Stoff für selbstlöschende Markierstifte nicht geeignet ist. Das Falzbein ist auch hervorragend geeignet, um eine Falte „vorzuzeichnen".

- **Maßband:** Um das Umrechnen zu erleichtern, wählen Sie ein Maßband, auf dem die metrischen und die angloamerikanischen Maße auf derselben Seite aufgedruckt sind.

- **Stecknadeln:** Bei Stecknadeln mit flachen Köpfen schmerzen die Fingerkuppen auch nicht, wenn man die Nadeln durch mehrere Stoffschichten stecken muss.

- **Nähnadel:** Obwohl Sie die meiste Zeit mit der Maschine nähen werden, ist das händische Nähen manchmal unvermeidlich, z. B. wenn die Maschine den gewünschten Stoffbereich nicht erreicht oder wenn Sie einen Knopf annähen müssen.

Weitere Werkzeuge

Keines der folgenden Werkzeuge, die ich mir im Laufe der Jahre zugelegt habe, ist besonders ausgefallen oder schwer erhältlich. Fügen Sie sie zu ihrer Ausrüstung hinzu, um sich die Arbeit zu erleichtern und optimale Ergebnisse zu erzielen.

Garn: Um sich die Arbeit zu erleichtern und langlebige Taschen herzustellen, verwenden Sie hochwertiges Allzweck-Polyestergarn. Billigeres Garn reißt leichter und ist daher zum Nähen einer Tasche ungeeignet.

Schrägbandformer: Ich verwende die Formate 2,5 cm und 5 cm zur Herstellung von Schrägband für Keder- und Bandeinfassungen (siehe S. 141).

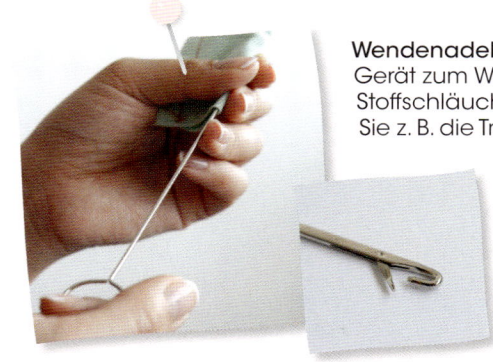

Wendenadel: Ein einfaches Gerät zum Wenden von Stoffschläuchen. So können Sie z. B. die Träger im Handumdrehen herstellen.

Durchziehnadel: Man befestigt eine Kordel oder einen Einziehgummi an der Durchziehnadel, um sie zügig durch einen Stoffschlauch oder einen Saum zu ziehen.

Hammer und Zange: Zum Arbeiten mit Nieten und Ösen nehmen Sie einen kleinen Hammer (siehe S. 85). Mit zwei Zangen können Sie Metallringe und Glieder von Kettenriemen öffnen und schließen. Für kleine Hände sind Goldschmiedezangen besonders geeignet.

Textilkleber: Wenn Nähen nicht in Frage kommt, verwenden Sie hochwertigen, klar trocknenden Textilkleber. Er kann genauso zweckmäßig sein wie eine Naht.

Schneiderahle: Damit können Sie Löcher für Nieten in den Stoff bohren, beim Wenden von Stoffträgern die Ecken herausdrücken oder kleine Teile Ihrer Arbeit unter den Nähmaschinenfuß schieben, damit der Stoff vom Untertransporteur besser erfasst werden kann. Es gibt Ahlen mit scharfer Spitze oder mit Kugelspitze.

Mini-Bulldogklemmen: Mit diesen starken Klemmen kann man Stoffteile provisorisch zusammenfügen, wenn Stecknadeln ungeeignet sind, z. B. bei sehr dicken Stoffschichten.

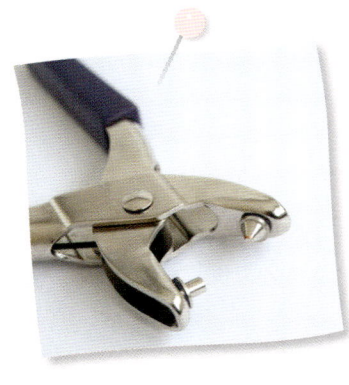

Lochzange: Sie sorgt für saubere Löcher für Ösen oder Druckknöpfe. Das abgebildete Gerät hat Lochaufsätze in verschiedenen Größen und einen kleineren Griff, der für Personen mit kleinen Händen angenehmer ist.

Die Nähmaschine

Die Nähmaschine ist das wichtigste Werkzeug zum Herstellen von Taschen (und zum Nähen im Allgemeinen). Sie muss nicht aufwändig oder teuer sein, doch sie sollte unbedingt einen starken Motor und einen Freiarm haben. Die anderen unten angeführten Eigenschaften und Funktionen sind nicht unbedingt nötig, aber praktisch. Beim Kauf einer Nähmaschine bietet das Internet zahlreiche objektive Ratschläge und Empfehlungen. Es gibt auch viele lesenswerte Bücher, denen Sie entnehmen können, wie man aus seiner Nähmaschine das Beste herausholt.

Nadelpositionstaste (unten/oben): Beim Nähen einer Tasche muss man den Nähvorgang oft unterbrechen. Diese Taste bewirkt, dass die Nadel unten ist, wenn die Maschine zu nähen aufhört. Bei dieser Nadelposition verrutscht die Arbeit nicht und Sie können perfekte Ecken nähen.

Fadenabschneider: Per Knopfdruck den Faden abschneiden zu können, ist nicht notwendig, aber sehr bequem.

Freiarm: Er ist beim Taschennähen unverzichtbar. Schmale Stoffschläuche (z. B. Ärmel), kleine und mittelgroße Taschen gelingen damit viel leichter.

Geschwindigkeitsregler: Mit seiner Hilfe kann man eine Maximalgeschwindigkeit festlegen, die auch mit dem Fußpedal nicht überschritten werden kann.

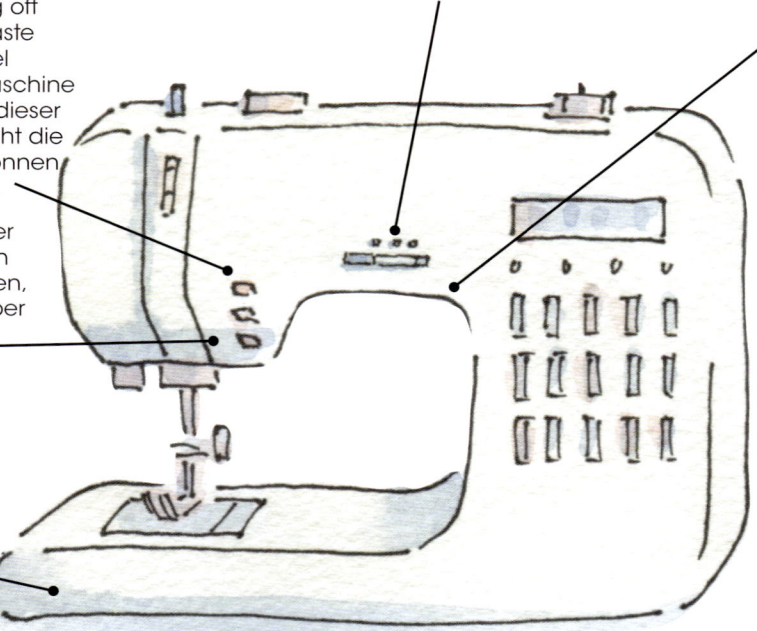

Langer Arm: Er lässt Ihnen rechts von der Nadel genügend Platz. Wenn Sie große oder voluminöse Taschen nähen, müssen Sie Ihre Arbeit nicht zusammenknüllen, damit sie unter die Nähmaschine passt.

- **Starker Motor:** Ein Muss, wenn man mit so vielen Stoff- und Vliesschichten arbeitet.
- **Gute Standfestigkeit:** Wählen Sie eine Maschine mit ausreichendem Eigengewicht und einem breiten, stabilen Stand, damit sie nicht wackelt und „flattert", wenn Sie mit hoher Geschwindigkeit oder mit dicken Stoffschichten arbeiten. Fragen Sie beim Kauf, ob Sie das Gerät bei Höchstgeschwindigkeit ausprobieren oder in Aktion sehen können.
- **Solide Bauart:** Mir sind schwere Maschinen am liebsten (je mehr Metall, desto besser), weil sie länger halten, weniger oft gewartet werden müssen und weniger stark vibrieren.
- **Bedienungsanleitung:** Es gibt immer Fälle, wo man nachsehen muss, auch wenn man viel Erfahrung hat. Verlangen Sie beim Nähmaschinenkauf die Bedienungsanleitung zur Ansicht. Suchen Sie auch im Internet nach Support und Gebrauchsanleitungen für Ihre Maschine.
- **Aufspulsystem:** Lassen Sie sich vor dem Kauf einer Maschine zeigen, wie das Aufspulen funktioniert, da es verschiedene Systeme dafür gibt. Überlegen Sie, ob Sie damit zufrieden sind.
- **Duales Transportsystem:** Dieses Extra einiger Nähmaschinen erleichtert das Arbeiten mit mehreren Stoffschichten und mit dicken Stoffen, weil der Stoff gleichmäßig und mit derselben Geschwindigkeit transportiert wird. Bei herkömmlichen Maschinen wird die untere Schicht vor der oberen durch die Maschine transportiert. Dadurch „kriecht" die obere Schicht nach vorne, was sehr lästig sein kann.

Nähfüße

Für verschiedene Stiche braucht man verschiedene Nähfüße. Überlegen Sie also, welche Stiche Sie verwenden wollen, und finden Sie heraus, welche Nähfüße Ihren Bedürfnissen entsprechen. Wenn Sie eine Nähmaschine kaufen, vergewissern Sie sich, welche Nähfüße mitgeliefert werden, und fragen Sie den Händler, ob er weitere Nähfüße gratis dazugibt (fragen Sie auch nach weiteren „Gratiszugaben"!).

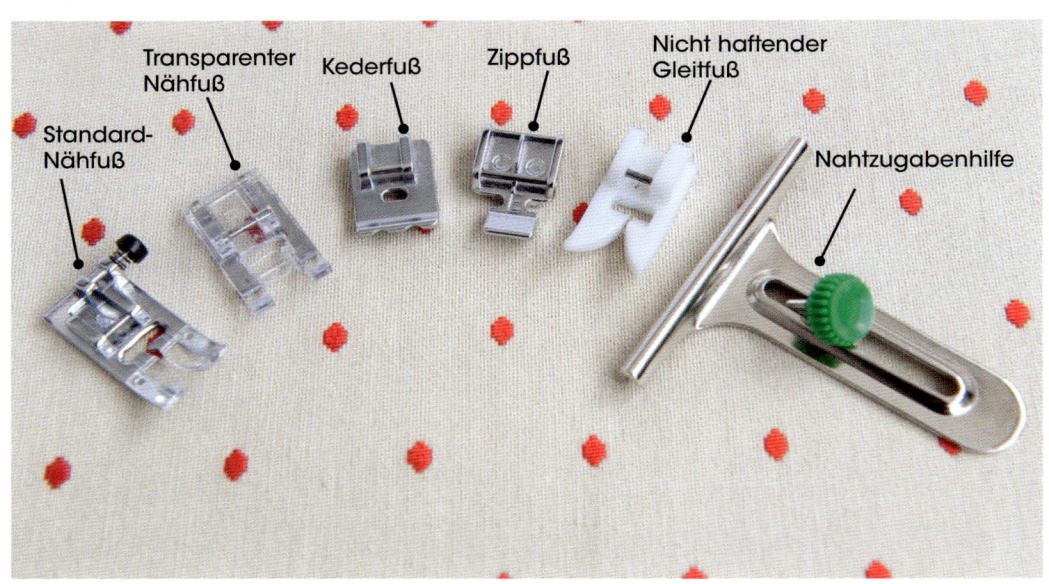

- **Standard-Nähfuß:** Diesen vielseitig einsetzbaren Fuß werden Sie am häufigsten verwenden. Damit können Sie Geradstich, Zickzackstich und die meisten Zierstiche nähen.

- **Transparenter Nähfuß:** Ein Standard-Nähfuß, der nicht aus Metall, sondern aus durchsichtigem Kunststoff besteht. So können Sie Passzeichen und Markierungen viel besser sehen.

- **Kederfuß:** Wenn Sie einen Keder nähen wollen, ist dieser Fuß ein Muss (siehe S. 144).

- **Zippfuß:** Er erleichtert das Nähen knapp an der Kante und ist für das Annähen von Zippverschlüssen unentbehrlich.

- **Nicht haftender Gleitfuß (Teflonfuß):** Dieser Fuß ist für Oberflächen wie Öltuch, Vinyl und Leder hervorragend geeignet (siehe S. 32).

- **Nahtzugabenhilfe:** Dieses Helferlein ist kein Fuß, sondern eine Metallkante, die sich an den Unterbau der Nähmaschine anschrauben lässt und beim gekonnten Absteppen gute Dienste leistet. Die gewünschte Nahtzugabe einstellen, die Kante Ihrer Arbeit an die Nahtzugabenhilfe anlegen – fertig – los!

Maschinenstiche

Seit über sechs Jahren nähe ich Taschen – und in der ganzen Zeit habe ich nur zwei Maschinenstiche verwendet.

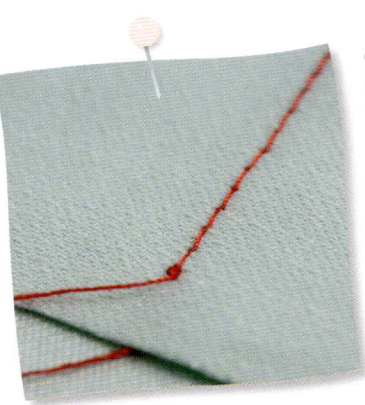

Geradstich: Im Grunde verwende ich praktisch nur diesen Stich.

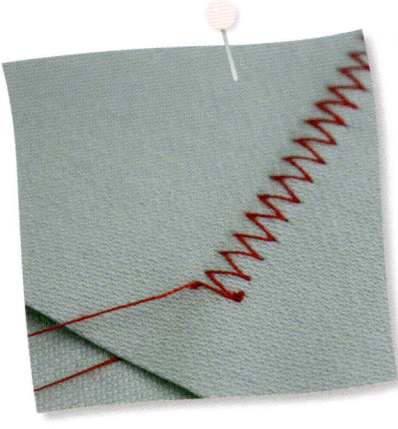

Zickzackstich: Hin und wieder nähe ich mit Zickzackstich über unversäuberte Stoffkanten, damit sie nicht ausfransen (siehe S. 26).

Die Anatomie der Handtasche

Handtaschen sind verschieden, was ihre Größe, ihre Form und ihren Zweck betrifft, aber die Bezeichnungen für ihre Bestandteile bleiben immer gleich und die Techniken für ihre Herstellung sind auch bei verschiedenen Designs ähnlich. Viel Spaß beim Erforschen der Techniken und der Arbeitsanleitungen in diesem Buch – bald werden Sie an Sicherheit gewinnen und Ihr ganz persönliches Prachtstück entwerfen und herstellen.

Griff/Träger

Überschlag

Befestigung

Verschluss

Zwickel

Erste Eindrücke

- **Verschluss:** Hier gibt es so viele Möglichkeiten, dass dem Thema ein ganzes Kapitel gewidmet ist (siehe S. 82–93). Ihre Tasche kann mehrere Arten von Zippverschlüssen, einen sichtbaren oder unsichtbaren Magnetverschluss oder einen Drehverschluss haben. Auch ein Überschlag, wie auf dem Bild, kann die Tasche schließen, eventuell zusätzlich zu einem Zipp- oder Schnappverschluss. Variieren und kombinieren Sie, um die größtmögliche Vielfalt und Funktionalität zu erzielen.

- **Zwickel:** Die Form des Zwickels ist oft ausschlaggebend für das Fassungsvermögen Ihrer Tasche, aber auch für ihre Silhouette. Der Zwickel kann gerade sein, Falten oder Bälge aufweisen, ja sogar mit Schnappverschlüssen oder Bändern verstellbar sein (siehe S. 52–53).

- **Griff/Träger:** Auch hier gibt es so viele Varianten, dass ein ganzes Kapitel sich mit Trägern und Griffen beschäftigt (siehe S. 100–109). Wählen Sie Träger, die dem Aussehen und dem Zweck Ihrer Tasche angepasst sind. Stellen Sie sie selbst her oder verwenden Sie geeignete Fertigware (siehe S. 110–111).

- **Befestigung:** Überlegen Sie, wie Träger oder Griff(e) an Ihrer Tasche befestigt werden sollen. Der Träger kann direkt an die Tasche angenäht werden oder Sie können Stoffschlaufen mit Metallringen verwenden (siehe S. 102–103). Für einen verstellbaren Schultergurt sind diese unbedingt notwendig. Träger können fix oder auch abnehmbar angebracht werden, um die Tasche als trägerlose Clutch zu verwenden oder um den Look durch andere Träger oder Handgriffe zu variieren.

Taschenfüße

Taschenrücken

Taschenboden

Bodenständig

- **Taschenboden:** Die allermeisten Taschen, von den einfachsten mal abgesehen, haben einen Boden. Bei manchen ist er weich und strukturlos, andere brauchen einen steifen, verstärkten Boden. Zu seinem Schutz kann man Füße anbringen (siehe S. 137). Die Form des Bodens kann darüber entscheiden, wie die Tasche aussieht, wenn sie abgestellt wird oder wenn sie vollgepackt ist.

- **Taschenrücken:** Auch der Rückenteil verdient Aufmerksamkeit. Dort, wo die Tasche beim Tragen Ihren Körper ständig berührt, muss sie glatt und frei von harten Teilen und Accessoires sein, die an Ihrer Kleidung hängenbleiben oder beschädigt werden könnten. Für eine leicht zugängliche, superflache Seitentasche mit Zippverschluss ist dort jedoch der ideale Platz (siehe S. 66–69).

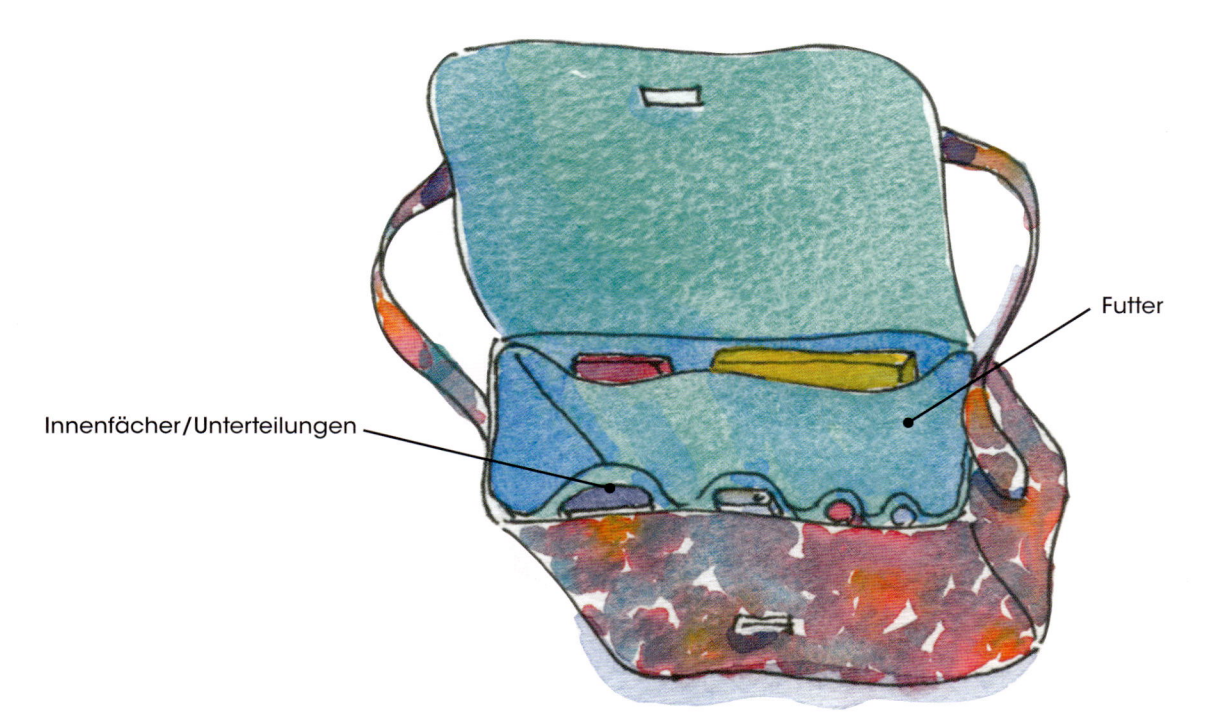

Futter

Innenfächer/Unterteilungen

Die inneren Werte zählen

- **Das Innere der Tasche** ist ebenso wichtig wie das Äußere. Die Gestaltung des Innenfutters gibt Ihnen die Gelegenheit, eine Menge Ausstattungsdetails anzubringen, von der Wahl des Futterstoffs (siehe S. 30–35) bis zu Innenfächern und Unterteilungen, die mehr Ordnung ermöglichen (siehe S. 66–71). Zur Befestigung des Innenfutters gibt es zwei unterschiedliche Techniken, die sich nach der Machart der Tasche richten (siehe S. 72–75).

1. Bald kann es losgehen

Wenn Sie jetzt schon mit Schere und Nähmaschine loslegen wollen, statt dieses Kapitel durchzulesen, kann ich Ihnen das nachfühlen. Aber wenn Sie die hier besprochenen Grundlagen auch nur überfliegen, könnte das entscheidend dazu beitragen, dass die fertige Handtasche Ihre Lieblingstasche wird und nicht im hintersten Winkel des Kastens landet. Hier erfahren Sie, wie man die Schnittmuster in diesem Buch benutzt, Sie erhalten Ratschläge zum Lesen von Schnittmustern und zum Verständnis von Nähanleitungen, zur Vorbereitung des Stoffes und zum Zuschneiden. Am Ende des Kapitels sehen Sie, wie Sie die Größe eines Schnittmusters anpassen können – der erste Schritt zu einer Tasche ganz nach Ihren Vorstellungen.

Umgang mit Schnittmustern

Die Schnittmuster am Ende des Buches sind alle in Originalgröße. Bei einigen Taschenprojekten besteht das Schnittmuster aus zwei oder mehr Musterteilen (dies ist auf den Musterteilen jeweils angegeben), bei anderen gibt es nur einen Musterteil und für manche Taschen braucht man nur ein Rechteck, dessen Maße in der Anleitung angegeben werden.

1 Nehmen Sie einen großen Bogen geeignetes Papier. Ich verwende meist helles Seidenpapier, aber Sie können auch Pauspapier, Butterbrotpapier oder Schnittmusterpapier nehmen. Bügeln Sie das Papier und den Musterbogen auf niedriger Stufe.

2 Legen Sie das Papier über den Musterteil und befestigen Sie es mit Stecknadeln oder Klebestreifen, damit es nicht verrutschen kann.

3 Ziehen Sie mit einem weichen Bleistift (ein harter könnte Löcher in das Papier reißen) den Umriss des Musters nach, auch etwaige Markierungen, Passzeichen und Abnäher (siehe S. 18–19; **Abb. a**).

Abb. a *Ziehen Sie das Muster und die Markierungen mit einem weichen Bleistift nach. So sind die Linien gut sichtbar und Sie zerreißen das Papier nicht.*

4 Legen Sie die abgepausten Musterteile auf den Stoff und richten Sie sie nach dem Fadenlauf aus (zum Fadenlauf siehe S. 19). Wenn Sie laut Anleitung den Musterteil an eine Bruchkante anlegen sollen, falten Sie den Stoff **(Abb. b)**. Achten Sie auf die Ausrichtung des Musters – zeigen die Musterteile mit der richtigen Seite nach oben? Zeigt das Muster auf Ihrem Stoff auch nach oben?

5 Stecken Sie die Musterteile am Stoff fest und schneiden Sie die Stoffteile aus, indem Sie um jeden Musterteil herum schneiden **(Abb. c)**, oder stecken Sie die Musterteile am Stoff fest und zeichnen Sie mit einem Sublimatstift oder einer Kreide die Umrisse nach, um dann an diesen Linien entlang den Stoff zuzuschneiden. Bevor Sie schneiden, lesen Sie die Tipps zum Stoffschneiden auf S. 21!

6 Übertragen Sie allfällige Markierungen, Passzeichen oder Abnäher mit Kreide oder selbstlöschendem Stift vom Musterteil auf den Stoffteil **(Abb. d)**.

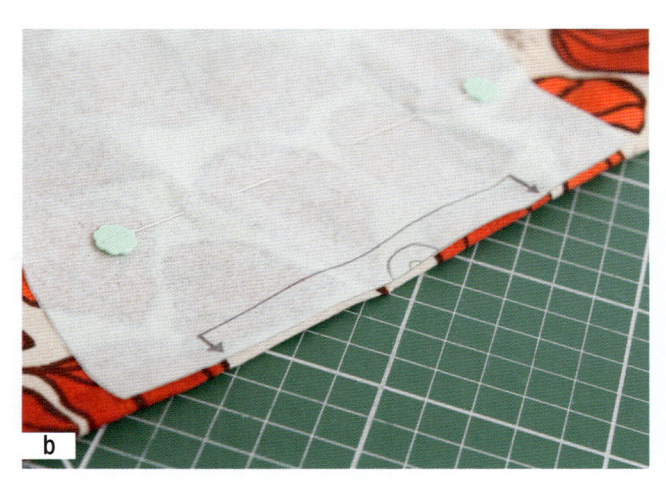

Abb. b *Um einen Musterteil an einer Bruchkante anzulegen, falten Sie den Stoff links auf links und legen Sie die Kante des Musterteils an die Bruchkante des Stoffes an.*

Abb. c *Ich stecke den Musterteil am Stoff fest und schneide darum herum. Das geht schneller, als den Umriss nachzuziehen und dann die Linie entlangzuschneiden.*

Abb. d *Übertragen Sie sämtliche Markierungen auf den Stoff, während der Musterteil noch am Stoff festgesteckt ist.*

Beschriften Sie die Musterteile und heben Sie sie zusammengefaltet in einem Umschlag fürs nächste Mal auf, zusammen mit etwaigen Notizen, die Sie zu der Arbeit gemacht haben.

Schnittmuster verstehen

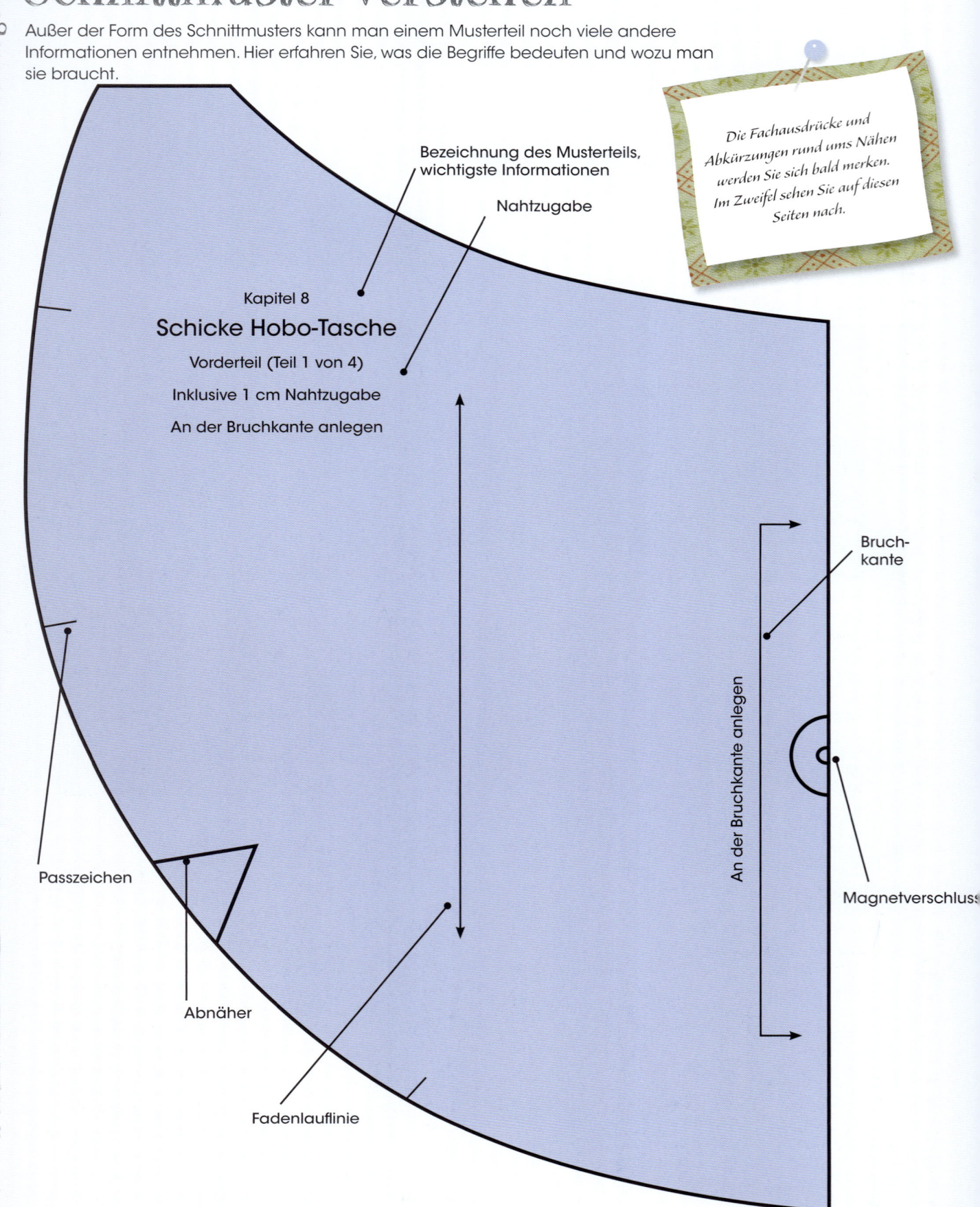

Außer der Form des Schnittmusters kann man einem Musterteil noch viele andere Informationen entnehmen. Hier erfahren Sie, was die Begriffe bedeuten und wozu man sie braucht.

Die Fachausdrücke und Abkürzungen rund ums Nähen werden Sie sich bald merken. Im Zweifel sehen Sie auf diesen Seiten nach.

Bezeichnung des Musterteils, wichtigste Informationen

Nahtzugabe

Kapitel 8

Schicke Hobo-Tasche

Vorderteil (Teil 1 von 4)

Inklusive 1 cm Nahtzugabe

An der Bruchkante anlegen

Bruchkante

An der Bruchkante anlegen

Magnetverschluss

Passzeichen

Abnäher

Fadenlauflinie

- **Nahtzugabe:** So nennt man den Abstand zwischen der Stoffkante und der Nähmaschinennadel. Wenn in einem Schnittmuster angegeben ist, dass die Nahtzugabe 1 cm beträgt, müssen Sie im Abstand von 1 cm entlang der Stoffkante nähen. Schnittmuster sollten immer die Nahtzugabe angeben und auch hinzufügen, ob diese in den Maßen enthalten ist oder nicht.
- **Fadenlauflinie:** Die Linie mit den zwei Pfeilspitzen dient zum Ausrichten der Musterteile nach dem Fadenlauf des Stoffes. Der obere Pfeil zeigt zur Oberkante, der untere zur unteren Kante des Stoffes. Der Fadenlauf des Stoffes verläuft parallel zur Webkante (jener Stoffkante, die nicht ausfranst und auf der oft der Name des Herstellers und die Bezeichnung des Stoffes aufgedruckt sind).
- **Bruchkanten:** Wenn Sie einen Musterteil „an die Bruchkante anlegen" sollen, falten Sie den Stoff links auf links und legen Sie die betreffende Kante des Musterteils an die Bruchkante an. Das ausgeschnittene Stoffstück wird dadurch doppelt so groß: Es entstehen zwei spiegelbildliche Teile, die an der Bruchkante zusammenhängen.
- **Passzeichen:** Diese kurzen senkrechten Markierungen am Umriss des Musterteils helfen Ihnen, Nähte und Stoffkanten richtig zueinander zu positionieren. Musterteile, die zusammengefügt werden sollen, haben übereinstimmende Passzeichen. Übertragen Sie die Passzeichen vom Musterteil auf den Stoff, entweder mit einem Sublimatstift oder durch winzige Einschnitte mit der Schere.
- **Abnäher:** Sie ragen dreiecksförmig vom Umriss des Musterteils in diesen hinein. Beim Stoffzuschneiden schneide ich diese Dreiecke meist aus. Zum Nähen von Abnähern siehe S. 48–49.
- **Andere Markierungen:** Markierungen für Magnet- und Drehverschlüsse, Zipptaschen usw. müssen auf dem Musterteil nachgezeichnet und dann auf den Stoff übertragen werden.

GLOSSAR

Abgesehen von den Schnittmustern müssen Sie auch den schriftlichen Anleitungen für jede Technik und jedes Projekt folgen können. Die folgenden Begriffe werden in diesem Buch durchgehend verwendet und kommen auch in anderen Schnittmustern und Anleitungen vor.

- **Futter/Außenstoff:** Die meisten Taschen haben ein Futter und einen Außenstoff. Das bedeutet, dass die meisten Taschen eigentlich aus zwei Taschen bestehen, der inneren und der äußeren. Die beiden Taschen werden separat hergestellt, bevor sie gegen Ende des Herstellungsvorgangs miteinander verbunden werden. In diesem Buch wird die innere Tasche als „Futterbeutel" und die äußere als „Taschenbeutel" bezeichnet.
- **Einschneiden:** Durch das Einschneiden der Nahtzugabe liegt die Naht flach, wenn Sie die Arbeit auf rechts wenden, denn das Volumen der Nähte (vor allem der gebogenen Nähte) wird dadurch reduziert. Bei Außenrundungen bringen Sie entlang der Nahtzugabe kleine, v-förmige Kerben an (wobei die Spitze des V auf die Naht zeigt) und schneiden Sie dabei knapp – aber nicht zu knapp – an die Naht heran. Bei Innenrundungen machen Sie mit der Schere kleine Einschnitte auf die Naht zu – auch hier aber nicht zu knapp an die Naht heran.
- **Ecken einschneiden:** Wenn Sie an den Ecken die Nahtzugabe abschneiden, reduziert dies das Volumen der Nähte. Die Ecken Ihrer Tasche sehen dadurch exakter und schärfer aus, wenn die Arbeit auf rechts gewendet wird. So wirken rechteckige Außenfächer oder Stoffträger schöner und professioneller. Bevor Sie die Arbeit auf rechts wenden, schneiden Sie die Stoffspitzen der Ecken bis knapp, aber nicht zu knapp, vor der Naht ab.
- **Unversäuberte Kanten:** Schnittkanten, die nicht gesäumt oder geendelt sind.
- **Quadratstich:** Eine sehr praktische Methode, einen Träger möglichst dauerhaft anzunähen.
- **Absteppen:** Auf der rechten Seite der Arbeit in knappem Abstand parallel zu einer Kante nähen. Der Abstand zwischen der Naht und der Kante richtet sich nach Ihren Wünschen oder nach den Angaben in der Arbeitsanleitung. Oft dient die Naht sowohl zur Verstärkung als auch als Ziernaht.
- **Auf rechts wenden:** Die Arbeit mit der rechten Seite (= „schönen" Seite, Vorderseite) nach außen wenden. „Auf links wenden" bedeutet, dass die linke Seite (Rückseite) nach außen gewendet werden soll.
- **linke Seite:** Die Rückseite der Arbeit oder des Stoffes.
- **links auf links:** Zwei Stücke Stoff so aufeinanderlegen, dass sich die linken Stoffseiten berühren.
- **linke Seite nach außen:** Die linke Seite der Arbeit/des Stoffes zeigt nach außen.
- **linke Seite nach oben:** Die linke Seite der Arbeit/des Stoffes zeigt nach oben.
- **rechte Seite:** Die „schöne" Seite oder Vorderseite der Arbeit oder des Stoffes.
- **rechts auf rechts:** Wie „links auf links", bezogen auf die rechte Seite.
- **rechte Seite nach außen:** Wie „linke Seite nach außen", bezogen auf die rechte Seite.
- **rechte Seite nach oben:** Wie „linke Seite nach oben", bezogen auf die rechte Seite.

Zuschneiden und Vorbereiten

Es ist ein herrliches Gefühl, sich ein paar Stunden Auszeit zu gönnen und ein neues Nähprojekt zu beginnen. Aber bevor Sie mit der Schere loslegen, sollten Sie ein bisschen Zeit und Mühe aufwenden, um den gewählten Stoff methodisch richtig vorzubereiten und zuzuschneiden. Die folgenden Tipps können dazu beitragen, dass das Zuschneiden schneller geht und Ihre Tasche richtig professionell aussieht.

Vorbereitung des Stoffes

- Wenn Sie die fertige Tasche irgendwann waschen wollen, müssen Sie den Stoff vorwaschen, damit die Tasche später nicht eingeht. Ein Wäschenetz verhindert, dass die unversäuberten Kanten in der Waschmaschine ausfransen. Ich selbst wasche meine Stoffe nicht vor, weil ich prinzipiell Handtaschen nicht wasche. Ich reinige die betroffene Stelle lieber mit einem feuchten Tuch und einem milden Reinigungsmittel.
- Vor dem Zuschneiden müssen Sie den Stoff immer gründlich bügeln (**Abb. a**).

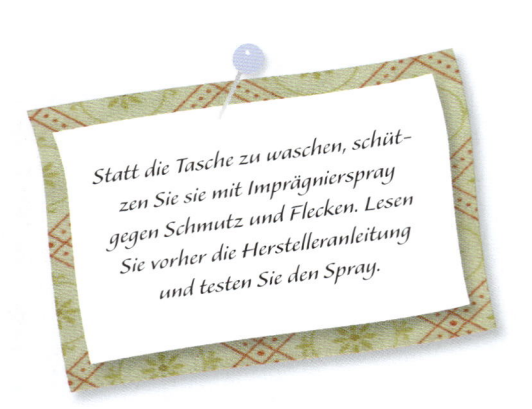

> Statt die Tasche zu waschen, schützen Sie sie mit Imprägnierspray gegen Schmutz und Flecken. Lesen Sie vorher die Herstelleranleitung und testen Sie den Spray.

Abb. a *Langweilig, aber unbedingt notwendig bei allen Nähprojekten: Vor dem Zuschneiden muss der Stoff gründlich gebügelt werden.*

Tipps zum Zuschneiden

- Wählen Sie zum Zuschneiden immer eine horizontale, saubere, abgeräumte Arbeitsfläche.

- Damit es schneller geht: Falls Sie aufbügelbares Vlies (Vlieseline) verwenden, bügeln Sie es vor dem Zuschneiden auf der linken Stoffseite auf (Abb. b). Siehe auch S. 37.

- Schneiden Sie immer mit einer scharfen Schere oder einem scharfen Rollschneider zu. Dadurch erhalten Sie immer saubere und exakte Schnitte. Arbeiten Sie mit dem Rollschneider aber unbedingt auf einer dafür geeigneten Schneidematte (Abb. c).

- Beachten Sie die Fadenlauflinie auf dem Schnittmuster (siehe S. 19), damit das Stoffmuster nicht schief aussieht.

- Legen Sie Stoff- und Vliesschichten sorgfältig aufeinander, dann legen Sie den Musterteil darauf, bevor Sie alle Schichten zusammenstecken und zuschneiden (Abb. d). Wenn jedoch der Stapel zu hoch ist, werden die Schnittkanten unsauber und auch Ihre Schere wird all diese Schichten kaum bewältigen. In diesem Fall legen Sie Futter und Außenstoff schichtweise übereinander und schneiden sie zu, dann legen Sie die Einlagematerial-Schichten übereinander und schneiden diese ebenfalls zu.

- Bei Stoffen mit gerichtetem Muster achten Sie beim Aufeinanderlegen darauf, dass der Stoff nicht verkehrt herum liegt. Sonst könnte es passieren, dass auf einem zugeschnittenen Stoffteil das Muster verkehrt ist.

Abb. b *Wenn Sie aufbügelbares Vlies (Vlieseline) verwenden, bügeln Sie es möglichst schon vor dem Zuschneiden auf die linke Seite des Stoffes auf. Es ist mühsamer, das zugeschnittene Vlies genau auf den zugeschnittenen Stoff zu legen und aufzubügeln.*

Abb. c *Mit dem Rollschneider können Sie gerade Schnitte viel schneller und sauberer ausführen. Wenn Sie eine ruhige Hand haben, ist das Gerät auch für gebogene Kanten gut geeignet. Eine Schneidematte schützt Ihren Tisch und hält die Klinge länger scharf.*

Abb. d *Noch ein Trick zum Zeitsparen: Legen Sie die Stoff- und Vliesschichten vor dem Zuschneiden übereinander und fixieren Sie sie mit Stecknadeln.*

Schnittmuster abändern

Wenn Sie im Nähen ein Neuling sind, werden Sie es vielleicht nicht glauben – aber es ist ganz leicht, ein Muster so abzuändern, dass das Ergebnis Ihrem Geschmack entspricht oder zu Ihrer Garderobe passt! Auch eine ganz einfache Tasche, die aus einem Vorderteil, einem Rückenteil und zwei Griffen besteht, können Sie abwandeln oder aufpeppen, indem Sie die Größe ändern, ein Seitenfach, einen Zipp oder einen Schnappverschluss hinzufügen, die Griffe anders gestalten oder das Volumen mit Abnähern vergrößern. Unten finden Sie eine Anleitung zum Anpassen der Größe der Tasche als ersten gestalterischen Schritt. Auf den übrigen Seiten des Buches erfahren Sie, wie Sie auch alles andere ändern oder abwandeln können. Eine Tasche ist leichter zu nähen als ein Kleid und sie verzeiht viel mehr Fehler, wenn z. B. die Maße nicht genau stimmen. Es macht Spaß, die Tasche sozusagen erst beim Nähen zu entwerfen. Ich mache das immer wieder!

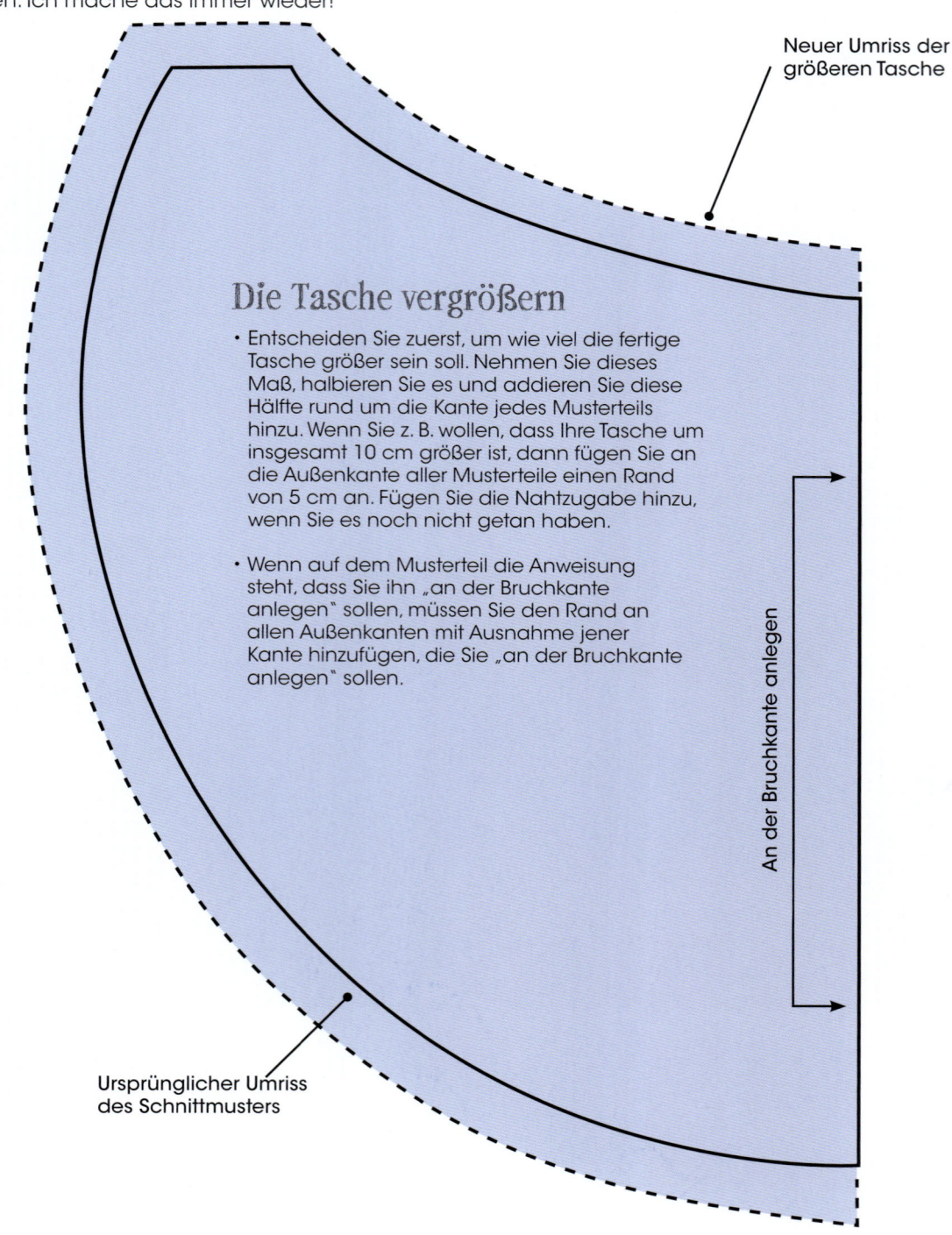

Neuer Umriss der größeren Tasche

Die Tasche vergrößern

- Entscheiden Sie zuerst, um wie viel die fertige Tasche größer sein soll. Nehmen Sie dieses Maß, halbieren Sie es und addieren Sie diese Hälfte rund um die Kante jedes Musterteils hinzu. Wenn Sie z. B. wollen, dass Ihre Tasche um insgesamt 10 cm größer ist, dann fügen Sie an die Außenkante aller Musterteile einen Rand von 5 cm an. Fügen Sie die Nahtzugabe hinzu, wenn Sie es noch nicht getan haben.

- Wenn auf dem Musterteil die Anweisung steht, dass Sie ihn „an der Bruchkante anlegen" sollen, müssen Sie den Rand an allen Außenkanten mit Ausnahme jener Kante hinzufügen, die Sie „an der Bruchkante anlegen" sollen.

An der Bruchkante anlegen

Ursprünglicher Umriss des Schnittmusters

1. Bald kann es losgehen

Neuer Umriss der kleineren Tasche

Die Tasche verkleinern

- Entscheiden Sie zuerst, um wie viel die fertige Tasche kleiner sein soll. Nehmen Sie dieses Maß, halbieren Sie es und ziehen Sie diese Hälfte rund um die Kante jedes Musterteils ab. Wenn Sie z. B. wollen, dass Ihre Tasche um insgesamt 10 cm kleiner ist, dann ziehen Sie an der Kante aller Musterteile einen Rand von 5 cm ab. Berücksichtigen Sie die Nahtzugabe, wenn Sie es noch nicht getan haben.

- Wenn auf dem Musterteil die Anweisung steht, dass Sie ihn „an der Bruchkante anlegen" sollen, müssen Sie den Rand an allen Kanten mit Ausnahme jener Kante abziehen, die Sie „an der Bruchkante anlegen" sollen.

An der Bruchkante anlegen

Ursprünglicher Umriss des Schnittmusters

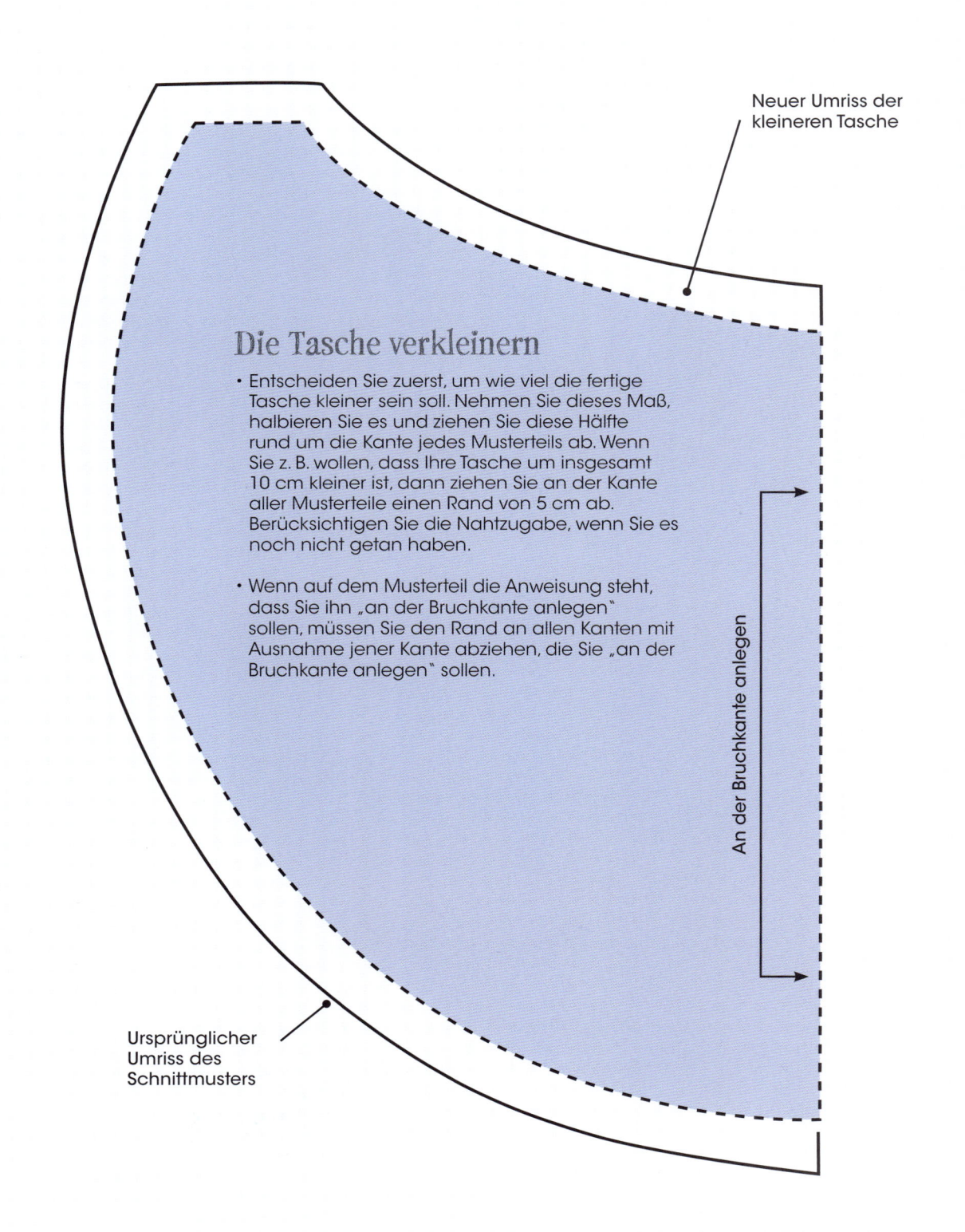

Ihre vielseitige Tragetasche

Diese einfache Tragetasche wird in drei Variationen vorgestellt. Die simple Anleitung werden Sie schnell bewältigt haben und mithilfe dieses Buches werden Sie bald individuelle Extras wie Zipptaschen, Abnäher oder einen pfiffigen Verschluss hinzufügen.

Einfach Klasse: *Ein hübscher Stoff macht diese einfache Tasche erst richtig schick.*

Schlanke Linie: *Einen flachen Boden einzufügen, geht ganz schnell, und die Tasche sieht wesentlich professioneller aus.*

Kecke Falte: *Ein farbenfroher Stoff als Einsatz macht diese Quetschfalte zu einem Blickfang.*

Das sollten Sie wissen

- Da diese Taschen ungefüttert sind, möchten Sie vielleicht lieber einen Stoff verwenden, der auf beiden Seiten dieselbe Farbe hat, wie Leinen oder Segeltuch.
- Die Nahtzugabe beträgt 1 cm, wenn nicht anders angegeben.
- Für diese Taschen gibt es kein Schnittmuster, Sie brauchen nur Rechtecke aus Stoff. Die Maße werden in der Anleitung angegeben.

1. Bald kann es losgehen

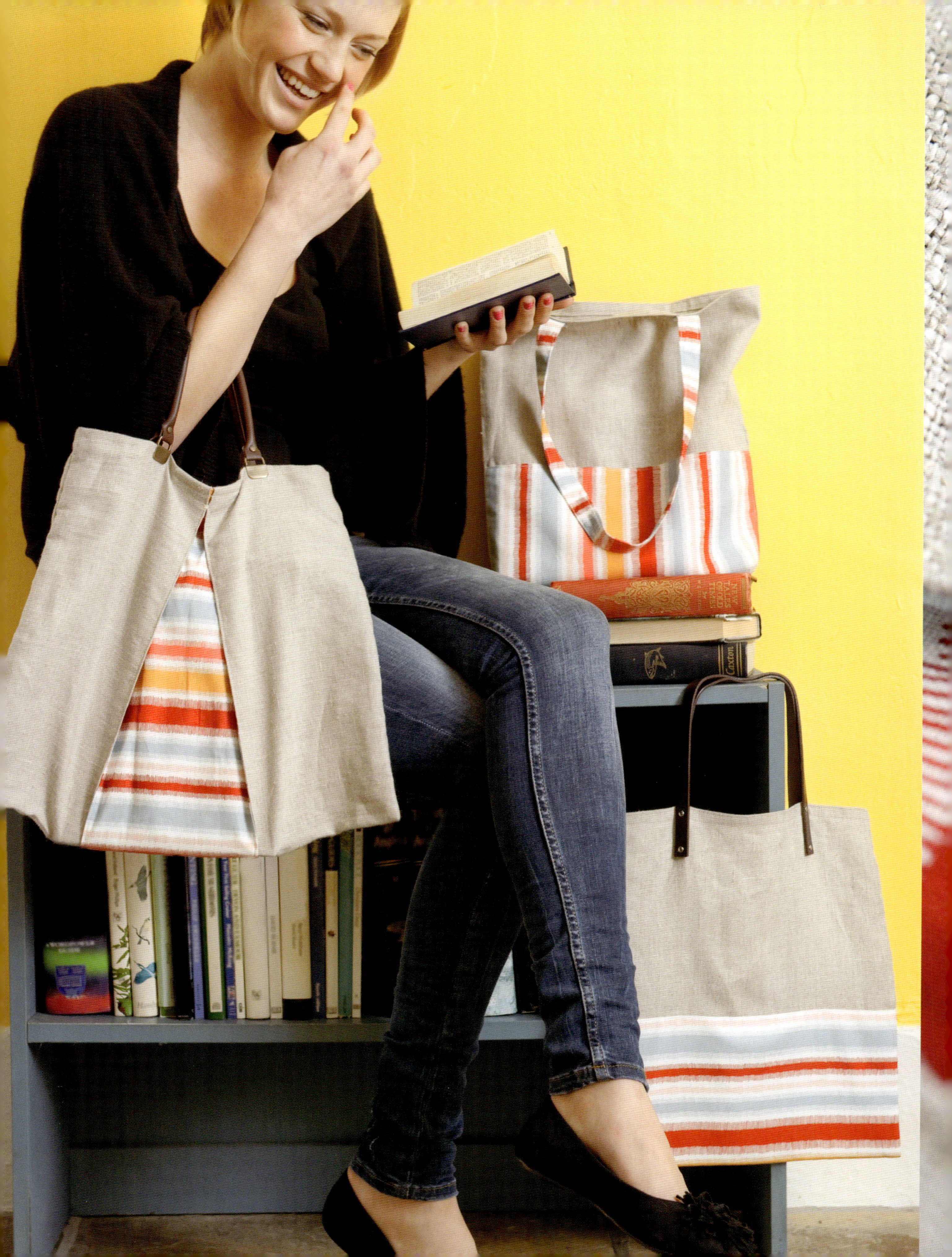

„EINFACH KLASSE" UND „SCHLANKE LINIE"

Die Tragetasche „Einfach Klasse" ist ebenso praktisch wie einfach, aber warum soll sie nicht auch hübsch aussehen? In unter einer Stunde können Sie einige davon als Last-Minute-Geschenke zaubern. Peppen Sie sie durch einen attraktiven Stoff, extravagante Griffe oder eine Stoffblume auf. Bis auf den flachen Boden ist „Schlanke Linie" fast identisch mit „Einfach Klasse". Dieser ist leicht einzufügen, gibt der Tasche eine „dritte Dimension" und verhindert, dass der Inhalt zusammengequetscht wird.

Sie brauchen dazu

Für jede Tasche
- 1 Stück Segeltuch oder Leinen als Außenstoff, 50 x 112 cm
- 1 Stück mittelschwerer Stoff in einer kontrastierenden Farbe für Boden und Träger, 50 x 112 cm
- Zu den Stoffen farblich passendes Nähgarn
- Sublimatstift

Vorbereitung

Schneiden Sie folgende Stoffstücke zu:

Hauptmusterteil = 81 x 35 cm
- 1x aus dem Außenstoff

Boden = 35 cm im Quadrat
- 1x aus dem kontrastierenden Stoff

Außerdem:
- 2 Streifen aus dem kontrastierenden Stoff für die Träger, 68 x 10 cm

„Einfach Klasse" zusammenfügen

1 Boden an den Hauptmusterteil annähen: Boden mit der linken Seite nach oben auflegen, die beiden Breitseiten 1 cm zur linken Stoffseite einschlagen, die Umschläge bügeln. Boden mit der rechten Seite nach oben mittig auf die rechte Seite des Hauptmusterteils legen, die Seitenkanten bündig aufeinanderlegen, sodass die Kanten der Breitseite des Bodens im rechten Winkel zu den Seitenkanten liegen, Seitenkanten feststecken. Boden durch Absteppen an seinen kurzen Kanten am Hauptmusterteil annähen (**Abb. a**).

2 Lange unversäuberte Kanten endeln: Mit einem breiten Zickzackstich mit kurzer Stichlänge an beiden langen unversäuberten Kanten entlangnähen, damit sie nicht ausfransen.

3 Tasche zusammennähen: Tasche der Breite nach rechts auf rechts zur Hälfte falten. Alle Kanten bündig aufeinanderlegen, Seitenkanten der Tasche zusammenstecken und -nähen. Die Tasche bügeln.

Abb. a *Vergewissern Sie sich, dass die Kanten der Breitseite ganz gerade auf dem Hauptmusterteil liegen, damit der Boden der fertigen Tasche nicht schief aussieht.*

Abb. b *Steppen Sie die Umschläge oben und unten rundherum ab.*

Abb. c *Ermitteln Sie die Position für das Trägerende und markieren Sie sie auf der Tasche. Beim Feststecken und Annähen stechen Sie durch alle Stoffschichten.*

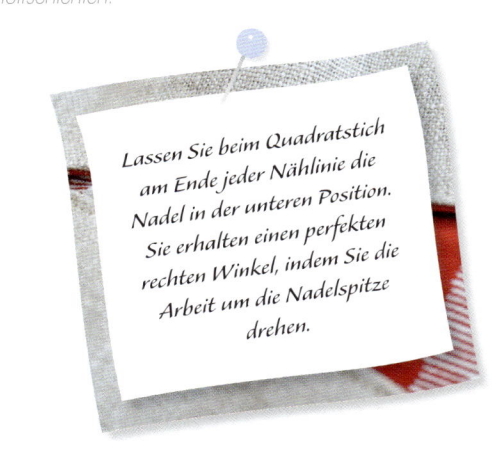

4 Mit der linken Seite nach außen den unversäuberten **oberen Rand** um 1,5 cm zur linken Seite der Arbeit umschlagen und den Umschlag bügeln. Nochmals 2 cm ebenso umschlagen, bügeln, feststecken. Umschlag oben und unten im Abstand von 3 mm von den Kanten rundherum **absteppen**, dabei durch alle Stoffschichten nähen **(Abb. b)**. Tasche auf rechts wenden, bügeln.

5 Aus den Stoffteilen für die **Träger** nach der Anleitung auf S. 103 zwei Träger mit geschlossenen Enden herstellen. Auf der rechten Seite der Arbeit 8 cm von jeder Seitennaht einwärts und 2,5 cm von der Oberkante abwärts messen und markieren. Die äußere untere Ecke eines der Trägerenden auf einer Markierung platzieren. Trägerende feststecken und mit Quadratstich dauerhaft an der Tasche annähen (siehe Tipp; **Abb. c)**. Den Vorgang mit dem anderen Trägerende, dann mit dem zweiten Träger wiederholen.

Lassen Sie beim Quadratstich am Ende jeder Nählinie die Nadel in der unteren Position. Sie erhalten einen perfekten rechten Winkel, indem Sie die Arbeit um die Nadelspitze drehen.

Statt der Träger können Sie auch fertige Griffe kaufen und mit Nieten befestigen. Verstärken Sie in diesem Fall den Bereich, wo der Griff befestigt wird, mit aufbügelbarem Vlies (Vlieseline) (siehe S. 36).

„Schlanke Linie" zusammenfügen

1 Stoff zuschneiden und die Tasche zusammennähen: Teile wie bei „Einfach Klasse" zuschneiden und nach Punkt 1–4 der Anleitung zusammennähen (siehe oben).

2 Flachen Boden einfügen: Mit der linken Seite nach außen nach der Anleitung auf S. 54–55 (Punkt 2–4) einen flachen Boden einfügen. Für die Tiefe des Bodens auf der Naht 2,5 cm von der Spitze des Dreiecks abmessen und markieren.

3 Träger herstellen und befestigen: siehe Punkt 5 der Anleitung für „Einfach Klasse" (oben).

„KECKE FALTE"

Diese Variante der vielseitig verwendbaren Tragtasche hat eine hübsche senkrechte Falte in der Mitte, die ganz leicht anzubringen ist. Als zusätzlichen Effekt setzen Sie einen Streifen farbenfrohen Stoffes in die Falte ein.

Sie brauchen dazu

- 1 Stück Leinen oder Segeltuch als Außenstoff, 50 x 112 cm
- 1 Stück farblich kontrastierender mittelschwerer Stoff für den Einsatz und die Träger, 50 x 112 cm
- Zu den Stoffen farblich passendes Nähgarn
- Sublimatstift

Vorbereitung

Schneiden Sie folgende Stoffstücke zu:
Hauptmusterteil = 80 x 50 cm
- 1 x aus dem Außenstoff

Außerdem:
- 1 Stück kontrastierender Stoff für den Einsatz in der Falte, 80 x 19 cm
- 2 Streifen im kontrastierenden Stoff für die Träger, 68,5 x 10 cm

Zusammenfügen

1 Einsatz für die Falte an den Hauptmusterteil annähen: Musterteil für den Einsatz mit der linken Seite nach oben auflegen, beide langen Kanten 1 cm zur linken Stoffseite umschlagen, Umschläge bügeln. Musterteil für den Einsatz mit der rechten Seite nach oben genau in der Mitte auf der rechten Seite des Hauptmusterteils auflegen; die unversäuberten Kanten der Breitseite bündig aufeinanderlegen. Den Einsatz für die Falte am Hauptmusterteil feststecken und durch Absteppen beider langen Kanten des Einsatzes im Abstand von 3 mm von der Kante annähen **(Abb. d1)**. Die Arbeit entlang der langen Kanten des Einsatzes falten, die Falten bügeln und durch Absteppen auf dem Hauptmusterteil im Abstand von 3 mm von der Kante fixieren **(Abb. d2)**. Mit einem breiten Zickzackstich mit kurzer Stichlänge an beiden kurzen unversäuberten Kanten des Hauptmusterteils entlangnähen, damit sie nicht ausfransen.

Abb. d1 *Achten Sie darauf, dass der Einsatz für die Falte auf der ganzen Länge genau in der Mitte des Hauptmusterteils liegt.*

Abb. d2 *Durch das Absteppen der Kanten wird die Quetschfalte dauerhaft fixiert.*

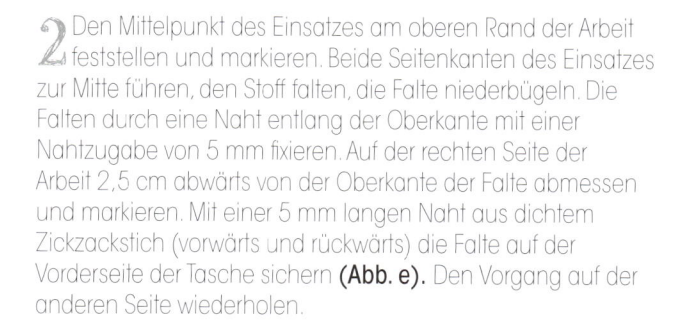

Abb. e *Eine Naht aus dichtem Zickzackstich sichert die Falte. Kontrastierendes Nähgarn ergibt einen noch interessanteren Effekt.*

2 Den Mittelpunkt des Einsatzes am oberen Rand der Arbeit feststellen und markieren. Beide Seitenkanten des Einsatzes zur Mitte führen, den Stoff falten, die Falte niederbügeln. Die Falten durch eine Naht entlang der Oberkante mit einer Nahtzugabe von 5 mm fixieren. Auf der rechten Seite der Arbeit 2,5 cm abwärts von der Oberkante der Falte abmessen und markieren. Mit einer 5 mm langen Naht aus dichtem Zickzackstich (vorwärts und rückwärts) die Falte auf der Vorderseite der Tasche sichern **(Abb. e)**. Den Vorgang auf der anderen Seite wiederholen.

3 **Tasche nähen:** siehe Punkt 2–3 der Anleitung für „Einfach Klasse" (Seite 26).

4 Mit der linken Seite nach außen den unversäuberten oberen Rand um 2 cm zur linken Seite der Arbeit umschlagen, den Umschlag bügeln. Umschlag oben und unten im Abstand von 3 mm von den Kanten rundherum absteppen. Tasche auf rechts wenden und bügeln.

5 **Träger herstellen und befestigen:** siehe Punkt 5 der Anleitung für „Einfach Klasse" (S. 27).

Rechts *Ein kontrastierender Stoff als Einsatz bringt die Falte besonders effektvoll zur Geltung!*

2. Stoffe auswählen

Stoffe in zahllosen Farben und Mustern mit den interessantesten Strukturen warten darauf, kombiniert, zugeschnitten und verarbeitet zu werden. Der erste Teil dieses Kapitels nimmt verschiedene Stoffarten unter die Lupe, die sich für Taschen eignen, nennt mögliche Bezugsquellen und zeigt, wie man mit Farben, Mustern und Strukturen arbeitet. Im zweiten Teil geht es um Einlegematerial und Zwischenfutter, ein etwas undurchsichtiges und sperriges, aber wichtiges Thema. Zunächst stelle ich Ihnen jedoch meine ganz persönliche Liste von erprobten und bewährten Kombinationen von Außenstoff und Einlegematerial für die üblichen Taschenarten vor.

Oben *Stoffe zu sammeln, macht ebenso Spaß, wie mit ihnen zu arbeiten. Man könnte durchaus von einem Suchtfaktor sprechen. Dieser farbenfrohe Stapel ist schon ein schöner, herzerwärmender Anblick!*

ART UND BESCHREIBUNG DER TASCHE	VORGESCHLAGENER AUSSENSTOFF	EINLAGE/INNENFUTTER
Kuriertasche: Schultertasche, mittelgroß bis groß, weiche Struktur	Denim, Leinen, Segeltuch, Cord, Möbelstoffe; mittelschweres Baumwollfutter	Aufbügelbare Gewebeeinlage für alle Außenteile; Wattierung/Polsterung zum Einnähen zwischen Futter und Außenstoff
Steife Clutch oder mittelgroße steife Tasche: aufrecht stehend	Mittelschwerer Baumwollstoff, Satin/Seide, (Rau-)Leder oder (Rau-)Lederimitat; Satin- oder Seidenfutter	Mittleres aufbügelbares Einlegematerial plus extrasteifes aufbügelbares Einlegematerial für alle Außenteile; Wattierung zum Einnähen zwischen Futter und Außenstoff
Reisetasche oder gepolsterte Laptoptasche: steif, aufrecht stehend	Segeltuch (Möbelstoff), Denim, schwerer Wollstoff, Cord, schwerer Samt; Futter aus mittelschwerem Baumwollstoff	Steifes aufbügelbares Einlegematerial für alle Außenteile; Wattierung und extrasteifes Zwischenfutter zum Einnähen zwischen Futter und Außenstoff
Reisetasche: weich und sackartig	Segeltuch (Möbelstoff), Cord, Denim, schwerer Wollstoff, schwerer Samt; Futter aus mittelschwerem Baumwollstoff	Aufbügelbare Gewebeeinlage für alle Außenteile; Wattierung zum Einnähen zwischen Futter und Außenstoff
Große oder kleine Hobo-Tasche, über die Schulter oder quer über den Körper zu tragen: weich und strukturlos	Mittelschwerer Baumwollstoff, schwerer Satin, Segeltuch (Möbelstoff), Denim, schwerer Wollstoff, schwerer Samt; Futter aus mittelschwerem Baumwollstoff	Aufbügelbare Gewebeeinlage für alle Außenteile; Wattierung zum Einnähen zwischen Futter und Außenstoff
Geldbeutel, zweifach oder dreifach faltbar: halbsteif	Mittelschwerer Baumwollstoff, Leinen, Segeltuch, Denim; Futter aus mittelschwerem Baumwollstoff	Aufbügelbare Gewebeeinlage und extrasteifes aufbügelbares Einlegematerial für alle Außenteile; schweres Zwischenfutter zum Einnähen zwischen Futter und Außenstoff
Necessaire/Behälter für Schmuck/Künstlerbedarf/Nähzeug: weich, strukturlos, gepolstert	Mittelschwerer Baumwollstoff, Leinen, Segeltuch, schwerer Satin; Futter aus Satin oder mittelschwerem Baumwollstoff	Mittleres aufbügelbares Einlegematerial für alle Außenteile; Wattierung zum Einnähen zwischen Futter und Außenstoff
Handgelenkstasche mit Zippverschluss, Federmappe (Federpennal): weich, strukturlos, leicht gepolstert	Mittelschwerer Baumwollstoff, schwerer Satin, Segeltuch (Möbelstoff), Denim, schwerer Wollstoff, schwerer Samt; Futter aus mittelschwerem Baumwollstoff	Aufbügelbare Gewebeeinlage für alle Außenteile; schweres Zwischenfutter zum Einnähen zwischen Futter und Außenstoff

Wenn Ihnen manche Stoffarten nicht vertraut sind, schauen Sie in einem Stoffgeschäft vorbei. Auch online werden Stoffmuster gratis oder für einen geringen Betrag angeboten. Finden Sie heraus, wie sich die Stoffe anfühlen und handhaben lassen.

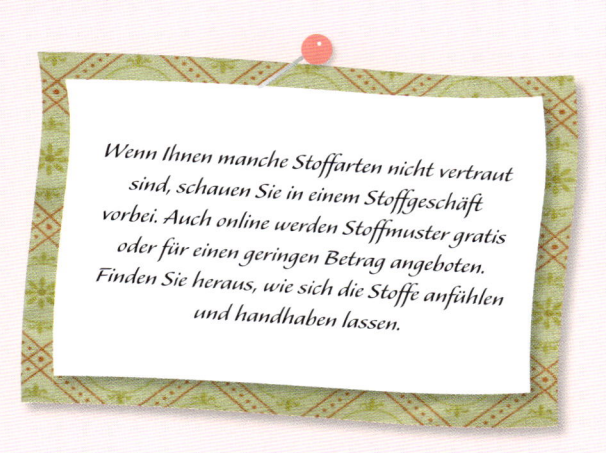

2. Stoffe auswählen

Stoffkategorien

Grob gesagt gibt es zwei Kategorien von Stoffen: Bekleidungsstoffe und Möbel- oder Vorhangstoffe. Für die Herstellung von Kleidung sind leichtere Stoffe besser geeignet. Möbelstoffe dagegen sind schwerer, haltbarer und strapazierfähiger. Für Handtaschen können wir je nach Art der Tasche beide Stoffarten verwenden. Im Allgemeinen sind Kleiderstoffe als Futterstoffe, Möbelstoffe hingegen als Außenstoffe besser geeignet. Diese Regel gilt aber nicht uneingeschränkt und mithilfe von Einlegematerial und einigen Tricks kann man sie umgehen (siehe S. 36–39). Hier ein paar Vorschläge, die die Phantasie von Taschenfans beflügeln sollen.

Öltuch/laminiertes Tuch: Das vinylüberzogene Gewebe wird meist als Außenstoff verwendet. Es ist in farbenprächtigen Mustern erhältlich und ist wegen seiner robusten, wasserdichten Oberfläche für Bade-, Reise- und Kosmetiktaschen ideal. Es ist schwer zu verarbeiten, denn es klebt gerne am Unterbau der Nähmaschine fest (siehe Tipp).

Wenn Sie regelmäßig mit Öltuch nähen, kaufen Sie sich einen nicht haftenden Gleitfuß (Teflonfuß, S. 13) und nähen Sie mit einer Jeansnadel. Stecknadeln hinterlassen hässliche Löcher, daher sollten Sie sie nur an der Nahtzugabe verwenden.

Leinen: Dieses vielseitige, strapazierfähige Naturmaterial ist als Kleider-, aber auch als Möbelstoff erhältlich. Für Taschen wird der natürliche, beigefarbene Möbelstoff bevorzugt. Das ungefärbte Tuch mit seiner attraktiven unregelmäßigen Webstruktur bildet für Stickereien und/oder gemusterte Materialien den idealen Hintergrund.

Baumwolle/Quiltstoff: Diese Stoffart wird als Futter- und auch als Außenstoff verwendet. Baumwolle gibt es in verschiedenen Stärken; für Handtaschen sollte sie zumindest mittelschwer sein. Quiltstoff ist meist aus Baumwolle und wird in unzähligen farbenfrohen, reizvollen und fröhlichen Mustern angeboten. Baumwolle kann man für fast alle Arten von Taschen verwenden.

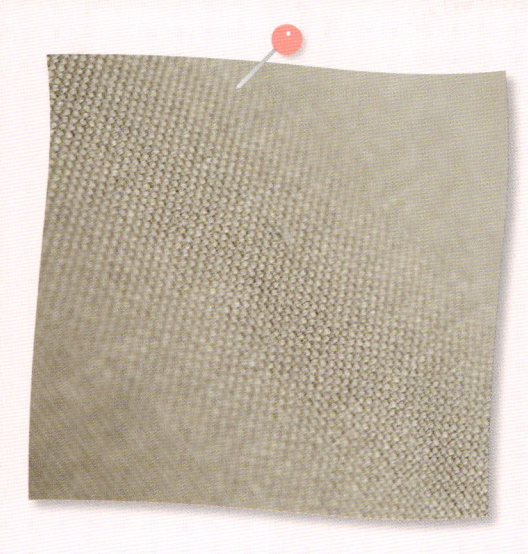

Segeltuch/Denim: Segeltuch ist von robuster Schönheit und wird meist als Außenstoff verwendet. Es ist in mehreren Stärken erhältlich. Wählen Sie das schwerste, das Ihre Nähmaschine bewältigen kann. Nehmen Sie bei Segeltuch und Denim unbedingt eine Jeansnadel. Ich finde, dass Segeltuch vor allem zu großen Taschen (Einkaufs-, Kurier- Reise- oder Strandtaschen) passt.

Wolle/Anzugstoff: Mit ihrer unglaublichen Farbtiefe und schönen Struktur ist Wolle herrlich zu tragen und angenehm zu verarbeiten. Wollstoffe gibt es in verschiedenen Stärken, Mustern und Strukturen. Wolle ist auch für Taschen hervorragend geeignet und wird meist als Außenstoff verwendet. Sie ist strapazierfähig, muss aber meist verstärkt werden. Durch die offenere Webart genügt eine starke Allroundnadel. Nehmen Sie Wolle für Handtaschen (auch Clutches) und Kuriertaschen.

Samt: Dieses Luxusmaterial hat eine wunderbare Farbtiefe und eine schmeichelweiche Struktur. Der schönste Samt wird aus Baumwolle hergestellt. Es gibt mehrere Gewichte – nehmen Sie das schwerste, das Ihre Nähmaschine bewältigen kann. Samt franst leicht aus, daher ist eine breite Nahtzugabe zu empfehlen. Bei dickem Samt oder einer großen Anzahl von Stoffschichten nehmen Sie eine Jeansnadel. Verwenden Sie Samt für Handtaschen (auch Clutches) und Abendtäschchen. Cord hat ähnliche Eigenschaften wie Samt.

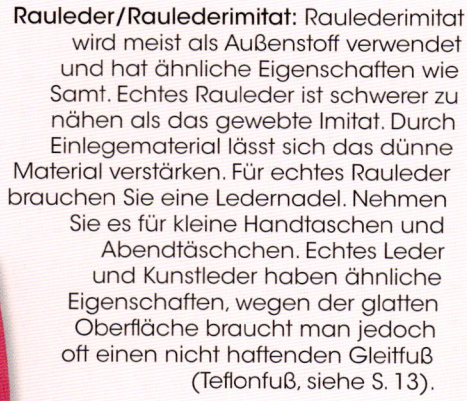

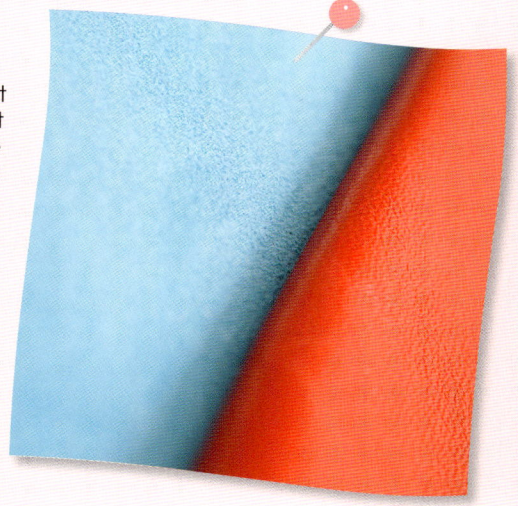

Rauleder/Raulederimitat: Raulederimitat wird meist als Außenstoff verwendet und hat ähnliche Eigenschaften wie Samt. Echtes Rauleder ist schwerer zu nähen als das gewebte Imitat. Durch Einlegematerial lässt sich das dünne Material verstärken. Für echtes Rauleder brauchen Sie eine Ledernadel. Nehmen Sie es für kleine Handtaschen und Abendtäschchen. Echtes Leder und Kunstleder haben ähnliche Eigenschaften, wegen der glatten Oberfläche braucht man jedoch oft einen nicht haftenden Gleitfuß (Teflonfuß, siehe S. 13).

Seide/Satin: Das schöne Material besticht durch Struktur und Optik und wird sowohl als Außenstoff als auch als Futter für elegante Taschen verwendet. Gerafft oder gefaltet wirkt es besonders exquisit. Halten Sie sich eher an schwere Qualität, denn sie ist haltbarer und leichter zu verarbeiten – dünne Seiden- und Satinstoffe sind sehr rutschig. Echte Dupionseide ist fest, hat einen sehr schönen weichen Schimmer und erhält durch die winzigen Noppen eine interessante Struktur. Satin ist ein besonders edles Futter für eine Abendtasche. Nähen Sie Seide und Satin mit einer feinen Maschinennadel.

2. Stoffe auswählen

Farben und Muster einsetzen

Für die meisten Taschen braucht man zumindest einen Außen- und einen Futterstoff. Aber wie kombiniert man zwei (oder mehr) Stoffe richtig? Bei Selbstgenähtem ist nichts „falsch" oder „richtig", es kommt nur darauf an, ob es Ihnen gefällt oder nicht.

Farbenspiel

Für Anfänger ohne jegliche Erfahrung mit dem Einsatz von Farben folgen nun einige Vorschläge zum Thema Stoffkombinationen.

Komplementärfarben: Ich gebe es zu – ich selbst tendiere zum Bunten, Auffälligen. Daher wähle ich gerne zwei Komplementärfarben. Zu den traditionellen Farbenpaaren, die sich aus dem Farbenkreis ergeben, gehören Blau und Gelb, Blau und Rot, Blau und Rosa sowie Türkis und Orange. Wenn Sie sich nicht sicher sind, welche Farben Komplementärfarben sind, schauen Sie sich den Farbenkreis im Internet an.

Ton in Ton: Hellere und dunklere Schattierungen der Hauptfarbe lassen sich gut kombinieren. Wenn der Außenstoff Ihrer Tasche ein rotes Rosenmuster hat, können Sie z. B. ein Futter in Rosatönen wählen.

STRUKTUR RICHTIG EINSETZEN

Eine Mischung unterschiedlicher Strukturen kann eine ebenso starke Wirkung haben wie der Einsatz verschiedener Farben. Verschieden strukturierte Stoffe sehen zusammen eindrucksvoll aus und fühlen sich auch angenehm an. Einige Beispiele:

- Wählen Sie zu einem Außenstoff aus Samt, Wolle, Cord oder Rauleder ein schimmerndes Satinfutter.
- Setzen Sie weiche Filzapplikationen auf eine Tasche aus Leinen, Denim oder Segeltuch.
- Probieren Sie gefaltete seidene Träger zu einer Tasche aus Echt- oder Kunstleder oder aus Rauleder aus.
- Verzieren Sie eine Tasche aus Baumwolle mit einem Keder aus Seide oder Satin.

Schwarz-Weiß-Effekt: Die klassische Kombination Schwarz-Weiß sieht immer großartig aus. Mit einer dritten Farbe, zum Beispiel Hellgrün, Rot oder einem kräftigen Blau, können Sie der Tasche noch zusätzlich ein Glanzlicht aufsetzen.

Mustermix

Gemusterte Stoffe zu kombinieren, ist nicht leicht. Man kann aber nichts falsch machen – folgen Sie einfach Ihrem Gefühl. Hier ein paar Tipps dazu.

Mut zum Kontrast: Solange die Farben zueinander passen, können aus der Kombination von sehr unterschiedlichen Mustern reizvolle Effekte entstehen. Der groß geblümte Stoff hier verträgt sich wegen der ähnlichen Farben gut mit dem Streifenmuster.

Keine Angst vor großen Mustern: Das Muster muss nicht zur Gänze sichtbar sein. Ein markanter Ausschnitt kann für eine kleine Tasche verwendet werden oder als hübsche Verzierung für eine größere Tasche dienen.

Innenleben: Wenn nicht nur der Außenstoff, sondern auch das Futter gemustert sein soll, wählen Sie für den Futterstoff ein kleineres Muster. Es sieht gefälliger aus, wenn die Tasche mit Ihren Siebensachen vollgeräumt ist.

GEEIGNETER STOFF: WOHER NEHMEN?

Es gibt viele Möglichkeiten, zu einem geeigneten Stoff für Taschen zu kommen, und nicht alle kosten Geld. Hier finden Sie einige Tipps und Einkaufsvorschläge.

Wiederverwenden von Stoffen: Wenn wir Stoffe wiederverwenden, schonen wir nicht nur die Umwelt und unsere Geldbörse, sondern wir bewahren auch Dinge, die uns noch lieb und wert sind, die ihren ursprünglichen Zweck aber nicht mehr erfüllen können. Vom Zahn der Zeit angenagte Tischtücher, Halstücher, Kleider und Vorhänge können als kreativ-originelle Taschen weiterleben. Alte Taschen kann man zerlegen, um zu Griffen, Verschlüssen und anderen wiederverwertbaren Teilen zu kommen – man findet dabei oft wahre Schätze. Auch auf dem Dachboden, auf Flohmärkten, Versteigerungs-Websites und in Zeitungsinseraten wird man oft fündig.

Neue Stoffe kaufen: Leider sperren kleinere Stoff- und Kurzwarenläden nach und nach zu und nur wenige werden neu eröffnet. Ich finde es richtig, diese Geschäfte nach Kräften zu unterstützen, weil sie eine Fundgrube für gute Ratschläge und Anregungen sind und man dort die Stoffe befühlen kann, bevor man sie kauft. In vielen Städten gibt es jedoch keine solchen Läden mehr. Ein Glück, dass jede Menge Online-Shops bis unters Dach mit den herrlichsten Stoffen gefüllt sind. Solange Sie einen Briefkasten und eine Kreditkarte haben, können Sie Ihre Sucht mit ein paar Mausklicks befriedigen … Am Ende des Buches finden Sie Empfehlungen zu Lieferfirmen.

Einlegematerial und Zwischenfutter

Diese Materialien, die in verschiedenen Gewichten und Stärken als Meterware erhältlich sind, sehen uninteressant aus, haben aber verborgene Kräfte. Einlegematerial und Zwischenfutter sind unentbehrliche Bestandteile einer Tasche, sie verstärken den Außenstoff und geben dem fertigen Stück Struktur und unsichtbaren Halt. Dadurch wird die Tasche strapazierfähiger und somit länger haltbar und hochwertiger. Die meisten Taschen würden ohne diese Verstärkungen schlaff und körperlos aussehen und sich auch so anfühlen.

Ob Sie Seide verstärken oder Baumwollstoff so versteifen wollen, dass die Tasche aufrecht steht – Einlegematerial und Zwischenfutter können die Eigenschaften von Stoffen verändern und ermöglichen es Ihnen, aus fast jedem Material eine Tasche zu zaubern.

Unterschiede zwischen Einlegematerial und Zwischenfutter

Einlegematerial wird typischerweise auf der Rückseite des Stoffes aufgebügelt. Meist ist es auf einer Seite mit einem hitzeaktivierten Schmelzkleber beschichtet, dessen Wirkung durch die Kombination von Hitze und Dampf eines Bügeleisens ausgelöst wird. Einfach auf die linke Stoffseite auflegen und durch Bügeln fixieren. Es dient vor allem zur Verstärkung (Versteifung) des Außenstoffes.

> *All diese Materialien sind leicht zu verwechseln, wenn sie unmarkiert auf einem Stapel liegen! Am besten stecken Sie ein Zettelchen mit der nötigen Information an einer Ecke fest.*

Zwischenfutter wird üblicherweise zwischen dem Außenstoff und dem Futter der Tasche eingelegt. Es ist weich und wird typischerweise eingenäht, nicht aufgebügelt. Es wird in derselben Form wie der entsprechende Musterteil zugeschnitten und auf diesen aufgelegt. Die beiden Teile werden dann beim Nähen wie eine Schicht behandelt. Das Zwischenfutter wird also mitgenäht. Zwischenfutter wird vor allem verwendet, wenn der Außenstoff dünn ist und/oder damit die Tasche sich angenehm weich und gut gepolstert anfühlt.

Das sollten Sie wissen

- Aufbügelbares Einlagematerial sollte immer leichter sein als der Außenstoff. Wenn es zu steif für den Außenstoff ist, verliert dieser seinen natürlichen Fall, wird papierähnlich und neigt zu Knitterfalten.

- Bei eingenähtem Zwischenfutter ist dieses Verhältnis nicht annähernd so wichtig, da Knitterfalten im Zwischenfutter am Außenstoff nicht sichtbar sind.

- Die Bezeichnungen für die genannten Produkte sind zwar von Land zu Land verschieden. Wenn Sie aber im Geschäft z. B. ein „mittelschweres aufbügelbares Vlies" verlangen, sollte diese Information dafür ausreichen, dass Sie das Richtige bekommen.

2. Stoffe auswählen

Abb. a *Der Dampf aus dem feuchten Tuch (im Bild: ein Geschirrtuch) bewirkt eine gute Haftung des Vlieses auf dem Außenstoff.*

Abb. b *Das Vlies sollte keine Falten oder Blasen werfen.*

Vlies aufbügeln

1. Legen Sie das Vlies mit der glänzenden (beschichteten) Seite nach unten auf die linke Seite des Musterteils. Glätten Sie es, legen Sie alle Kanten bündig aufeinander. Legen Sie ein sauberes, feuchtes Tuch obenauf. Stellen Sie Ihr Bügeleisen auf die vom Vliesshersteller empfohlene Stufe ein **(Abb. a)**.

2. Drücken Sie das Bügeleisen mäßig stark durch das feuchte Tuch auf das Vlies. Arbeiten Sie von der Mitte nach außen zu den Kanten. Bügeln Sie alle Teile der Fläche so lange, wie vom Hersteller empfohlen, bis das Vlies vollständig mit dem Stoff verbunden ist **(Abb. b)**.

Zwischenfutter einnähen

1. Legen Sie das Zwischenfutter auf die linke Seite des Musterteils. Legen Sie alle Kanten bündig aufeinander und behandeln Sie die beiden Schichten wie eine Schicht. Stecken Sie die beiden Musterteile (mit dem Zwischenfutter nach außen) rechts auf rechts zusammen.

2. Nähen Sie die vier Stoffschichten mit der gewünschten Nahtzugabe zusammen **(Abb. c)**.

Abb. c *Das Zwischenfutter wird mitgenäht und so am Außenstoff befestigt.*

2. Stoffe auswählen

Einlegematerial und Zwischenfutter: Verschiedene Stärken

Auch Einlegematerial und Zwischenfutter gibt es in verschiedenen Stärken. Je dicker/steifer es ist, desto mehr Stütze bietet es. Die Kunst besteht nun darin, den Stoff Ihrer Wahl mit einem Einlegematerial in der richtigen Stärke zu kombinieren. Dabei gilt: Probieren geht über studieren. Die folgenden Informationen und die Tabelle auf S. 31 sollen Ihnen bei der Auswahl helfen und Ihnen Zeit und Ärger sparen.

Mittelschweres aufbügelbares Einlegematerial (mit oder ohne Gewebebindung): Passt zu mittelschwerem Baumwollstoff, schweren Seiden-/Satinstoffen, mittelschweren Woll- und Synthetikstoffen und feinem Leinen.

Schweres/festes aufbügelbares Einlegematerial: Für Möbelstoffe, schwere Leinen- oder Wollstoffe sowie Denim.

Schweres Zwischenfutter zum Einnähen: Zwischen Außenstoff und Innenfutter einnähen, wenn Sie nur eine leichte Wattierung wünschen.

DIE PROBE AUFS EXEMPEL

Diese Vorschläge können eine Hilfe sein, doch die Vielfalt an Stoffen und Kombinationsmöglichkeiten ist endlos. Das am besten passende Einlegematerial oder Zwischenfutter finden Sie, indem Sie es ausprobieren. Es kann durchaus sein, dass die ideale Ergänzung für den Stoff Ihrer Wahl nicht das von mir vorgeschlagene Produkt ist. Aber es ist nicht weiter schlimm, wenn Sie ein ungeeignetes Einlegematerial oder Zwischenfutter kaufen: Diese vielseitig verwendbaren Produkte werden Sie sicher später einmal brauchen können.

Wattierung zum Einnähen: Mit jedem beliebigen Stoff kombinierbar, wenn die Tasche schön weich gepolstert sein soll.

Wattierung zum Aufbügeln: Passt zu jedem Stoff, der mehr Stütze erhalten und mit einer leichten Wattierung ergänzt werden soll. Wenn Sie Seide oder Satin verstärken wollen, ohne dass der Stoff spröde wirkt, oder andere Außenstoffe stützen möchten, aber ihren natürlichen Fall oder ihre Geschmeidigkeit nicht beeinträchtigen wollen, sind Sie mit diesem Produkt besser bedient als mit normalem aufbügelbaren Material.

Extrastarkes Material: Zum Aufbügeln oder zum Einnähen erhältlich. Obwohl es besonders fest ist, besitzt es doch eine gewisse Biegsamkeit. Es ist ideal geeignet, wenn Sie den Stoff versteifen wollen. Mit diesem Material können Sie erreichen, dass die Tasche aufrecht steht.

HALT MICH FEST!

Dünnes Klebevlies ist ein weiteres als Meterware erhältliches Produkt. Das schlaue Material ist hitzeaktiv und sieht wie feine Spinnweben aus.

Dünnes Klebevlies ist kein Einlegematerial und auch kein Zwischenfutter. Man kann damit das Einlegematerial am Taschenstoff ankleben. Das ist zum Beispiel dann sehr praktisch, wenn das aufbügelbare Einlegematerial nicht richtig am Stoff klebt oder wenn es doppelseitig aufbügelbar sein soll. Auch für Applikationen eignet sich das dünne Material hervorragend.

2. Stoffe auswählen

Ihre Umhängetasche zum Wenden

Wenn Sie drei Stoffe gefunden haben, die wirklich perfekt zueinander passen, näht sich diese fröhliche Tasche wie von selbst und lässt sich wie ein buntes Puzzle zusammensetzen. Eine Stoffblume als Verzierung für den Knopfverschluss bildet das Tüpfelchen auf dem I.

Von vorne: *Ein selbst bezogener Knopf, der mit einer Stoffblume mit Broschennadel verziert ist, dient als origineller Verschluss. Der hübsche kontrastierende Stoff für die Einfassung wurde auch für die Träger verwendet.*

Gewendet: *Haben Sie Lust auf einen neuen Look? Dann brauchen Sie die Tasche nur zu wenden. Die Blume können Sie auch auf der „neuen" Außenseite anstecken.*

Von unten: *Besonders stimmig sieht die Kombination aus, wenn Sie für die Einfassung dasselbe Material verwenden wie für den Taschenboden.*

Das sollten Sie wissen

- Ein schwerer Außenstoff ist hier nicht zu empfehlen; ein mittelschwerer Stoff ist am besten, weil an der Oberkante so viele Stoffschichten zu bewältigen sind.
- Wählen Sie drei Stoffe mit der gleichen Stärke.
- Es ist egal, welcher Stoff mit aufbügelbarem Einlegematerial und welcher mit aufbügelbarer Wattierung kombiniert wird, solange die Kombination einheitlich durchgehalten wird.
- Soweit nicht anders angegeben, beträgt die Nahtzugabe 1 cm.
- Bei den Musterteilen (auf den ausklappbaren Seiten des Buches) ist die Nahtzugabe von 1 cm berücksichtigt.

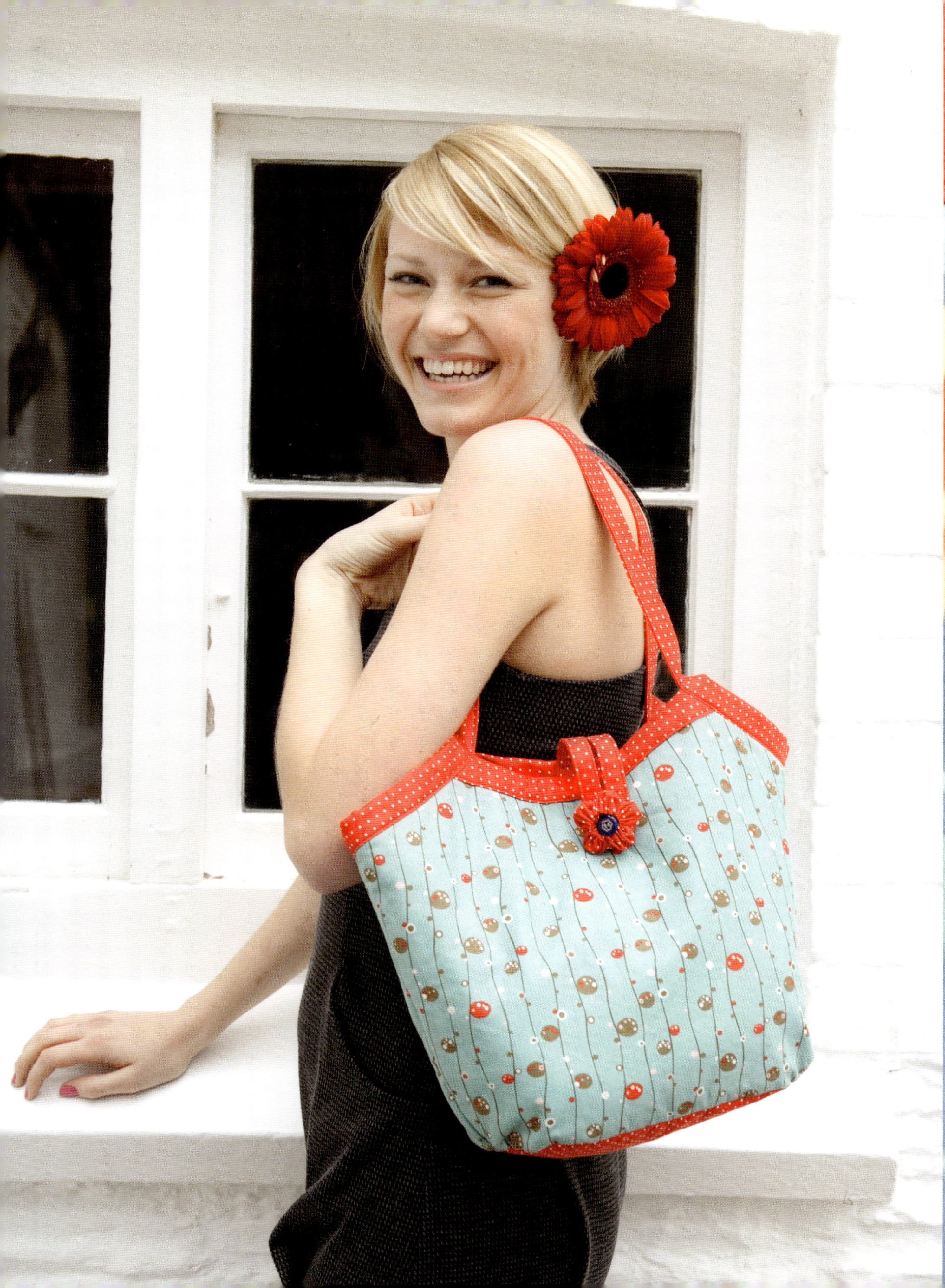

2. Stoffe auswählen

Sie brauchen dazu

- 1 Stück mittelschwerer Außenstoff, 50 x 112 cm
- 1 Stück mittelschwerer Stoff für das Futter, 50 x 112 cm
- 1 Stück mittelschwerer kontrastierender Stoff für Einfassung, Boden und Knopfverschluss, 50 x 112 cm
- Mittelschwere aufbügelbare Gewebeeinlage, 50 cm
- Aufbügelbare Wattierung, 50 cm
- Zu den Stoffen farblich passendes Nähgarn
- 50-mm-Schrägbandformer
- 1 Knopf zum Selbstbeziehen, 4 cm
- 1 Sicherheitsnadel, 2 cm
- Sublimatstift

Vorbereitung

Schneiden Sie Stoff und Einlegematerial wie folgt zu:

Umhängetasche zum Wenden – Hauptmusterteil (siehe ausklappbare Seiten):
- 2 x aus dem Außenstoff
- 2 x aus dem Futterstoff
- 2 x aus der aufbügelbaren Wattierung
- 2 x aus dem aufbügelbaren Einlegematerial

Umhängetasche zum Wenden – Bodenteil (siehe ausklappbare Seiten):
- 2 x aus dem kontrastierenden Stoff
- 1 x aus der aufbügelbaren Wattierung
- 1 x aus dem aufbügelbaren Einlegematerial

Übertragen Sie alle Passzeichen und Markierungen mit Sublimatstift auf den Stoff.

Außerdem:
- 2 schräg geschnittene Streifen aus dem kontrastierenden Stoff für die seitliche Einfassung und die Träger, 86 x 10 cm
- 2 schräg geschnittene Streifen aus dem kontrastierenden Stoff für die Einfassung in der Mitte, 29 x 10 cm
- 1 Streifen aus dem kontrastierenden Stoff für die Knopfschlinge, 30 x 6 cm
- 2 Stücke aufbügelbares Einlegematerial als Verstärkung im Knopfbereich, 5 cm im Quadrat

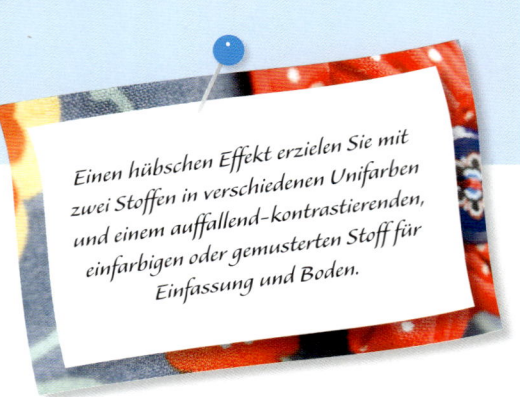

Einen hübschen Effekt erzielen Sie mit zwei Stoffen in verschiedenen Unifarben und einem auffallend-kontrastierenden, einfarbigen oder gemusterten Stoff für Einfassung und Boden.

Einfassung, Knopfschlinge, Knopf und Einlegematerial

1 Einfassung: Aus den vier schräg geschnittenen Streifen nach der Anleitung auf S. 141 ein Schrägband herstellen.

2 Knopfschlinge: Mit dem Stoff für die Knopfschlinge nach der Anleitung auf S. 102 einen Träger mit offenen Enden herstellen. Träger der Breite nach zur Hälfte falten, sodass die kurzen Schnittkanten nach oben zeigen. Träger am Stoffbruch falten und die entstandene dreieckige Spitze durch eine Naht an der Grundlinie des Dreiecks fixieren (**Abb. a**).

3 Knopf beziehen: Mit einem kleinen Stück vom kontrastierenden Stoff den Knopf nach der Anleitung auf der Verpackung beziehen. Nach Belieben den Knopf nach der Herstelleranleitung mit einer Jo-Jo-Blume verzieren (siehe S. 147). Einen hübschen Knopf in der Mitte der Blume befestigen und die Blume am selbst bezogenen Knopf ankleben. Die Sicherheitsnadel durch die Öse des Knopfes stecken. Beiseite legen.

Abb. a *Die Spitze am unteren Ende der Schlinge zu einem Dreieck flachdrücken.*

4. **Einlegematerial aufbügeln:** Musterteile aus dem Einlegematerial bündig auf die linke Seite der dazugehörigen Außenstoffteile auflegen und aufbügeln. Einen Hauptmusterteil als Vorderseite auswählen; eines der Quadrate aus Einlegematerial mittig 4 cm abwärts von der Oberkante auf die linke Stoffseite aufbügeln. Vorgang mit den Musterteilen aus Futterstoff, den Teilen aus der aufbügelbaren Wattierung und dem Quadrat aus Einlegematerial wiederholen.

Außentasche

5. **Hauptmusterteile aneinandernähen:** Hauptmusterteile aus Außenstoff rechts auf rechts bündig aufeinanderlegen, mit Stecknadeln fixieren, an beiden Seitenkanten zusammennähen.

6. **Boden annähen:** Bodenteil aus dem Außenstoff rechts auf rechts mit der Außentasche zusammenfügen. Alle Kanten bündig aufeinanderlegen, Passzeichen am Bodenteil mit den Passzeichen an der Unterkante der Tasche zusammenfügen. Rundherum mit Stecknadeln fixieren und zusammennähen **(Abb. b)**. Aus allfälligem überschüssigen Stoff an den gebogenen Kanten des Bodens kleine Falten bilden und durch diese durchnähen – das ergibt hübsche Raffungen an den Seiten. Gebogene Kanten einschneiden. Auf rechts wenden.

Taschenfutter

7. **Futterbeutel zusammenstellen:** Beim Futter ebenso vorgehen, wie in Schritt 5 und 6 erklärt.

Tasche zusammenstellen

8. **Taschen- und Futterbeutel zusammenfügen:** Futterbeutel auf links wenden und in den auf rechts gewendeten Taschenbeutel einführen. Die linken Stoffseiten sollten nun aufeinanderliegen. Die unversäuberten Oberkanten beider Beutel bündig aufeinanderlegen und rundherum 4 cm von der Oberkante abwärts mit Stecknadeln fixieren **(Abb. c)**.

Einfassung der Tasche

9. **Knopfschlinge annähen:** Knopfschlinge mit der rechten Seite nach oben in der Mitte der Oberkante des Taschenrückens auf der Futterseite platzieren (Schnittkanten zeigen nach oben). Die Oberkanten bündig aufeinanderlegen und die Schlinge mit einer Nahtzugabe von 5 mm durch alle Schichten an der Tasche annähen.

10. **Einfassung in der Mitte annähen:** Mit einem Schrägbandstreifen für den Mittelteil die Oberkante des Vorderteils der Außentasche in der Mitte einfassen (siehe S. 142–143, nur sind hier keine überlappenden Kanten zu berücksichtigen). Mit dem anderen Schrägbandstreifen für den Mittelteil am Taschenrücken wiederholen. Die Knopfschlinge umschlagen, sodass die dreieckige Spitze nach oben zeigt, und die Schlinge in dieser Position durch die Einfassung 3 mm unterhalb der Oberkante der Tasche annähen **(Abb. d)**.

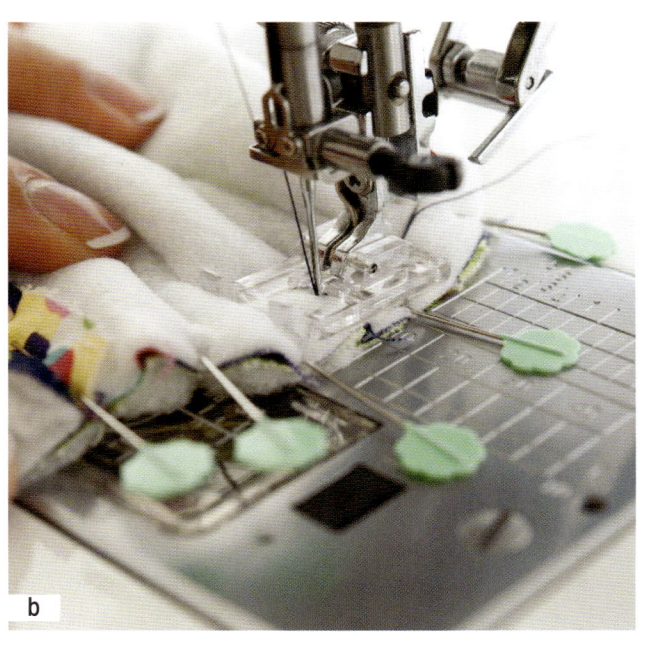

Abb. b *Das Feststecken und Nähen geht am Taschenkörper leichter als am Taschenboden.*

Abb. c *Legen Sie die Oberkanten der Beutel bündig aufeinander und stecken Sie sie 4 cm unterhalb der Oberkante aneinander fest.*

Abb. d *Schlagen Sie die Schlinge nach oben um und nähen Sie sie an der Einfassung an.*

Seitliche Oberkanten und Träger

11 Seitliche Kanten am Taschenrücken einfassen: Mit den Schrägbandstreifen für die seitliche Einfassung (rechte Seite nach oben) die seitlichen Oberkanten des Taschenbeutels am Rückenteil einfassen (siehe Seite 142–143, Schritt 1–2). Von links nach rechts arbeiten und 5 mm links von der Seitennaht beginnend die Einfassung an der Tasche feststecken und annähen **(Abb. e1)**. Wenn die Einfassnaht die Oberkante des gebogenen Mittelteils erreicht, zu nähen aufhören und die Naht mit mehreren Rückstichen fixieren. Das andere Ende des Schrägbandes an der anderen Seite der Tasche feststecken und annähen (5 mm rechts von der Seitennaht beginnen, von rechts nach links arbeiten).

12 Einfassung fertigstellen: Nach der Anleitung auf S. 143 (Schritt 4) vorgehen. Die Einfassung über der Oberkante der Tasche umschlagen und feststecken. Ab der Stelle, wo die Oberkante ihren Verlauf ändert, die Einfassung genau zur Hälfte zu einem Träger falten; eventuell einen neuen Mittelbug in die Einfassung bügeln. Die Kanten des Trägers zusammenstecken. Die umgeschlagene Einfassung durch Absteppen an der Tasche annähen. An den abgerundeten Ecken nochmals nachnähen, um den Trägeransatz zu verstärken **(Abb. e2)**.

13 Seitliche Kanten am Vorderteil einfassen: Ebenso vorgehen wie beim Taschenrücken, zuvor jedoch die kurzen Kanten 5 mm zur linken Stoffseite umschlagen. An der Seitennaht zu stecken und zu nähen beginnen – die umgeschlagenen kurzen Kanten der Einfassung (an der Seitennaht) sollten die kurzen, unversäuberten Kanten der Einfassung des Taschenrückens überlappen **(Abb. f)**.

14 Vervollkommnung: Eine „Außenseite" wählen, den Knopf an der Vorderseite der Tasche anstecken.

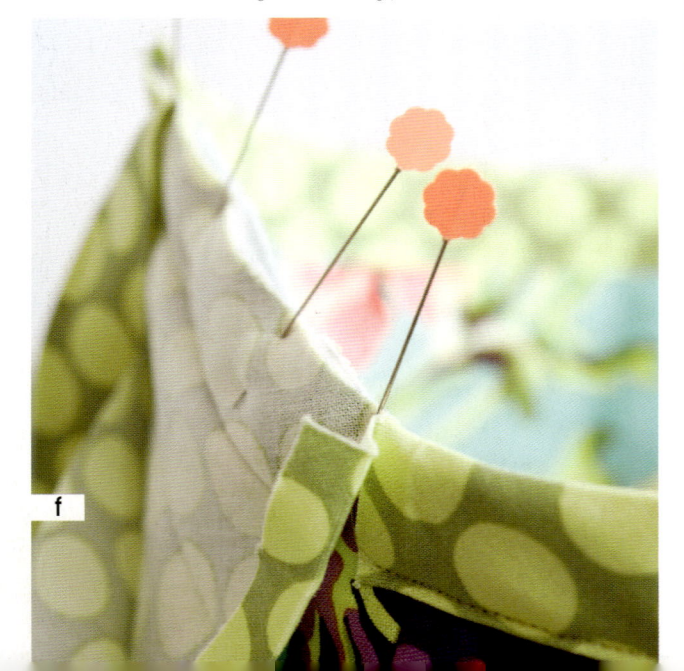

Abb. f *Die kurzen Kanten der vorderen Einfassung überlappend auf den kurzen Kanten der rückwärtigen Einfassung platzieren.*

Abb. e1 *Beginnen Sie 5 mm vor der Seitennaht mit dem Feststecken der Einfassung an der Taschenoberkante.*

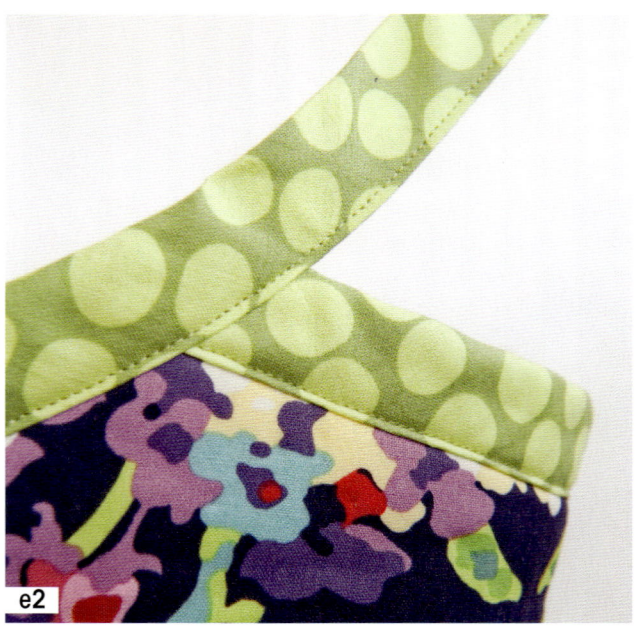

Abb. e2 *Die Absteppnaht an der seitlichen Einfassung sollte direkt in den Träger übergehen. Steppen Sie die stark beanspruchte Stelle am Trägeransatz zur Verstärkung nochmals ab.*

Rechts: *Wenn Sie die Stoffe Ihrer Wahl anders kombinieren, erhalten Sie einen ganz anderen Look. Sie können auch ganz leicht ein flaches Seitenfach in die Tasche integrieren (siehe S. 124), am besten zwischen Schritt 4 und 5 der Anleitung auf S. 43. Oder wie wäre es mit einer kleinformatigen Version des Modells in farbintensivem Samt oder Satin (S. 23) als apartfeminine Abendtasche?*

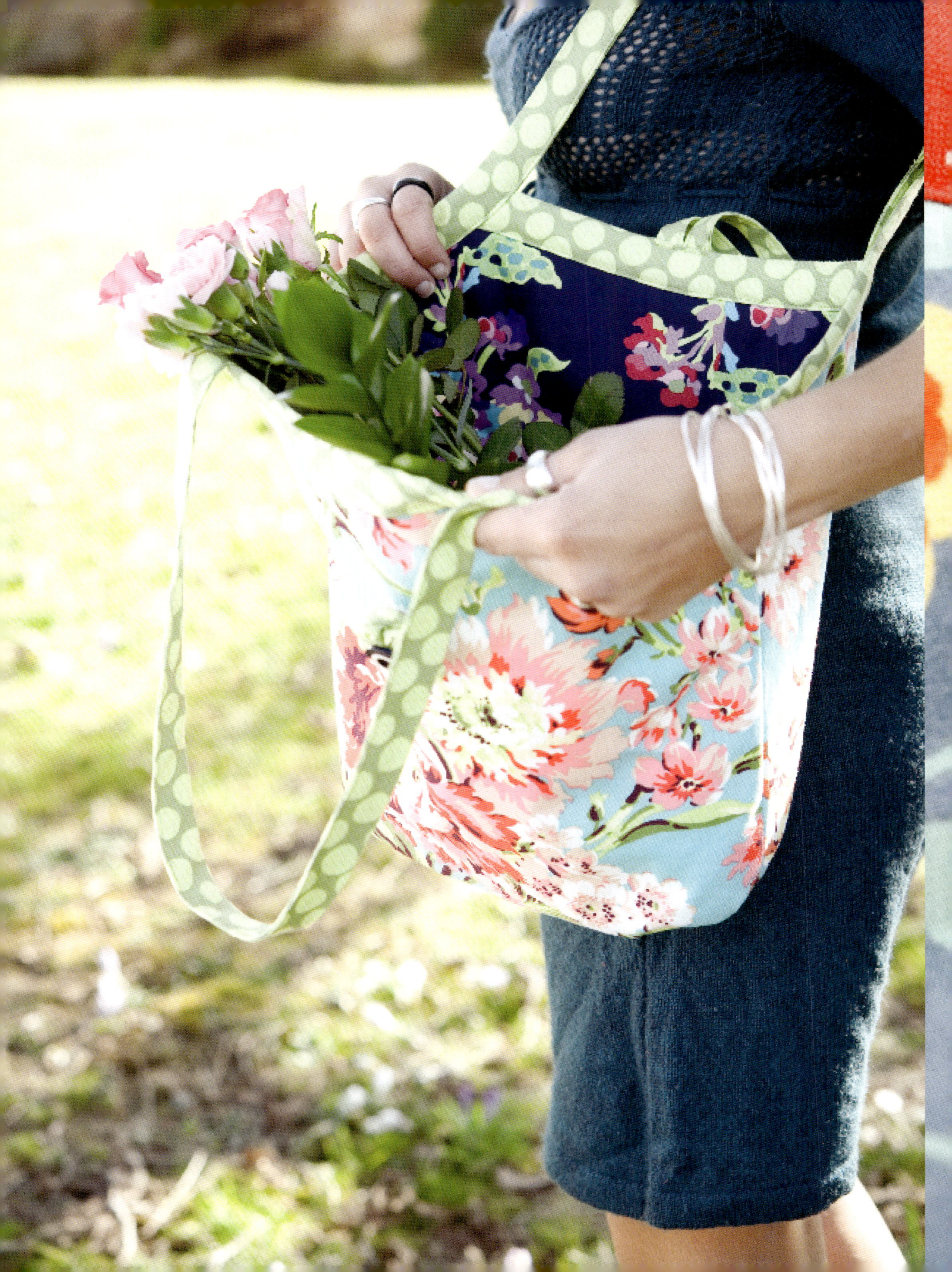

3. Struktur und Verstärkung

In diesem Kapitel geht es darum, wie Ihre Kreationen mehr Volumen und eine attaktive Dreidimensionalität erhalten. Weiter erfahren Sie hier, wie Sie die Tasche verstärken können, damit sie ihre Form behält. Struktur und Verstärkung gehen Hand in Hand. Das Verständnis für diese Zusammenhänge ist notwendig, bevor Sie mit dem Zuschneiden beginnen. Die untenstehende Tabelle listet Methoden der Volumenzunahme auf, nennt ihre Vorteile und ihre Einsatzmöglichkeiten.

Mehr Volumen ist bei jedem Handtaschentyp von Vorteil. Ein paar Tricks versetzen Sie in die dritte Dimension!

METHODE	VORTEILE	ANWENDUNGSVORSCHLÄGE
Abnäher (S. 48)	Schnell und leicht anzubringen. Erfordern keinen zusätzlichen Stoff. Vielseitig, sehen sauber und adrett aus.	Für jede Größe, von der Geldbörse bis zur extragroßen Einkaufstasche. Auch bei Seitentaschen gut einsetzbar.
Falten (S. 50)	Attraktiv und vielseitig. Eine oder mehrere Falten sorgen für Volumen und einen interessanten Look.	Für jede Größe, von der Geldbörse bis zur extragroßen Einkaufstasche. Auch bei Seitentaschen gut einsetzbar.
Zwickel (S. 52)	Sorgt für größtmögliches Fassungsvermögen.	Für große und kleinere Reisetaschen, Sporttaschen, Cross-Body-Taschen. Auch bei Seitentaschen gut einsetzbar.
Flacher Boden (S. 54)	Schnell und leicht anzubringen, gibt dem unteren Teil der Tasche Volumen.	Für jede Größe, von der Geldbörse bis zur extragroßen Einkaufstasche. Auch bei Seitentaschen gut einsetzbar.
Raffung (S. 56)	Schnell und leicht anzubringen, attraktiv und vielseitig.	Für viele Taschentypen, Seitentaschen sowie Laschenverschlüsse. Auch bei Seitentaschen gut einsetzbar.

Abnäher: Geben der Tasche eine weiche kegelförmige Silhouette. Besonders gut lassen sie sich an den unteren Ecken von abgerundeten Taschen einsetzen. Siehe S. 48–49.

Falten: Mit Licht- und Schatteneffekten sorgen sie für eine interessante Oberflächenstruktur und Formgebung. Exakt gebügelte Falten können je nach Material und Platzierung klassisch-adrett oder extravagant wirken. Siehe S. 50–51.

Zwickel: Die Tasche erhält Seitenwände und der Boden wird abgeflacht. Durch den Zwickel erhält die Tasche viel mehr Fassungsvermögen, ohne dass sie wesentlich größer wirkt. Siehe S. 52–53

Flacher Boden: Er ist schnell und leicht einzufügen und gibt der Tasche eine attraktive dreidimensionale Form. Sie kann aufrecht stehen und der Inhalt purzelt nicht durcheinander. Siehe S. 54–55.

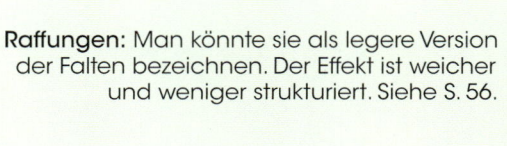

Raffungen: Man könnte sie als legere Version der Falten bezeichnen. Der Effekt ist weicher und weniger strukturiert. Siehe S. 56.

3. Struktur und Verstärkung

Abnäher

Mit Abnähern kann man der Tasche ganz leicht zusätzliches Volumen verleihen. Sie sorgen für eine weiche kegelförmige Kontur. Meist platziert man sie an den unteren (geraden oder abgerundeten) Ecken von Taschen, Börsen oder aufgesetzten Seitentaschen.

Sie brauchen dazu
- Lineal

Das sollten Sie wissen

- Ein Abnäher entsteht aus einem Dreieck, das vom äußeren Umriss des Schnittmusters ausgeht und mit der Spitze zur Mitte des Musterteils zeigt.
- Je länger die Abnäherlinien sind und je weiter der Winkel auf dem Schnittmuster ist, umso länger und spitzer wird der Abnäher.
- Die Nahtzugabe beträgt 5 mm, wenn nicht anders angegeben.
- Nähen Sie die Abnäher, **bevor** Sie das Taschenfutter nähen und **bevor** Sie den Außenstoff zusammennähen.

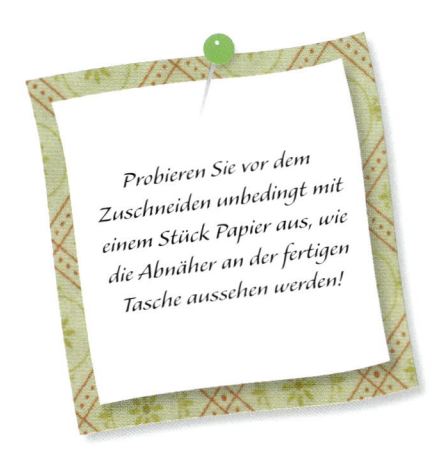

Probieren Sie vor dem Zuschneiden unbedingt mit einem Stück Papier aus, wie die Abnäher an der fertigen Tasche aussehen werden!

1 Position der Abnäher festlegen und auf dem Schnittmuster einzeichnen: Ich platziere meine Abnäher immer mittig an den unteren Ecken der Tasche. Beim Einzeichnen auf dem Schnittmuster ist es wichtig, dass die beiden v-förmigen Abnäherlinien genau gleich lang sind (Abb. a).

Abb. a *Der Abnäher ist symmetrisch – beide Abnäherlinien sind gleich lang.*

2 Stoff zuschneiden und die Abnäher nähen: Den v-förmigen Abnäher ausschneiden. Dann die V-Form am Musterteil rechts auf rechts zur Hälfte falten, die Schnittkanten bündig aufeinanderlegen und mit den Fingern festhalten oder feststecken **(Abb. b)**. An der langen Schnittkante des Abnähers mit einer Nahtzugabe von mindestens 5 mm entlangnähen. Vorgang bei den anderen Abnähern wiederholen.

3 Tasche fertigstellen: Futter- bzw. Außenstoffteile rechts auf rechts aufeinanderlegen. Dabei darauf achten, dass auch die Abnäherlinien jeweils genau übereinanderliegen **(Abb. c)**. Nach den Abnäherlinien die restlichen Kanten bündig übereinanderlegen, Futter bzw. Außenstoff zusammenstecken und -nähen. Mit der Fertigstellung der Tasche fortfahren (siehe S. 156).

Abb. b *Falten Sie den Abnäher zur Hälfte und legen Sie die Schnittkanten bündig aufeinander, bevor Sie sie zusammennähen.*

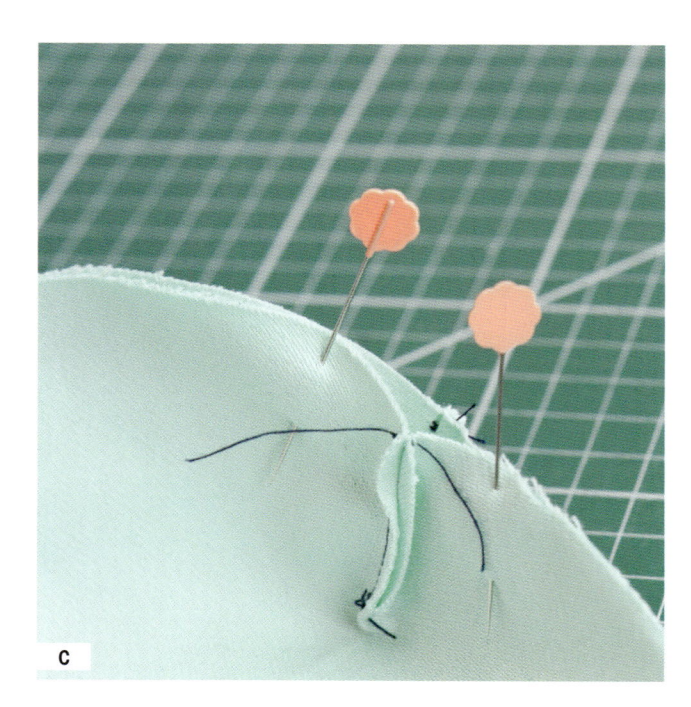

Abb. c *Die Abnäherlinien der beiden Teile gehen ineinander über. So sieht der Abnäher sehr gekonnt aus.*

Wenn Sie den Außenstoff durch Einlegevlies oder Zwischenfutter verstärken (siehe S. 36–39), werden auch die Abnäher verstärkt und sehen schöner aus.

Falten

3. Struktur und Verstärkung

Falten geben der Tasche Volumen und machen sie auch optisch interessanter. Das Material und die Position der Falten lassen sich wirkungsvoll einsetzen. Falten lassen sich bei jeder Tasche anbringen – erlaubt ist, was gefällt.

Sie brauchen dazu
- Lineal
- Sublimatstift
- Eventuell kontrastierender Stoff (für Effekte wie auf S. 28)
- Bügeltuch

Das sollten Sie wissen
- Wenn Sie nicht mit sehr feinem Stoff arbeiten, wählen Sie ein leichtes Einlegevlies, damit Ihre Nähmaschine all die Stoffschichten bewältigen kann, die durch die Falten entstehen.
- Eine Falte kann von der Ober- bis zur Unterkante reichen oder nach unten hin aufspringen.
- Berücksichtigen Sie beim Entwerfen des Schnittmusters die zusätzliche Breite/Länge für die Falten.
- Die Nahtzugabe beträgt 1 cm, wenn nicht anders angegeben.
- Fügen Sie die Falten ein, **bevor** Sie den Taschenbeutel und etwaige Seitenfächer fertigstellen.

1 **Anzahl, Größe und Position der Falten festlegen und auf dem Schnittmuster einzeichnen:** Ich markiere die Position meiner Ziehharmonikafalten meist durch Passzeichen (**Abb. a**).

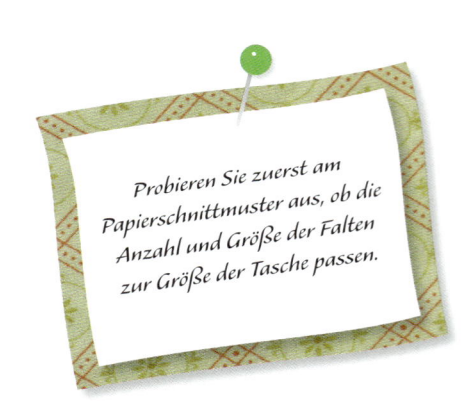

Probieren Sie zuerst am Papierschnittmuster aus, ob die Anzahl und Größe der Falten zur Größe der Tasche passen.

Abb. a1–a2 *Markieren Sie die Position der Falten durch Passzeichen auf dem Schnittmuster.*

2. Festlegen, ob die Falten von der Ober- bis zur Unterkante reichen sollen: Wenn die Falten von der Ober- bis zur Unterkante reichen sollen, zu den schon angebrachten Passzeichen (siehe Schritt 1) noch entsprechende Passzeichen an der Unterkante des Schnittmusters hinzufügen. Wenn die Falten nicht bis zur Unterkante reichen sollen, ist dies nicht notwendig.

3. Stoff zuschneiden und in Falten legen: Die Musterteile zuschneiden und die Passzeichen auf den Stoff übertragen. Anhand der Passzeichen den Stoff sorgfältig in Falten legen und diese durch Bügeln mit einem Bügeltuch fixieren **(Abb. b)**.

4. Falten festnähen: Ungefähr 5 mm unter der Oberkante eine Naht anbringen. Wenn die Falten von der Ober- bis zur Unterkante reichen sollen, den Vorgang an der Unterkante wiederholen **(Abb. c)**. Mit der Fertigstellung der Tasche fortfahren (siehe S. 156).

Abb. b *Durch Bügeln werden die Falten fixiert und erhalten scharfe Kanten. Damit der Stoff nicht versengt oder glänzend wird, verwenden Sie ein Bügeltuch aus farbechtem, mittelschwerem Baumwollstoff.*

Als zusätzlichen Effekt können Sie einen Streifen farbenfrohen Stoffes in die Falte einsetzen. Die Anleitung dazu finden Sie auf S. 28.

Abb. c *Fixieren Sie die Falten durch eine Naht an der Oberkante.*

3. Struktur und Verstärkung

Zwickel

Ein Zwickel kann sowohl bei einer Tasche mit flachem als auch mit rundem Boden eingefügt werden und sorgt am effektivsten für möglichst viel Volumen. Die Tasche erhält Seitenwände und der Boden wird zusätzlich abgeflacht. Die größte Fehlerquelle besteht dabei in einer ungenügenden Planung. Um den gefürchteten „verdrehten Zwickel" zu vermeiden, müssen Sie einfach jede Menge Passzeichen anbringen.

Sie brauchen dazu
- Sublimatstift
- Lineal

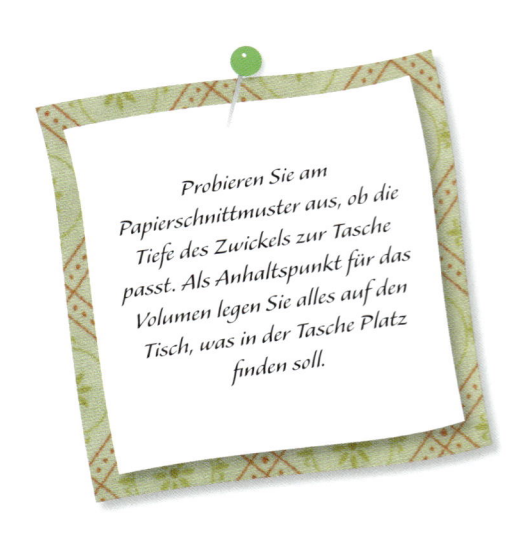

Das sollten Sie wissen

- Um die Länge des Schnittmusters zu ermitteln, messen Sie entlang der Umrisse der Hauptmusterteile und geben Sie 10 cm dazu. Das ergibt eine Schwankungsbreite von 5 cm für jedes kurze Ende des Zwickels.
- Wenn der Zwickel länger ist als die Breite des Stoffes, nähen Sie zwei gleich lange Stoffstreifen zusammen, um auf die Länge zu kommen. Die Naht befindet sich am Taschenboden und fällt nicht auf.
- Die Nahtzugabe beträgt 1 cm, wenn nicht anders angegeben.
- Nähen Sie den Zwickel, **nachdem** Sie etwaige Seitenfächer am Außenstoff oder am Futter angebracht haben.

Probieren Sie am Papierschnittmuster aus, ob die Tiefe des Zwickels zur Tasche passt. Als Anhaltspunkt für das Volumen legen Sie alles auf den Tisch, was in der Tasche Platz finden soll.

1 Musterteil für den Zwickel zeichnen: Die Tiefe des Zwickels festlegen und die Nahtzugabe hinzufügen. Wenn der Zwickel z. B. 8 cm breit sein soll und die Nahtzugabe 1 cm beträgt, ist der Musterteil für den Zwickel insgesamt 10 cm breit. Wenn Sie die Breite des Musterteils festgelegt haben, ermitteln Sie die Länge (siehe **Das sollten Sie wissen**).

Abb. a1–a2 *Zeichnen Sie an beiden langen Kanten die Mitte des Zwickels und weitere Passzeichen ein. Machen Sie entsprechende Passzeichen am Hauptmusterteil für den Taschenkörper.*

2. **Übereinstimmende Passzeichen an den Musterteilen für Zwickel und Taschenkörper anbringen:** Den Musterteil für den Zwickel der Breite nach zur Hälfte falten und mit Sublimatstift oder Kreide an beiden langen Kanten die Mitte markieren. Eine entsprechende Markierung in der Mitte der Unterkante des Hauptmusterteils für den Taschenkörper anbringen. An beiden langen Kanten des Musterteils für den Zwickel in regelmäßigen Abständen weitere Passzeichen anbringen, dann wie zuvor entsprechende Passzeichen am Hauptmusterteil für den Taschenkörper machen. Passzeichen rund um die unteren Ecken genügen meist, aber Sie können zur Sicherheit auch an den Seiten Passzeichen machen **(Abb. a)** und den Stoff zuschneiden.

3. **Zwickel an einem Taschenkörper-Musterteil anstecken und annähen:** Futter/Außenstoff und Futter-/Außenstoff-Zwickel rechts auf rechts aufeinanderlegen, Schnittkanten genau aufeinanderlegen, sodass alle Passzeichen übereinstimmen. Den Zwickel an den Taschenkörper anstecken, dabei an der Unterkante beginnen und an den Seiten fortfahren **(Abb. b)**. Der Zwickel ist meist zu lang für den Taschenkörper – die überschüssige Länge dient zur Sicherheit und kann später abgeschnitten werden. Vorgang an der anderen Seite des Zwickels und mit dem anderen Taschenkörper-Musterteil wiederholen. Zwickel am Futter/Außenstoff fertig annähen, überschüssigen Stoff oben an den Seiten des Zwickels abschneiden. Gebogene Nähte eventuell einschneiden und Nähte auseinanderbügeln. Mit der Fertigstellung der Tasche fortfahren (siehe S. 156).

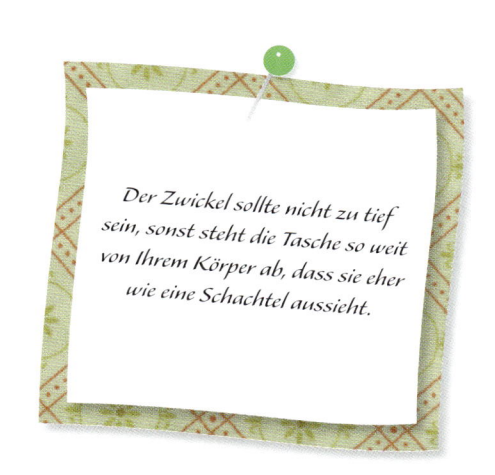

Der Zwickel sollte nicht zu tief sein, sonst steht die Tasche so weit von Ihrem Körper ab, dass sie eher wie eine Schachtel aussieht.

Abb. b *Achten Sie darauf, dass die Passzeichen am Zwickel und am Taschenkörper genau übereinstimmen, damit der Zwickel gut sitzt und nicht verdreht ist.*

Flacher Boden

Ein flacher Boden ist schnell und leicht zu nähen und gibt der Tasche Volumen und eine attraktive dreidimensionale Form. Diese einfache Technik können Sie nicht nur bei einer flachen, rechteckigen Tragetasche (wie hier beschrieben), sondern auch bei vielen anderen Taschen und Täschchen anwenden.

Sie brauchen dazu

- Lineal oder Schneidematte mit Raster
- Sublimatstift
- Boden aus Gitterstoff (optional – zur Verstärkung des Bodens, siehe S. 57)
- Taschenfüße (optional – zum Schutz des Bodens vor Schmutz und Beschädigung, siehe S. 137)

Das sollten Sie wissen

- Um die Gesamthöhe des Musterteils zu ermitteln, rechnen Sie zur gewünschten Höhe der fertigen Tasche die Tiefe des Bodens sowie das Doppelte der Nahtzugabe hinzu.

- Um die Gesamtbreite des Musterteils zu ermitteln, rechnen Sie zur gewünschten Breite die Tiefe der fertigen Tasche sowie das Doppelte der Nahtzugabe hinzu.

- Die Nahtzugabe beträgt 1 cm, wenn nicht anders angegeben.

1 Rechteckige Tragtasche zusammennähen: Futter/Außenstoff rechts auf rechts an den Seiten- und Unterkanten zusammennähen.

2 Untere Ecke flach drücken: An einer der unteren Ecken des Futters/Außenstoffes die Seitennaht und die Naht an der Unterkante genau übereinanderlegen (überprüfen, ob die untere und die Seitennaht ineinander übergehen). Die Ecke ganz flach drücken, sodass sie ein Dreieck bildet, und feststecken (**Abb. a**).

Abb. a *Drücken Sie die Ecke flach, sodass sie ein Dreieck bildet und die Seitennaht genau auf der Naht an der Unterkante liegt.*

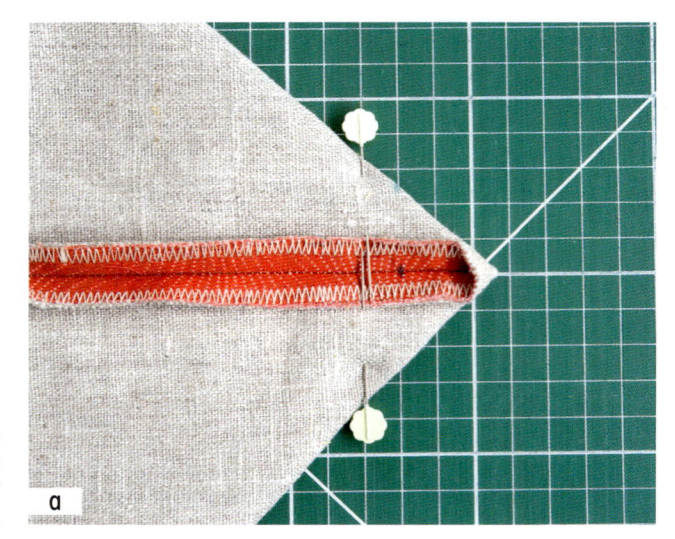

3. Struktur und Verstärkung

3 **Gewünschte Tiefe des Bodens abmessen und markieren:** Wenn der Boden z. B. 9 cm tief sein soll, markieren Sie im rechten Winkel zur Seitennaht eine 9 cm lange Linie als Basis des Dreiecks; dies geht mit einer Schneidematte mit Raster viel leichter **(Abb. b)**.

Probieren Sie am Papierschnittmuster aus, wie der Boden zu Ihrer Tasche passt.

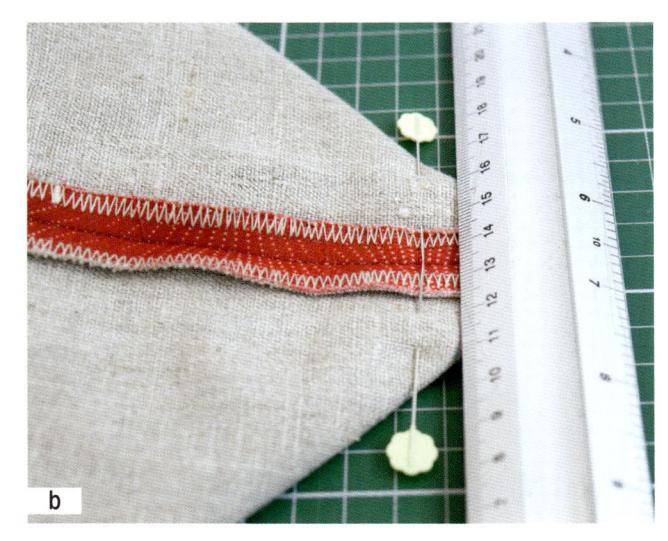

Abb. b *Ein Lineal oder eine Schneidematte mit Raster zeigt Ihnen, ob die Seitenkante des Bodens genau rechtwinklig zur Seitennaht verläuft und so lang ist, wie der Boden tief sein soll (hier 9 cm).*

Abb. c1–c2 *Nähen Sie an der markierten Linie entlang und schneiden Sie den überschüssigen Stoff an der Spitze des Dreiecks ab.*

4 **Den Boden nähen:** An der in Schritt 3 markierten Linie entlangnähen und beide Nahtenden durch Rückstiche sichern. Überschüssigen Stoff an der Spitze des Dreiecks abschneiden, aber nicht zu knapp an der Naht **(Abb. c)**.

3. Struktur und Verstärkung

Raffungen

Mit Raffungen können Sie schnell und leicht das Volumen vergrößern und Ihre Tasche optisch aufwerten. Dieselbe Technik wird auch beim Herstellen von Rüschen verwendet. Bei leichten bis mittelschweren Stoffen sehen Raffungen effektvoller aus und sind auch leichter zu arbeiten.

Sie brauchen dazu
- Sublimatstift
- Lineal

Probieren Sie am Papierschnittmuster die Größe der Raffung aus. Der zugeschnittene Stoffteil sollte nicht mehr als doppelt so breit sein wie die fertige Tasche, sonst wirkt die Raffung klobig.

Das sollten Sie wissen

- Für große, bauschige Raffungen nehmen Sie die doppelte Breite/Länge der fertigen Handtasche. Wenn der Stoff nach dem Raffen 30 cm breit sein soll, schneiden Sie 60 cm zu. Für zartere Raffungen nehmen Sie weniger Stoff.

- Raffungen können von der Ober- bis zur Unterkante reichen oder nach unten hin aufspringen.

- Die Nahtzugabe beträgt 5 mm, wenn nicht anders angegeben.

1 Breite und Position der Raffung auf der Tasche festlegen: Soll die gesamte Breite der Tasche oder z. B. nur ein Stück in der Mitte gerafft werden? Wenn die Breite der Raffung (und damit des Stoffes) feststeht, markieren Sie Anfang und Ende der Raffung auf dem Schnittmuster mit je einem Punkt.

2 Soll die Raffung von der Ober- bis zur Unterkante reichen? Wenn ja, fügen Sie zwei weitere Markierungen an der Unterkante des Schnittmusters (analog zu den in Schritt 1 angebrachten Markierungen) hinzu. Wenn die Raffung nach unten hin aufspringen soll, ist dies nicht nötig.

3 Stoff zuschneiden und mit Geradstich über den Raffungsteil nähen: Nach dem Zuschneiden die Markierungspunkte auf den Stoff übertragen. Auf der Nähmaschine die größte Stichlänge und eine sehr niedrige Unterfadenspannung einstellen. Mit Geradstich von einem Markierungspunkt zum anderen nähen, ohne die Nahtenden zu sichern; dabei am Anfang und am Schluss lange Fadenenden stehen lassen. Am Unterfaden ziehen, um den Stoff auf die gewünschte Breite zu raffen **(Abb. a)**, und die Fältchen mit den Fingern gleichmäßig verteilen. Dann die gewohnte Unterfadenspannung und Stichlänge einstellen und die Raffung mit einer weiteren Naht an der Oberkante festnähen. Den lockeren Einhaltefaden entfernen. Wenn die Raffung bis zur Unterkante reichen soll, Vorgang an der Unterkante wiederholen. Mit der Fertigstellung der Tasche fortfahren (siehe S. 156).

Abb. a *Durch die große Stichlänge und die niedrige Unterfadenspannung können Sie den Stoff durch Ziehen am Unterfaden raffen.*

Verstärkung

Wir haben nun einige Möglichkeiten zur Vergrößerung des Taschenvolumens kennen gelernt. Damit die Tasche aber ihre Form auch behält, müssen wir oft „Verstärkung anfordern". Kapitel 2 war dem Einlegematerial und dem Zwischenfutter als wichtigsten Gegenmitteln gegen schlaffe, formlose Konturen gewidmet. Es gibt aber noch weitere spezielle Produkte und Techniken, die hier vorgestellt werden.

Stäbchenbänder: Die starken, aber biegsamen Polyesterstreifen, die oft für Korsagen verwendet werden, geben zusätzlichen Halt an den Seitennähten und bei der Taschenöffnung. Sie können das Stäbchenband entweder an einer Seite der Nahtzugabe annähen oder durch beide Seiten durchnähen oder für besonders festen Halt ein Band an jeder Seite der Nahtzugabe annähen. Die Breite der Nahtzugabe muss für die Breite des Bandes ausreichend sein, das Band muss zumindest kürzer sein als die Naht. Das Band sollte nicht alle Nähte in einem Stück durchlaufen, da Polyester dazu nicht biegsam genug ist.

Gitterstoff: Das Material lässt sich leicht schneiden und formen und gibt dem Boden oder den Seitenteilen der Tasche einen starken, dauerhaften und biegsamen Halt. Pappe ist kein Ersatz für dieses Material, da sie weder wasserfest noch abnützungsresistent ist. Gitterstoff verstärkt und formt den Taschenboden und bietet sich auch für die Seitenteile von Reisetaschen an, die aufrecht stehen sollen.

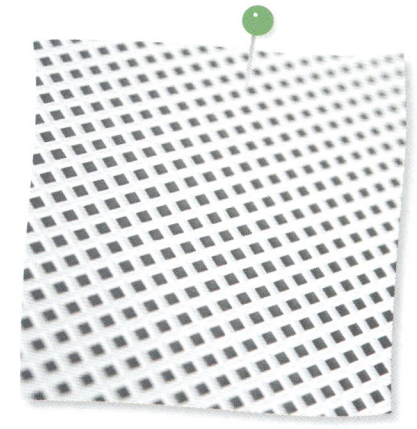

Wattierung: Dieses weiche, schwammartige Material verwende ich sehr oft. Es ist als Meterware erhältlich, entweder zum Aufbügeln oder zum Einnähen (siehe S. 39) und wird gemeinsam mit den Musterteilen zugeschnitten. Das Material ist nicht steif, sondern nachgiebig. Eine oder zwei Schichten zwischen Außenstoff und Futter geben der Tasche mehr Substanz, sie greift sich aber trotzdem angenehm weich an und wirkt hochwertiger.

Ihre elegante Rüschen-Clutch

3. Struktur und Verstärkung

Diese modische und doch klassisch-zeitlose Tasche wird Sie jahrelang begleiten. Für den Einkaufsbummel sind sie damit ebenso ausgerüstet wie für einen Restaurant- oder Theaterbesuch. Optisch besticht sie durch die klare Linienführung, die lange, elegante Form und die verspielte Rüsche. Durch die Festigkeit des Taschenkörpers lässt sie sich gut unter dem Arm tragen oder Sie verwenden den Kettenriemen als Träger.

Seitenansicht: *Hier punktet die Tasche durch eine schlanke Silhouette.*

Taschenboden: *Die Bodenfalte wirkt schlicht-elegant und gibt der Tasche etwas Volumen.*

Träger: *Die optionale Kette ist mit dem Seidenstoff verziert, der auch die Tasche schmückt, und betont den edlen Look.*

Das sollten Sie wissen

- Für diese Tasche brauchen Sie eine Nähmaschine mit Freiarm.
- Wählen Sie einen schweren Außenstoff, weil der Taschenkörper steif sein soll. Leder oder Rauleder, echt oder imitiert, franst nicht aus und ist daher besonders für die Rüsche optimal.
- Dupionseide oder Seidentaft sind aufgrund ihrer Haltbarkeit für Futter und Verzierung zu empfehlen. Zu dünner Seiden- oder Satinstoff ist für die Rüsche allerdings nicht geeignet.
- Verwenden Sie für schwere Stoffe eine Jeansnadel.
- Die Nahtzugabe beträgt 1 cm, wenn nicht anders angegeben.
- Bei den Musterteilen (auf den ausklappbaren Seiten des Buches) ist die Nahtzugabe von 1 cm berücksichtigt.

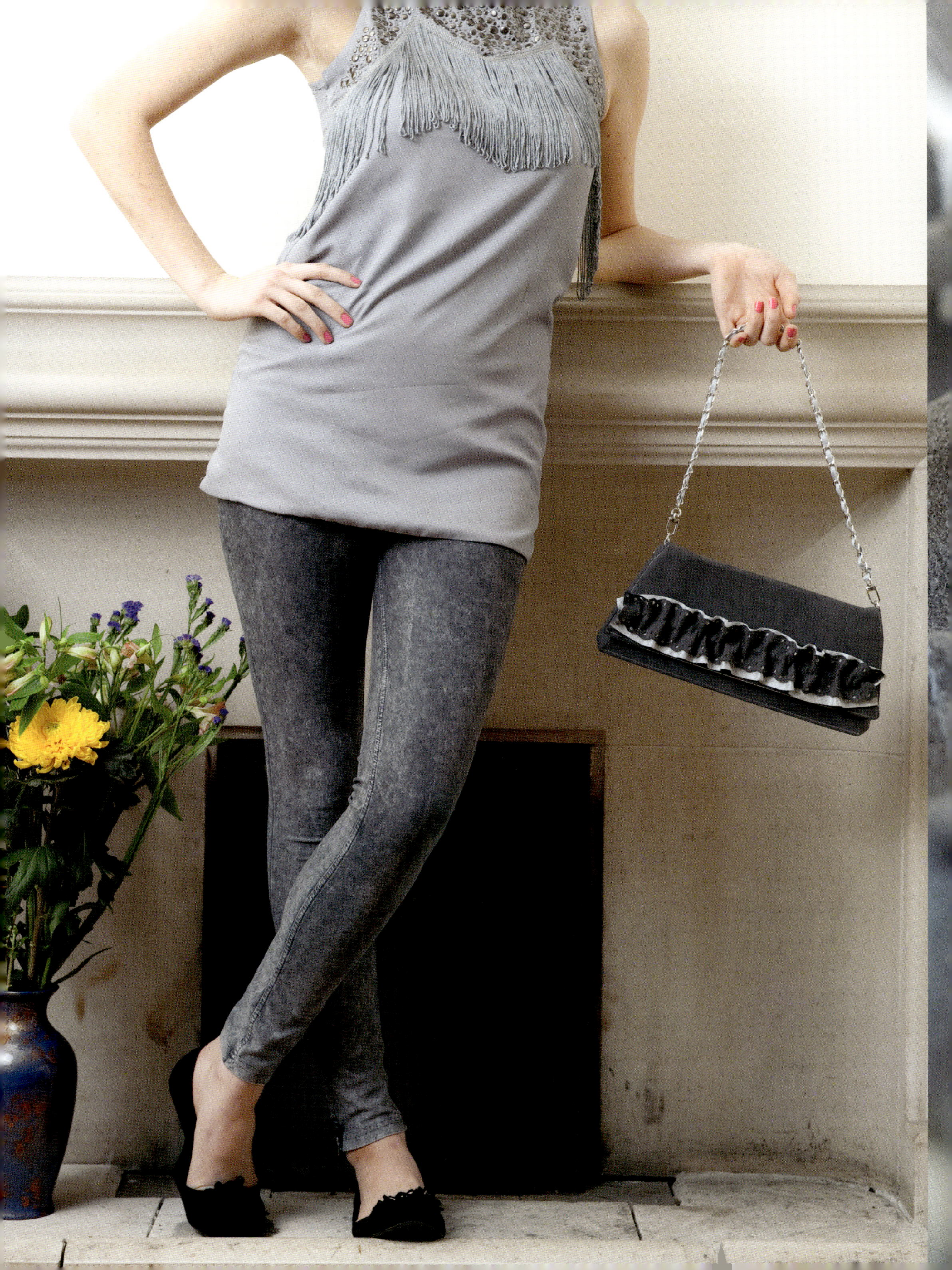

3. Struktur und Verstärkung

Sie brauchen dazu

- 1 Stück Möbelstoff, 50 x 150 cm, als Außenstoff und für die Rüsche
- 1 Stück Dupionseide, 50 x 150 cm, als Futter und für die Rüsche
- Extrasteifes Einlegematerial zum Aufbügeln, 50 cm
- Einseitig aufbügelbare Wattierung, 50 cm
- Zu den Stoffen farblich passendes Nähgarn
- 1 Kettenträger mit großen Gliedern und Karabinern, ca. 64 cm lang
- 2 D-Ringe, 12 mm
- 2 Magnetverschlüsse, 14 mm
- Handnähnadel
- Sublimatstift
- Schmales doppelseitiges Klebeband, 3 mm breit
- Stricknadel
- 10 Mini-Bulldogklemmen (optional – können bei schwerem Stoff statt Stecknadeln verwendet werden)
- Lochzange, 4 mm
- Rollschneider mit grobem Wellenschliff, Lineal und Schneidematte
- Bügeltuch aus Baumwolle oder Leinen

Vorbereitung

Schneiden Sie Stoff und Einlegematerial wie folgt zu:

Elegante Rüschen-Clutch – Hauptmusterteil (siehe ausklappbare Seiten):

- 2 x aus dem Außenstoff
- 2 x aus dem extrasteifen Einlegematerial
- 2 x aus dem Futterstoff
- 2 x aus der aufbügelbaren Wattierung

Elegante Rüschen-Clutch – Musterteil für den Überschlag (siehe ausklappbare Seiten):

- 1 x aus dem Außenstoff
- 1 x aus dem extrasteifen Einlegematerial
- 1 x aus dem Futterstoff
- 1 x aus der aufbügelbaren Wattierung

Übertragen Sie alle Passzeichen und Markierungen mit Sublimatstift auf den Stoff

Außerdem:

- 1 Stück Futterstoff für das Innenfach, 24 x 15 cm
- 1 Stück Außenstoff für die Rüsche, 50 x 6 cm
- 1 Stück Futterstoff für die Rüsche, 52 x 9 cm
- 1 Stück Futterstoff für die Trägerschlaufen, 12 x 10 cm
- 1 Stück Futterstoff für die Verzierung an der Kette, 6 x 75 cm
- 2 Stücke extrasteifes aufbügelbares Einlegematerial für die Verstärkung rund um den Magnetverschluss, 2,5 cm im Quadrat
- 1 Streifen extrasteifes aufbügelbares Einlegematerial für die Verstärkung rund um den Magnetverschluss am Überschlag, 2,5 x 29 cm

Träger

1 Trägerschlaufen: Aus dem Stoff für die Trägerschlaufen nach der Anleitung auf S. 102 einen Träger mit offenen Enden herstellen. Den Träger in zwei gleich lange Stücke schneiden, einen D-Ring auf jede Schlaufe fädeln. Beiseite legen.

2 Verzierung für die Kette: Aus dem Stoff für die Verzierung nach der Anleitung auf S. 103 einen Träger mit geschlossenen Enden herstellen. Den Träger durch die Kettenglieder fädeln. Die Enden jeweils über das letzte Kettenglied umschlagen und von Hand festnähen. Beiseite legen.

Rüsche

3 Obere Stoffschicht: Mit dem Rollschneider mit Wellenschliff an beiden langen Kanten des Außenstoffs für die Rüsche einen Wellenrand schneiden (**Abb. a**) und mit einer Lochzange Löcher entlang der Wellenberge und -täler stanzen.

Abb. a *Der Wellenrand macht die Rüsche noch effektvoller.*

4 Untere Stoffschicht: Am Futterstoff für die Rüsche mit der rechten Seite nach oben beide langen Kanten um 5 mm nach unten umschlagen und bügeln. Vorgang wiederholen und den Umschlag im Abstand von 3 mm von den Kanten absteppen. Bei den kurzen Kanten wiederholen.

5 Rüsche zusammenstellen: Den Außenstoffteil mit der rechten Seite nach oben der Länge nach mittig auf die rechte Seite des Futterstoffteils legen, sodass an beiden langen Kanten gleich viel Futterstoff vorsteht. In der Mitte der Rüsche der Länge nach eine Raffnaht nähen (siehe S. 56, Schritt 3; die Naht am Anfang jedoch durch Rückstiche sichern). Beiseite legen.

Außentasche

6 Außenstoffteile verstärken: Bei allen Teilen aus extrasteifem Einlegematerial rundherum 12 mm abschneiden, um wulstige Nähte zu vermeiden. Die Musterteile aus extrasteifem Einlegematerial vorsichtig auf die linke Seite der entsprechenden Musterteile aus Außenstoff legen, sodass ein gleichmäßiger Rand von 12 mm vorsteht, und aufbügeln. Nun die Teile aus aufbügelbarer Wattierung auf die linke Seite aller Außenstoffteile (direkt auf das Einlegematerial) aufbügeln.

7 Magnetverschlüsse am Vorderteil anbringen: Die Magnetteile der Verschlüsse auf der rechten Seite des Außenstoff-Vorderteils bei den beiden Markierungen anbringen (siehe S. 91).

8 Außenstoffteile zusammennähen: Außenstoffteile rechts auf rechts aufeinanderlegen, unten sowie an den Seiten zusammenstecken und zusammennähen. Beim Nähen die Nadel im Abstand von 2 mm von der Kante des extrasteifen Einlegematerials platzieren – dies ergibt eine Nahtzugabe von 1 cm und verhindert, dass sich an den Nähten Wülste bilden. **(Abb. b)**.

9 Flachen Boden nähen: Eine der unteren Ecken zusammendrücken, sodass sie ein Dreieck mit „abgeschnittener" Spitze bildet **(Abb. c)**. Diese Schnittkanten genau übereinanderlegen, mit den Fingern fest zusammenhalten und mit 1 cm Nahtzugabe an der Schnittkante entlangnähen. Dabei mit der Hand in die Tasche greifen (die Hand mit einem Topfhandschuh oder einem sauberen Geschirrtuch umhüllen) und die untere Naht sowie die Seitennaht auseinanderstreichen. Taschenbeutel auf rechts wenden. Die rechte Seite der Tasche mit einem Bügeltuch bügeln und dabei mit der (umhüllten) Hand die Falten glätten.

Abb. b *Wenn Sie ganz knapp an der Kante des Einlegematerials nähen, wirken die Nähte exakter und die Tasche lässt sich leichter auf rechts wenden.*

Abb. c *Drücken Sie die Ecke wie abgebildet zusammen.*

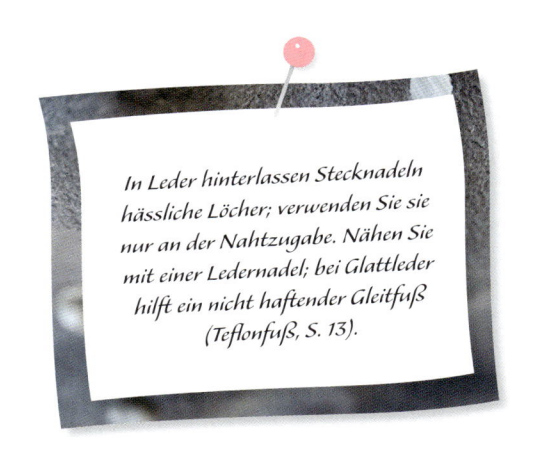

In Leder hinterlassen Stecknadeln hässliche Löcher; verwenden Sie sie nur an der Nahtzugabe. Nähen Sie mit einer Ledernadel; bei Glattleder hilft ein nicht haftender Gleitfuß (Teflonfuß, S. 13).

3. Struktur und Verstärkung

10 Boden falten und absteppen: Mit Sublimatstift eine Markierung auf beiden Seiten parallel zur Bodennaht im Abstand von 1,5 cm anbringen. Stoff mit den Fingern entlang der Markierungen knicken, sodass auf beiden Seiten der Bodennaht je eine Falte entsteht. Nun den Taschenboden flachdrücken (dabei kippen die unteren Ecken nach innen zur Bodennaht). Die Falten durch Dampfbügeln mit einem Bügeltuch fixieren. Beide Falten mit einer Nahtzugabe von 3 mm durch alle Schichten absteppen **(Abb. d)**.

11 Oberkante umschlagen und bügeln: Mit der rechten Seite nach außen die Oberkante des Taschenbeutels 1 cm auf die linke Seite umschlagen und bügeln, sodass ein scharfer Knick entsteht (siehe S. 73, Schritt 2).

Abb. d *Die Falten erinnern an den Boden einer Papiertragetasche.*

Taschenfutter

12 Innenfach ins Futter einfügen: Mit den entsprechenden Musterteilen nach der Anleitung auf S. 124 ein flaches Innenfach nähen. Das Fach auf der rechten Seite des Futter-Rückenteils mittig 3 cm unterhalb der Oberkante feststecken und annähen.

13 Futterbeutel zusammenstecken und nähen: Futter wie in Schritt 8 und 9 auf S. 61 fertigstellen und am unteren Rand eine Wendeöffnung von 15 cm in der Naht lassen.

14 Boden im Futterbeutel falten und absteppen: Dabei wie in Schritt 10 vorgehen, aber das Futter nicht auf rechts wenden. Falten auf der linken Seite des Futters absteppen.

15 Oberkante des Futterbeutels umschlagen und bügeln: Mit der linken Seite nach außen die Oberkante des Futterbeutels 1 cm auf die linke Seite umschlagen und bügeln, sodass ein scharfer Knick entsteht (siehe S. 72, Schritt 1).

Überschlag

16 Futter am Überschlag verstärken: Musterteil aus aufbügelbarer Wattierung auf die linke Seite des entsprechenden Teils aus Futterstoff legen und aufbügeln.

17 Futter am Überschlag bei den Magnetverschlüssen verstärken: Den Streifen aus extrasteifem Material mittig 1,5 cm oberhalb der Unterkante direkt auf die aufgebügelte Wattierung legen. Mit einem Bügeltuch aufbügeln.

18 Magnetverschlüsse anbringen: Nichtmagnetische Gegenstücke auf der rechten Seite des Futters bei den beiden Markierungen anbringen (siehe S. 91).

19 Außenstoff für den Überschlag verstärken: An Unterkante und Seitenkanten des Überschlagteils von dem extrasteifen Material 12 mm abschneiden, dann von der Oberkante 6 cm abschneiden. Musterteil aus extrasteifem Material auf die linke Seite des entsprechenden Teils aus Außenstoff legen, sodass an Unterkante und Seitenkanten ein gleichmäßiger Rand von 12 mm vorsteht, und aufbügeln.

Unten: *Bei der Rüsche sind verschiedene Farbkombinationen möglich – entweder Kontrastfarben oder verschiedene Schattierungen derselben Farbe.*

20 **Überschlag fertigstellen:** Futter und Außenstoff für den Überschlag rechts auf rechts aufeinanderlegen, entlang der Kanten zusammenstecken und -nähen, an der Oberkante 15 cm Wendeöffnung in der Naht lassen. Ecken einschneiden. Überschlag durch die Öffnung auf rechts wenden, glätten und mit einer dicken Stricknadel die Ecken ausformen. Den Überschlag auf der rechten und linken Seite mit Bügeltuch bügeln. Die Schnittkanten der Öffnung nach innen schieben und Kanten bügeln. Überschlag an der Unter- und Oberkante sowie an den Seitenkanten mit einer Nahtzugabe von 3 mm rundherum absteppen. Dabei die Öffnung zunähen.

Tasche fertigstellen

21 **Überschlag an der Außentasche platzieren:** Einen schmalen Streifen doppelseitiges Klebeband 2 cm unter der Oberkante auf der linken Seite des Überschlags aufbringen, das Schutzpapier abziehen. Die schmälere Oberkante des Überschlags mit der rechten Seite nach oben auf der entsprechenden Markierung auf der rechten Seite des Außenstoff-Rückenteils platzieren und fest andrücken **(Abb. e)**.

22 **Überschlag annähen:** Überschlag in 5 mm Abstand von dessen Oberkante an den Taschenbeutel annähen. Zur Verstärkung eine zweite Naht in 5 mm Abstand von der ersten Naht nähen. Klebeband entfernen.

23 **Futterbeutel am Taschenbeutel feststecken:** Futterbeutel mit der linken Seite nach außen in den auf rechts gewendeten Taschenbeutel einführen, sodass sich die linken Seiten des Taschen- und des Futterbeutels berühren. Umgeschlagene Oberkanten des Taschen- und des Futterbeutels genau aufeinanderlegen, mit Stecknadeln oder Bulldogklemmen fixieren. Bei den Seitennähten nicht fixieren. (Siehe S. 73, Schritt 3.)

24 **Futterbeutel annähen:** Überschlag umschlagen, damit er nicht im Weg ist. Futter- und Taschenbeutel durch Absteppen an der Oberkante mit 3 mm Nahtzugabe zusammennähen. Vor der Seitennaht zu nähen aufhören, Nadel in der unteren Position belassen. Eine Trägerschlaufe (zur Hälfte gefaltet, aufgefädelter D-Ring zeigt nach oben) zwischen Futter und Außenstoff einführen, sodass sie nur 1 cm hervorsteht. Schlaufe mit den Fingern gut festhalten und weiter absteppen, Schlaufe dabei mitnähen. Mit der anderen Schlaufe wiederholen (siehe S. 73, Schritt 3).

25 **Vervollkommnung:** Rüsche durch Ziehen am Fadenende raffen, sodass sie gleich lang ist wie die Unterkante des Überschlags **(Abb. f)**. Die Fältchen mit den Fingern gleichmäßig verteilen. Fadenenden in die Handnähnadel einfädeln und die Raffnaht auf der Rückseite der Rüsche mit mehreren Stichen sichern. Rüsche auf der rechten Seite des Überschlags von Hand mit ganz kurzen Stichen in regelmäßigen Abständen annähen, dabei durch die untere Schicht der Rüsche und durch den Außenstoff des Überschlags stechen **(Abb. g)**. Kette an den D-Ringen befestigen. Fertig!

Abb. e *Platzieren Sie den Überschlag auf den Kopf gestellt auf der entsprechenden Markierung auf der rechten Seite des Außenstoff-Rückenteils.*

Abb. f *Beim Raffen der Rüsche ziehen Sie vorsichtig an den Fäden, um sie nicht zu zerreißen.*

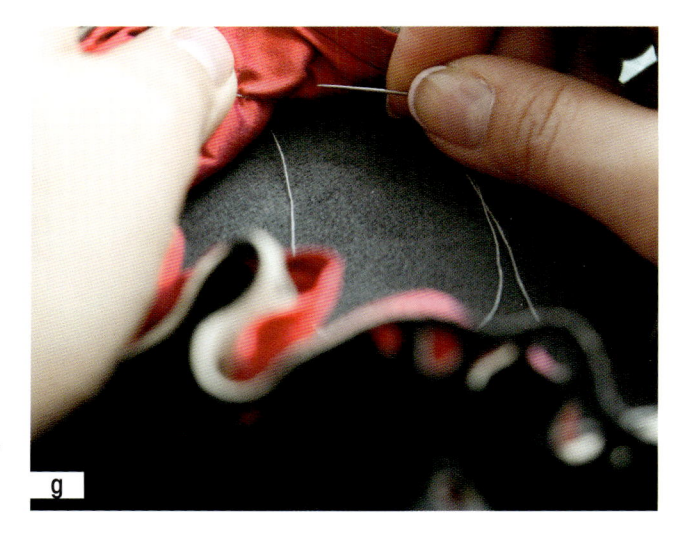

Abb. g *Stechen Sie nicht durch alle Stoffschichten, damit die Naht nicht am Futter des Überschlags sichtbar ist.*

4. FUTTER

Nicht nur der Außenstoff, auch das Futter der Tasche sollte ebenso schön wie praktisch sein. Wie Sie an den Projekten in diesem Buch ersehen können, werden die Teile aus Futterstoff nach denselben Schnittmusterteilen hergestellt wie jene aus Außenstoff. Auch die Fertigstellung des Futters erfolgt meist analog zur Fertigstellung des Äußeren (auf die Ausnahmen wird beim jeweiligen Projekt eingegangen). In diesem Kapitel geht es also nicht um die Herstellung des Futters, denn dies wird im Zuge der Projekte erklärt. Hier geht es vielmehr um die Herstellung von zwei verschiedenen Arten von Innenfächern mit Zippverschluss. Weiters werden zwei unterschiedliche Methoden erklärt, wie das Futter in die Tasche eingefügt werden kann.

Die Futter- und Außenstoffteile sind meist deckungsgleich. Beim Zuschneiden kann man durch einige Tricks Zeit sparen (S. 21).

ART DES INNENFACHS	VORTEILE	ANWENDUNGSVORSCHLÄGE
Eingeschnittene Zipptasche (S. 66)	Vielseitig, praktisch, unauffällig – Ihre Sachen sind sicher aufgehoben. Kann mit einem andersfarbigen Zipp dekorativ gestaltet werden.	Wird meist im Futter, manchmal aber auch an der Taschenaußenseite angebracht.
Zipp-Innenfach (S. 70)	Das „schlaue" Fach sorgt für Ordnung und ist durch den Zipp an der Oberkante sicher verschließbar.	Wird nur im Futter angebracht. Sehr gut für Akten- und Werkzeugtaschen, Rucksäcke und Kosmetiktaschen geeignet.

METHODE	VORTEILE	ANWENDUNGSVORSCHLÄGE
Hineinstecken (S. 72)	Der Außenstoff wird kaum in Mitleidenschaft gezogen. Der Futterbeutel kann kürzer als der Taschenbeutel sein und das Gewicht des Tascheninhaltes tragen.	Taschen mit steifem, unelastischem oder aber empfindlichem, dehnbarem (z. B. gestricktem oder gehäkeltem) Außenstoff
Verstürzen (S. 74)	Praktisch bei schweren Griffen, da diese nicht im Weg sind, wenn Futter und Außenstoff zusammengenäht werden. Ideal für schwerere Taschen, da Futter und Außenstoff zweimal zusammengenäht werden.	Weniger strukturierte sowie größere, strapazierfähige Taschen

Eingeschnittene Zipptasche: Sehr praktisch und leicht herzustellen. Meist wird sie im Futter der Tasche angebracht, aber auch im Außenstoff kann man durchaus eine solche Zipptasche (oder auch zwei) unterbringen (siehe S. 66–69).

Das Futter kann jede Menge Überraschungen bergen – verblüffende Farbeffekte, aber auch praktische Fächer und Zipptaschen.

Zipp-Innenfach: Solche Fächer sind nur im Inneren der Tasche üblich und sind als zusätzliche Unterteilung nützlich. Der Zippverschluss bietet aber auch Schutz für Ihre „Heiligtümer" – Schlüssel, Geldbörse und Handy (siehe S. 70–71).

4. Futter

Eingeschnittene Zipptasche

Dieses unauffällige Täschchen ist die ideale Lösung, um wichtige Gegenstände sicher zu verwahren. Es wird meist weiter oben in oder außen an der Tasche angebracht.

Sie brauchen dazu

- Allround-Zippverschluss aus Kunststoff, mindestens 10 cm kürzer als die Breite der Zipptasche (siehe Tipp)
- 2 Stoffstücke für die Zipptasche (Maße: siehe **Das sollten Sie wissen**)
- Lineal
- Handnähnadel
- Zippfuß
- Trennmesserchen
- Doppelseitiges Klebeband, 6 mm breit
- Sublimatstift

Das sollten Sie wissen

- Um die Breite des Stoffes für die Zipptasche zu ermitteln, rechnen Sie zur gewünschten Breite der Zipptasche zweimal die Nahtzugabe hinzu. Die Breite des Stoffstücks sollte immer um mindestens 10 cm mehr als die Länge des Zipps betragen.
- Um die Höhe des Stoffstücks zu ermitteln, rechnen Sie zur gewünschten Höhe (vom Zipp bis zur Unterkante der Zipptasche) 5 cm hinzu.
- Die Nahtzugabe beträgt 1 cm, wenn nicht anders angegeben.
- Nähen Sie die Zipptasche und befestigen Sie sie an der Tasche, **bevor** Sie diese fertigstellen.

1 Zipp zurechtschneiden: Wenn der Zipp zu lang ist, am oberen Ende abschneiden und darauf achten, dass mindestens 2 cm für die Zippverschluss-Seitennahtzugabe bleiben **(Abb. a)**.

Abb. a *Kürzen Sie den Zippverschluss am oberen Ende. Achten Sie darauf, dass 2 cm für die Seitennahtzugabe bleiben.*

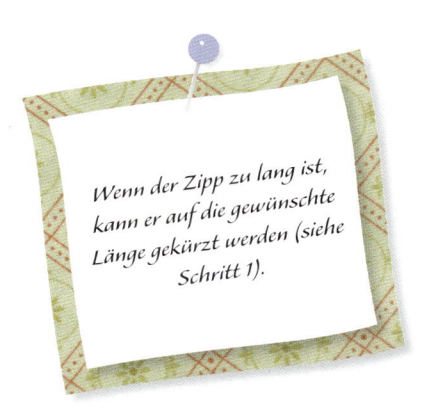

Wenn der Zipp zu lang ist, kann er auf die gewünschte Länge gekürzt werden (siehe Schritt 1).

2 Zipp am oberen Ende von Hand zusammennähen (Abb. b).

3 **Schlitz für den Zipp markieren:** Die Länge der Zahnreihen (nicht des gesamten Zippverschlusses) abmessen. Auf die linke Seite eines der Stoffstücke für die Zipptasche ein Rechteck zeichnen (Länge = Länge der Zahnreihen, Breite = 1 cm). Das Rechteck ist der Schlitz für den Zippverschluss; er muss mindestens 5 cm unterhalb der Oberkante des Stoffstückes mittig platziert werden. In das Rechteck der Länge nach eine Mittellinie mit v-förmigen Linien an den Schmalseiten zeichnen (Abb. c).

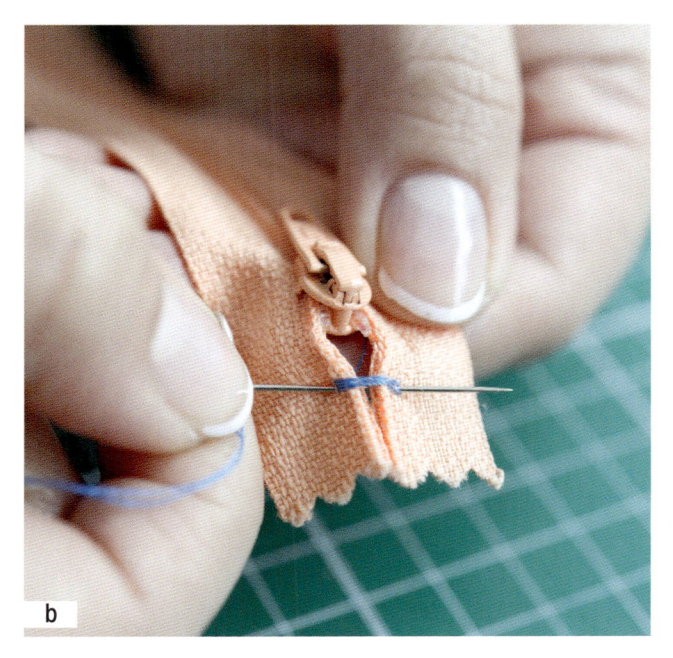

Abb. b *Nähen Sie den Zipp am oberen Ende von Hand zusammen – er sieht dann professioneller aus. Die Stiche müssen nicht exakt ausgeführt werden, da sie nicht sichtbar sein werden.*

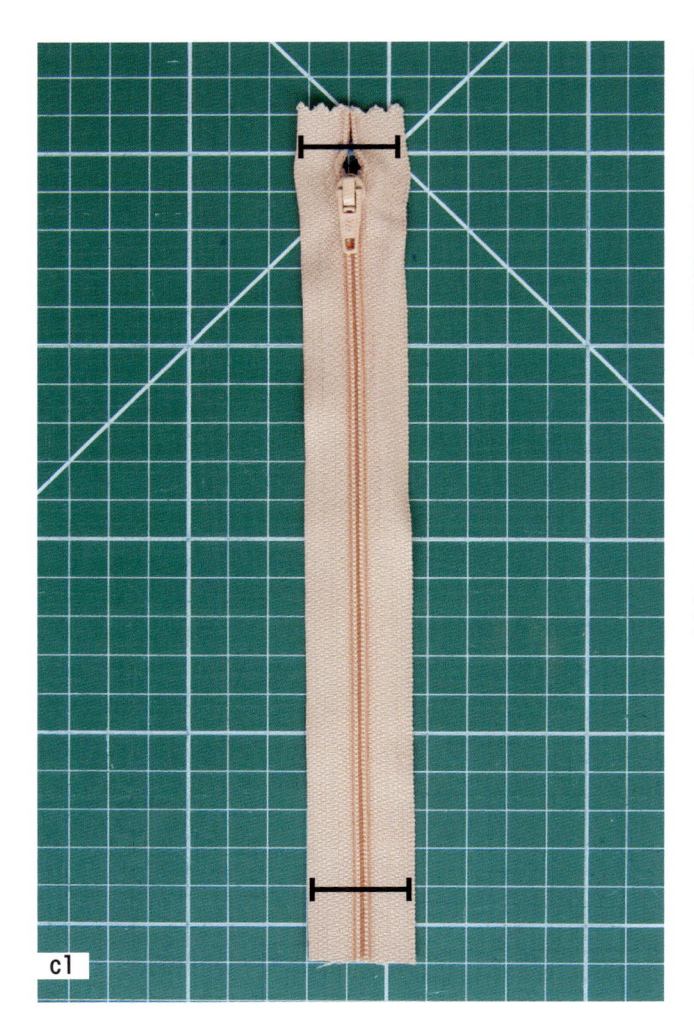

Abb. c1–c2 *Die Länge der Zahnreihen (nicht des gesamten Zippverschlusses) bestimmt die Länge des Schlitzes. Er muss mindestens 5 cm unterhalb der Oberkante des Stoffes für die Zipptasche platziert werden.*

4. Zipptaschen-Teil an der Tasche annähen: Zipptaschen-Teil mit der linken Seite nach oben mindestens 7 cm unterhalb der Oberkante des Stoffteils platzieren, damit genug Platz zum Annähen des Futters am Außenstoff und für einen etwaigen Innenverschluss bleibt. Zipptaschen-Teil in der richtigen Position feststecken und – nur entlang des Rechtecks – an der Tasche annähen **(Abb. d)**.

Abb. d1–d2 *Zwischen der Oberkante des Zipptaschen-Teils und der Oberkante des Taschenstoffteils ist 7 cm Platz. Nähen Sie nur die rechteckige Linie entlang.*

5. Rechteckigen Schlitz ausschneiden: Mit dem Trennmesserchen einen kleinen Einschnitt an der Mittellinie des Rechtecks machen, sodass Sie die Schere ansetzen können. Durch beide Stoffschichten entlang der gesamten Mittellinie schneiden, ebenso entlang der v-förmigen Linien. Nicht in die Naht entlang des Rechtecks hineinschneiden **(Abb. e)**.

Abb. e *Schneiden Sie an der Mittellinie und an den v-förmigen Linien entlang, aber nicht zu nahe an die Naht heran.*

6 Zipptaschenstoff durchziehen: Den Zipptaschenstoff durch den rechteckigen Schlitz auf die linke Seite des Taschenstoffes ziehen **(Abb. f)**. Rechte und linke Seite des rechteckigen Schlitzes gründlich bügeln.

7 Zipp am Taschenstoff annähen: Doppelseitiges Klebeband an beiden langen Kanten des Zippverschlusses anbringen, sodass die Kanten der Klebebänder und des Zippverschlusses genau übereinander liegen, und das Schutzpapier abziehen. Den rechteckigen Schlitz im Taschenstoff (rechte Seite nach oben) genau über den Zipp legen. Kanten ausrichten, sodass der Zipp genau in der Mitte des Rechtecks liegt. Fest andrücken. Mit dem Zippfuß der Nähmaschine 2 mm von der Kante des Rechtecks um den Zipp herumnähen **(Abb. g)**.

Abb. f *Ziehen Sie den Zipptaschenstoff zur Gänze durch den Schlitz.*

Abb. g1–g2 *Das Klebeband hält den Zipp in einer geraden, ebenen Position inmitten des Rechtecks. Nähen Sie entlang der Kante des Rechtecks, um den Zipp zu befestigen.*

8 Zipptasche fertigstellen: Taschenstoff umdrehen, sodass die linke Seite des Zipptaschenstoffes und des Zipps oben liegen. Zweites Stoffstück für die Zipptasche mit der linken Seite nach oben auf das Stoffstück mit dem Zipp legen. Die Oberkante des Taschenstoffs umschlagen, sodass dieser nicht im Weg ist. Zipptaschen-Teile an der Oberkante der Zipptasche beginnend rundherum zusammenstecken und -nähen, dabei darauf achten, dass der Taschenstoff nicht mitgefasst wird **(Abb. h)**.

Abb. h *Achten Sie beim Zusammenstecken und Nähen der Tasche darauf, dass der Außenstoff nicht mitgenäht wird.*

4. Futter

Zipp-Innenfach

Dieses praktische Innenfach mit Zippverschluss ist nur für flache Taschen geeignet, die auch einen flachen Boden haben. Für Taschen mit Seitenteilen oder Zwickel ist es unzweckmäßig. Es wird meist weiter oben in der Tasche angebracht.

Sie brauchen dazu

- Allround-Zippverschluss aus Kunststoff, mindestens 10 cm kürzer als die Breite der Tasche
- 2 Stoffstücke für das Fach (Maße: siehe **Das sollten Sie wissen**)
- Lineal
- Handnähnadel
- Zippfuß
- Doppelseitiges Klebeband, 6 mm breit
- Sublimatstift

Das sollten Sie wissen

- Um die Breite des Stoffes für das Zippfach zu ermitteln, rechnen Sie zur gewünschten Breite der Tasche 10 cm hinzu. Wenn die fertige Tasche 28 cm breit sein soll, muss der Stoff für das Fach 38 cm breit sein.
- Um die Höhe des Stoffstücks zu ermitteln, rechnen Sie zum Doppelten der gewünschten Höhe des Zippfachs 2 cm hinzu. Wenn das fertige Zippfach 15 cm hoch sein soll, muss der Stoff für das Fach 32 cm hoch sein.
- Die Nahtzugabe beträgt 1 cm, wenn nicht anders angegeben.
- Nähen Sie das Zippfach und befestigen Sie es in der Tasche, **bevor** Sie die Tasche fertigstellen.

1 Zipp zurechtschneiden, am oberen Ende zusammennähen: siehe S. 66–67, Schritt 1–2.

2 Innenfach-Teile zusammennähen: Ein Stoffstück für das Fach mit der rechten Seite nach oben zur Hälfte falten (kurze Kanten aufeinanderlegen). Den Stoffbruch bügeln. Mit dem anderen Stoffstück wiederholen. Beide Teile auseinanderfalten, rechts auf rechts aufeinanderlegen und am Mittelbug zusammenstecken. Schlitz für den Zippverschluss am Mittelbug (mittig) abmessen und markieren **(Abb. a)**. An einer Kante beginnend am Mittelbug bis zur Markierung entlangnähen, Nahtende durch Rückstiche gut sichern und auf der anderen Seite wiederholen.

Abb. a *Die beiden Teile für das Fach rechts auf rechts zusammenstecken und am Mittelbug Anfang und Ende der Öffnung für den Zipp markieren.*

b1

b2

3 Innenfach-Teile auf rechts wenden: Linke Hälfte der oberen Stoffschicht nach rechts klappen, untere Stoffschicht nach rechts klappen, sodass die rechten Seiten beider Stoffteile nach außen zeigen. Umgeschlagene Kanten der Zippöffnung bügeln, sodass scharfe Knickfalten entstehen.

4 Zipp am Taschenfutter annähen: siehe S. 69, Schritt 7.

5 Kurze Kanten des Faches zusammennähen: Zipp öffnen, Stoffschichten wie in Schritt 3 umklappen, sodass die linken Stoffseiten nach außen zeigen. Die kurzen Kanten zusammenstecken und nähen, Nähte auseinanderbügeln.

6 Fach auf rechts wenden: Fach an einer kurzen Kante hochhalten, sodass Sie den Zipp (mit der rechten Seite nach oben) durch die offenen Seiten des Faches sehen können. Mit der freien Hand durch die offene Seite hineingreifen, Zippkante festhalten, dann den Stoff über den Zipp herunterziehen **(Abb. b)**. Stoff glattstreichen und bügeln.

Abb. b1–b2 Fach an einer kurzen Kante hochhalten, sodass Sie den Zipp (mit der rechten Seite nach oben) durch die offenen Seiten des Faches sehen können. Durch die offene Seite hineingreifen, Zipp festhalten, dann den Stoff über Ihre Hand herunterziehen.

7 Fach am Futter befestigen: Vor dem Zusammennähen der Futterteile das Fach (mit dem Zipp nach oben) in der gewünschten Position auf die rechte Seite eines Futterteiles legen. (Ich platziere solche Fächer mindestens 7 cm unterhalb der oberen Schnittkante des Futters, um genug Platz für Verschlüsse und zum Annähen des Futters am Taschenbeutel zu lassen). Fach der Breite nach in der Mitte des Futters platzieren und die Unterseite gut feststecken (das Fach ist „zur Sicherheit" breiter als der Futterteil). Die Futterteile rechts auf rechts aufeinanderlegen, sodass sie das Fach umschließen. Futter zusammenstecken und nähen. Überschüssigen Stoff an den Seitennähten des Futters abschneiden **(Abb. c)**. Mit der Fertigstellung der Tasche fortfahren (siehe S. 156).

Abb. c1–c2 Stecken Sie das Fach mit vielen Stecknadeln am Taschenfutter fest und schneiden Sie den überschüssigen Stoff am Rand des Futters ab.

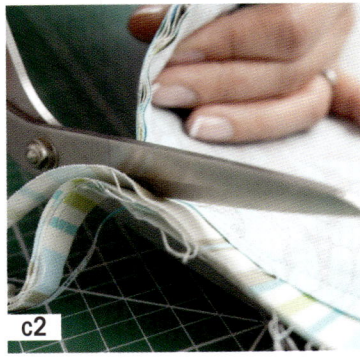

c1

c2

Die Seitennähte des Futters sind gleichzeitig die Seitennähte des Faches. Die Breite des Faches ist um 10 cm größer als die Breite der Tasche (siehe Das sollten Sie wissen).

4. Futter

Futter – Methode 1: Hineinstecken

Bei steifen, unelastischen Taschen ist diese Methode besonders praktisch. Der steife Außenstoff wird beim Annähen des Futters kaum in Mitleidenschaft gezogen. Diese Vorgangsweise ist auch dann zu empfehlen, wenn der Futterbeutel kürzer als der Taschenbeutel ist (siehe Tipp).

Sie brauchen dazu
- Fertiggestelltes Futter
- Fertiggestellte Außentasche
- Griffe (falls gewünscht)
- Stecknadeln oder Mini-Bulldogklemmen
- Bügeltuch aus Baumwolle oder Leinen

Das sollten Sie wissen
- Die Nahtzugabe beträgt 1 cm, wenn nicht anders angegeben. Für die Oberkante verwende ich nie eine geringere Nahtzugabe.
- Diese Methode geht etwas schneller als das Verstürzen (siehe S. 74), erfordert aber mehr Genauigkeit; für Fehler beim Zuschneiden und bei der Nahtzugabe gibt es weniger Spielraum.

1 Futter fertigstellen: Etwaige Innenfächer einfügen, an der Unterkante und den Seitenkanten des Futters entlangnähen, keine Öffnungen in den Nähten lassen. Mit der linken Seite nach außen die Oberkante 1 cm als Nahtzugabe auf die linke Seite umschlagen (siehe **Das sollten Sie wissen; Abb. a**). Umschlag mit einem Bügeltuch bügeln.

Ist der Außenstoff empfindlich oder dehnbar (z. B. gestrickt/gehäkelt), so kann ein kürzerer Futterbeutel das Gewicht des Tascheninhaltes tragen, damit die Tasche nicht ausleiert.

Abb. a *Schlagen Sie die Oberkante des Futters sorgfältig 1 cm als Nahtzugabe um.*

2 Taschenbeutel fertigstellen: Taschenbeutel auf rechts wenden, Oberkante um die Nahtzugabe auf die linke Seite umschlagen. Den Umschlag bügeln **(Abb. b)**.

3 Futterbeutel an den Taschenbeutel annähen, Griffe befestigen: Futter in den Taschenbeutel einführen, sodass sich die linken Seiten des Taschen- und des Futterbeutels berühren. Umgeschlagene Oberkanten und Seitennähte bündig aufeinanderlegen und die Oberkanten mit Stecknadeln oder Mini-Bulldogklemmen fixieren und rundherum absteppen **(Abb. c)**. Vor den Seitennähten zu nähen aufhören, Nadel aber in der unteren Position belassen. Gegebenenfalls eine Trägerschlaufe (zur Hälfte gefaltet, aufgefädelter D-Ring zeigt nach oben) zwischen Futter und Außenstoff so weit wie gewünscht einführen. Schlaufe mit den Fingern gut festhalten, weiter absteppen und Schlaufe dabei mitnähen. Mit der anderen Schlaufe wiederholen **(Abb. d)**.

Abb. b *Schlagen Sie die Oberkante des Außenstoffs sorgfältig um die gewünschte Nahtzugabe nach links um.*

Abb. c *Legen Sie die Oberkanten von Futter und Außenstoff genau übereinander, fixieren Sie sie und steppen Sie sie rundherum ab.*

Abb. d *Halten Sie die Trägerschlaufe mit der freien Hand gut fest und nähen Sie langsam über die Seitennaht.*

Wenn der Stoff leicht ausfranst, wählen Sie beim Zusammennähen von Futter und Außenstoff eine breitere Nahtzugabe (Auch beim Schnittmuster berücksichtigen!).

Futter – Methode 2: Verstürzen

Diese Methode eignet sich für Taschen mit weicher Struktur. Bei schweren Taschengriffen ist sie besonders praktisch, weil die Griffe in einer Abwärtsposition befestigt werden und deshalb nicht gehalten werden müssen oder im Weg sind, während die Tasche fertiggestellt wird.

Sie brauchen dazu

- Fertiggestelltes Futter
- Fertiggestellte Außentasche
- Griffe (falls gewünscht)
- Stecknadeln oder Mini-Bulldogklemmen
- Bügeltuch aus Baumwolle oder Leinen

Das sollten Sie wissen

- Die Nahtzugabe beträgt 1 cm, wenn nicht anders angegeben. Für die Oberkante verwende ich nie eine geringere Nahtzugabe (siehe auch Tipp, S. 73).
- Diese Methode braucht etwas länger als das Hineinstecken (siehe S. 72), Ungenauigkeiten bei der Zusammenführung von Futter und Außenstoff (vor dem Zusammenstecken und Nähen) sind jedoch nicht so tragisch.

1 Futter fertigstellen: Etwaige Innenfächer einfügen, Futter zusammennähen, dabei eine genügend große Wendeöffnung in der Boden- oder Seitennaht lassen.

2 Taschenbeutel fertigstellen: Taschenbeutel zusammennähen und auf rechts wenden.

3 Griffe (Träger) am Außenstoff annähen: Griffschlaufen (mit daran befestigten fertigen Griffen, falls gewünscht) an der Oberkante der Außentasche auf der rechten Seite annähen, sodass sie nach unten zeigen (siehe S. 102 und 153), **oder selbst gemachte Träger** (falls gewünscht) an der Oberkante der Außentasche annähen, sodass sie nach unten zeigen (siehe S. 102 und S. 151, Schritt 4, **Abb. a**).

Abb. a *Nähen Sie die Träger mit der linken Seite nach außen an der rechten Seite der Außentaschen-Oberkante an.*

Abb. b *Außentasche zur Gänze in das Futter einführen.*

Abb. c *Außentasche vorsichtig durch die Öffnung im Futter herausziehen.*

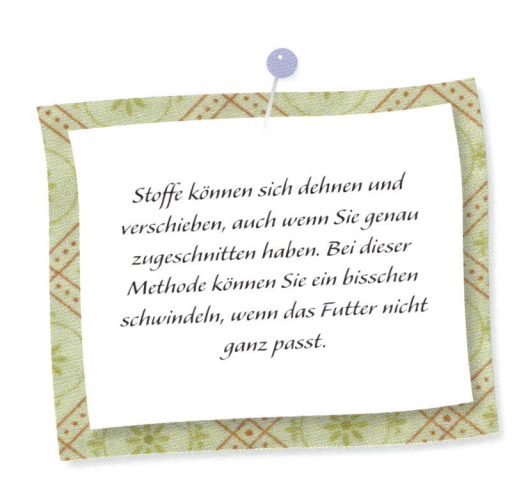

4 Futter mit der Außentasche zusammenführen: Außentasche (rechte Seite nach außen) in das Futter (linke Seite nach außen) einführen, sodass sich die rechten Seiten von Futter und Außentasche berühren. Oberkanten und Seitennähte ausrichten **(Abb. b)**.

5 Futterbeutel am Taschenbeutel befestigen: Mit Stecknadeln oder Mini-Bulldogklemmen fixieren und an der Oberkante rundherum zusammennähen. Außentasche durch die Öffnung im Futter herausziehen **(Abb. c)**.

6 Futter wieder in die Außentasche hineinstecken: Futter auf rechts wenden und in die Außentasche hineindrücken. Schnittkanten in die Wendeöffnung schieben und die Öffnung durch Absteppen schließen **(Abb. d)**. Die Tasche glätten und mit einem Bügeltuch bügeln.

7 Vervollkommnung (optional): Eine Absteppnaht an der Oberkante dient zur Verstärkung und als dekorativer Abschluss.

Stoffe können sich dehnen und verschieben, auch wenn Sie genau zugeschnitten haben. Bei dieser Methode können Sie ein bisschen schwindeln, wenn das Futter nicht ganz passt.

Abb. d *Schieben Sie die Schnittkanten sorgfältig in die Wendeöffnung und schließen Sie diese durch eine Absteppnaht.*

4. Futter

Ihre perfekte Businesstasche

Diese Tasche ist für Damen und Herren gleichermaßen geeignet und kann viel mehr als eine normale Businesstasche. Sie bietet jede Menge Stauraum, Fächer sorgen für Ordnung und eine optionale Vorrichtung hält Ihren Laptop am Taschenrücken fest. Die pfiffigen Drehverschlüsse schaden Ihrem Laptop garantiert nicht und verstärken das professionelle Aussehen. Bei der Arbeit, auf der Uni oder beim Kaffeehausbesuch zwischendurch sind Sie damit perfekt ausgerüstet!

Verstellbarer Träger: *So können Sie Ihr mobiles Büro bequem herumtragen.*

Seitenansicht: *Der tiefe Zwickel sorgt für viel Stauraum für Laptop, Mappen, Schreibblöcke und vieles mehr.*

Innenleben: *Papiere, Schlüssel, Geldbörse, Trinkflasche – alles hat sein eigenes Fach. Die verstellbare Laptop-Befestigung verhindert, dass Ihr Laptop in der Tasche hin- und herrutscht.*

Das sollten Sie wissen

- Mittelschwerer bis schwerer Stoff ist hier am besten geeignet, weil die Tasche strapazierfähig sein und Ihre Sachen ausreichend schützen muss.
- Der Außenstoff wurde hier mit einer aufbügelbaren Gewebeeinlage verstärkt, das Futter mit einer aufbügelbaren Wattierung versehen.
- Die Nahtzugabe beträgt 1 cm, wenn nicht anders angegeben.
- Bei den Musterteilen (auf den ausklappbaren Seiten des Buches) ist die Nahtzugabe von 1 cm berücksichtigt.

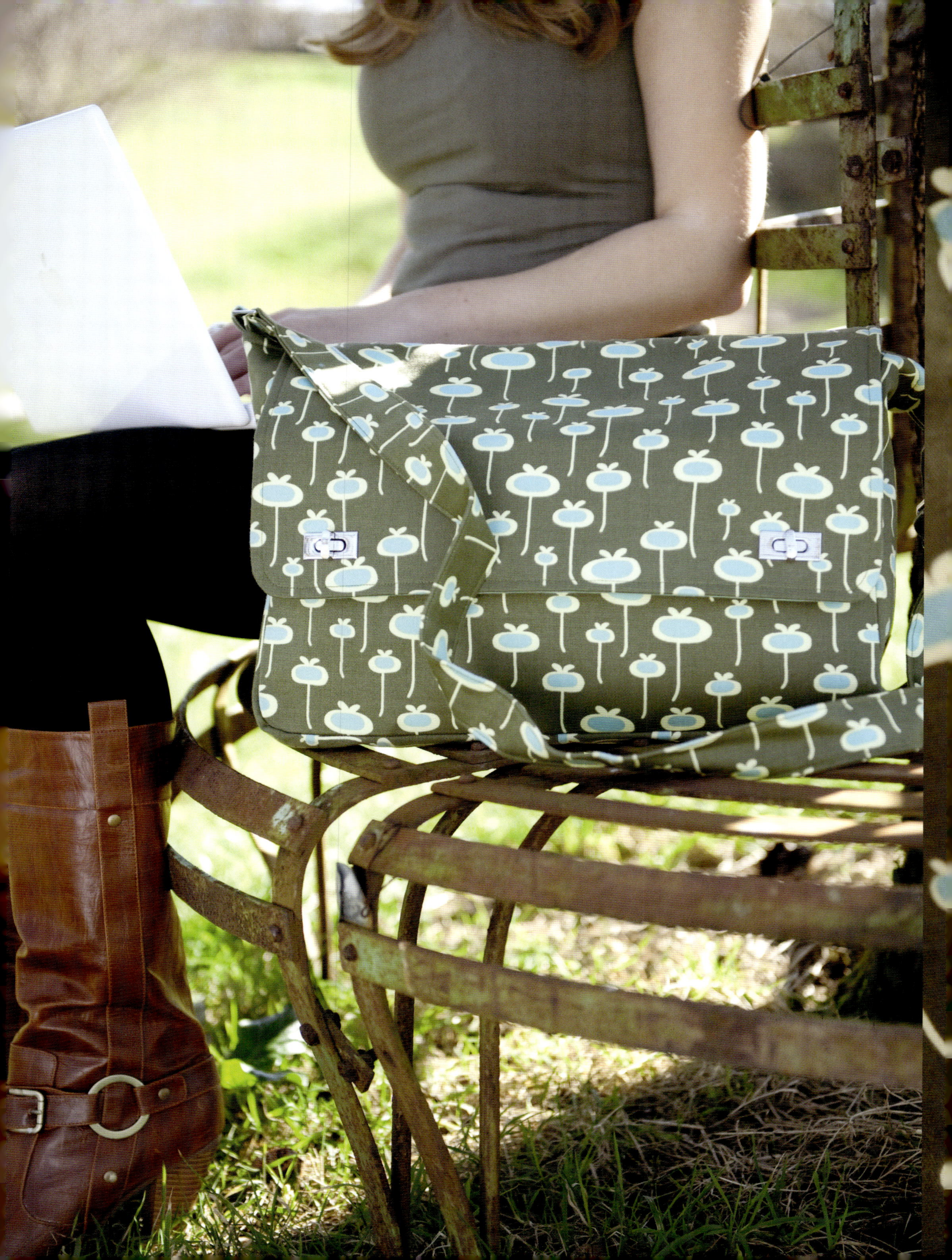

4. Futter

Sie brauchen dazu

- 1 Stück Möbelstoff als Außenstoff, 100 x 137 cm
- 1 Stück Möbelstoff als Futter, 100 x 137 cm
- Zu den Stoffen farblich passendes Nähgarn
- Mittelschwere aufbügelbare Gewebeeinlage, 100 cm
- Aufbügelbare Wattierung, 100 cm
- Extrasteifes aufbügelbares Einlegematerial zur Verstärkung des Überschlags und der Vorderseite des Taschenkörpers, 50 cm
- 2 rechteckige Ringe, 4 cm
- 1 Trägerversteller aus Metall, 4 cm breit
- 2 D-Ringe, 4 cm (optional)
- Allround-Zippverschluss, 30 cm
- 1 Gummiband, 18 cm x 5 mm
- Trennmesserchen
- Bügeltuch
- Nahtzugabenhilfe (optional – siehe S. 13)
- Sublimatstift

Vorbereitung

Schneiden Sie Stoff und Einlegematerial wie folgt zu:

Perfekte Businesstasche – Hauptmusterteil (siehe ausklappbare Seiten):
- 2 x aus dem Außenstoff
- 2 x aus dem aufbügelbaren Einlegematerial
- 2 x aus dem Futterstoff
- 2 x aus der aufbügelbaren Wattierung
- 1 x aus dem extrasteifen Einlegematerial (von der unteren Hälfte des Musterteils – siehe Markierungen)

Perfekte Businesstasche – Überschlag (siehe ausklappbare Seiten):
- 1 x aus dem Außenstoff
- 1 x aus dem aufbügelbaren Einlegematerial
- 1 x aus dem Futterstoff
- 1 x aus der aufbügelbaren Wattierung
- 1 x aus dem extrasteifen Einlegematerial (von der unteren Hälfte des Musterteils – siehe Markierungen)

Übertragen Sie alle Passzeichen und Markierungen mit Sublimatstift auf den Stoff

Außerdem:
- Je 2 Futter- und Außenstoffteile für den Zwickel, 52 x 12 cm
- Je 2 Teile aus aufbügelbarer Gewebeeinlage und aufbügelbarer Wattierung, 52 x 12 cm
- 2 Stücke Futterstoff für die eingeschnittene Zipptasche, 32 x 15 cm
- 1 Stück Futterstoff für die Füllfederhalterung, 18 x 12 cm
- 2 Stücke Futterstoff für das Fach mit Gummizug, 18 cm im Quadrat
- 1 Streifen Außenstoff für die Trägerschlaufen und den verstellbaren Träger, 130 x 14 cm
- 2 Stücke Futterstoff für die Laptop-Befestigung (optional), 26 x 18 cm
- 1 Streifen Futterstoff für den Laptop-Gurt samt Schlaufe (optional), 30 x 14 cm

Einlagematerial, Zwickel, Träger, Laptop-Befestigung

1 Außenstoff für Überschlag und Vorderteil verstärken: Von den Teilen aus extrasteifem Einlegematerial 1,5 cm entlang der Seitenkanten, der abgerundeten unteren Ecken und der Unterkante abschneiden. Den Hauptmusterteil aus extrasteifem Einlegematerial auf die linke Seite des Hauptmusterteils aus Außenstoff auflegen, sodass der Außenstoff entlang der Seiten- und der Unterkante überall 1,5 cm vorsteht. Aufbügeln. Mit den Teilen für den Überschlag wiederholen.

2 Alle Stoffteile verstärken: Teile aus aufbügelbarer Gewebeeinlage auf die linke Seite der entsprechenden Außenstoffteile aufbügeln. Teile aus aufbügelbarer Wattierung auf die linke Seite der entsprechenden Futterstoffteile aufbügeln.

3 Zwickel nähen: Außenstoffteile für den Zwickel rechts auf rechts aufeinanderlegen, an einer kurzen Kante zusammenstecken und -nähen. Die Naht auseinanderbügeln. Mit den entsprechenden Teilen aus Futterstoff wiederholen. Außenstoff für den Zwickel als langen Stoffstreifen mit der rechten Seite nach oben auflegen und die Passzeichen entsprechend jenen an der Unterkante des Hauptmusterteils anbringen. Mit dem Futterstoff für den Zwickel wiederholen **(Abb. a)**.

Abb. a *Die Passzeichen helfen Ihnen später, den Zwickel gerade und nicht verdreht anzunähen.*

4 Trägerschlaufen herstellen: Vom Stoff für Träger und Trägerschlaufen 16 cm abschneiden und daraus nach der Anleitung auf S. 102 einen Träger mit offenen Enden herstellen. Den Träger in zwei gleich lange Stücke schneiden und einen rechteckigen Ring auf jede Schlaufe fädeln.

5 Verstellbaren Träger herstellen: Aus dem Rest des Stoffstücks nach der Anleitung auf S. 103 einen Träger mit geschlossenen Enden herstellen. Beiseite legen.

6 Laptop-Gurt und -Schlaufe (optional) herstellen: Vom Stoff für Laptop-Gurt und -Schlaufe 20 cm abschneiden und daraus nach der Anleitung auf S. 103 einen Träger mit geschlossenen Enden herstellen (Gurt). Aus dem restlichen Stoffstück nach der Anleitung auf S. 102 einen Träger mit offenen Enden herstellen (Schlaufe). Die zwei D-Ringe auf die Schlaufe fädeln.

7 Laptop-Befestigung (optional) herstellen: Nach Wunsch obere Ecken der Stoffstücke für die Laptop-Befestigung abrunden. Eine kurze Kante des Trägers (Gurt) mittig auf die Oberkante eines der Stoffstücke für die Befestigung (rechte Seite) legen. Kanten ausrichten, feststecken und mit 5 mm Nahtzugabe annähen. Stoffstücke für die Befestigung rechts auf rechts aufeinanderlegen, alle Kanten ausrichten, an der Oberkante und an den Seitenkanten zusammenstecken und -nähen. Nähte auseinanderbügeln, Ecken und gebogene Kanten gegebenenfalls einschneiden. Auf rechts wenden und mit einem Bügeltuch bügeln (**Abb. b**).

Außentasche

8 Drehverschluss: Drehteile am Außenstoff-Vorderteil bei den beiden Markierungen anbringen (siehe S. 92, Schritt 2).

9 Außenstoff-Zwickel am Außenstoff-Taschenkörper annähen:
Vorderen Außenstoff-Hauptmusterteil und Außenstoff-Zwickel rechts auf rechts aufeinanderlegen, sodass sich die Naht des Zwickels in der Mitte der Unterkante des Hauptmusterteils befindet und die Passzeichen an Zwickel und Hauptmusterteil übereinstimmen. An der Unterkante und an den Seitenkanten auf der Zwickelseite zusammenstecken und -nähen (siehe S. 52–53). Gebogene Kanten einschneiden und Nähte auseinanderbügeln. Vorgang am Außenstoff-Rückenteil wiederholen, jedoch am Taschenkörper abstecken und nähen. Überschüssigen Stoff an beiden Zwickel-Oberkanten abschneiden (**Abb. c**). Tasche auf rechts wenden und mit einem Bügeltuch bügeln.

10 Trägerschlaufen befestigen: Eine Trägerschlaufe (zur Hälfte gefaltet, mit aufgefädeltem rechteckigen Ring) mittig an der Oberkante des Zwickel-Außenstoffs platzieren. Schnittkanten von Schlaufe und Zwickel bündig aufeinanderlegen. Schlaufe mit den Fingern festhalten und mit 5 mm Nahtzugabe an der rechten Seite des Außenstoffs annähen (**Abb. d**). Mit der anderen Schlaufe wiederholen.

Abb. b *Laptop-Befestigung samt Schlaufe vor dem Annähen am Futter.*

Abb. c *Der überschüssige Stoff an den Oberkanten des Zwickels dient zur Sicherheit und wird dann abgeschnitten.*

Abb. d *Nähen Sie die Trägerschlaufe so an den Zwickel an, dass der rechteckige Ring nach unten zeigt.*

4. Futter

Futter

11 Füllfederhalterung: Über eine lange und beide kurze Kanten des Stoffes für die Füllfederhalterung mit Zickzackstich nähen. Mit der rechten Seite nach oben diese Kanten 1 cm zur linken Seite umschlagen und den Umschlag bügeln. In 3 mm Abstand von der langen umgeschlagenen Kante absteppen. Auf dem Stoff für die Halterung in gleichmäßigen Abständen (abmessen!) drei senkrechte Linien für die Unterteilungen einzeichnen **(Abb. e)**.

12 Fach mit Gummizug: Mit den dafür vorgesehenen Stoffstücken und dem Gummiband nach der Anleitung auf S. 128–129 (Schritt 1–4) das Fach mit Gummizug herstellen, aber noch nicht am Futter annähen.

15 Laptop-Befestigung und Schlaufe am Futter-Rückenteil annähen (optional): Unterkante der Befestigung (rechte Seite nach oben) mittig an der Unterkante des anderen Futter-Hauptmusterteils (rechte Seite nach oben) platzieren. Feststecken, mit 5 mm Nahtzugabe an der Unterkante annähen. Schlaufe (gefaltet, mit D-Ringen) mittig an der Oberkante des Futter-Hauptmusterteils (rechte Seite) platzieren. Schnittkanten von Schlaufe und Futter ausrichten, feststecken und mit 5 mm Nahtzugabe annähen.

16 Futter-Zwickel am Futter-Hauptmusterteil annähen: Wie in Schritt 9 vorgehen, jedoch 15 cm Wendeöffnung in der Mitte einer Seitennaht lassen.

Abb. e *Messen Sie die Abstände für die Unterteilungen ab und zeichnen Sie die Linien unbedingt mit Sublimatstift ein!*

Abb. f *Nähen Sie die Füllfederhalterung und das Fach mit Gummizug nebeneinander an der Unterkante des Futter-Hauptmusterteils an.*

13 Füllfederhalterung und Fach mit Gummizug annähen: An einem der Futter-Hauptmusterteile (rechte Seite nach oben) die Füllfederhalterung mit der rechten Seite nach oben 4 cm innerhalb einer der Seitenkanten (je nach Wunsch rechts oder links) platzieren. Unterkanten von Hauptmusterteil und Füllfederhalterung ausrichten und feststecken. Füllfederhalterung entlang ihrer Seitenkanten und der Unterteilungen am Futter annähen. Mit dem Fach mit Gummizug auf der anderen Seite des Futter-Hauptmusterteils wiederholen **(Abb. f)**.

14 Eingeschnittene Zipptasche: In denselben Futter-Hauptmusterteil nach der Anleitung auf S. 67–69 (Schritt 2–8) aus den beiden dafür vorgesehenen Stoffteilen und dem Zippverschluss eine Zipptasche einfügen (mittig, 4 cm unter der Oberkante).

Überschlag

17 Überschlag nähen: Außenstoff und Futter für den Überschlag rechts auf rechts aufeinanderlegen. Kanten ausrichten, an den Seiten und an der Unterkante feststecken und nähen. Gebogene Kanten einschneiden, Nähte auseinanderbügeln. Überschlag auf rechts wenden, mit einem Bügeltuch bügeln. Eventuell die Nahtzugabehilfe an der Nähmaschine befestigen. Überschlag an den Seitenkanten und der gebogenen Unterkante mit 1 cm Nahtzugabe absteppen.

18 Drehverschlüsse: Platten für die Drehverschlüsse am Außenstoffteil für den Überschlag (rechte Seite) bei den beiden Markierungen anbringen (siehe S. 93, Schritt 4–6).

Tasche fertigstellen

19 **Überschlag am Taschenkörper annähen:** Überschlag mit der linken Seite nach oben an der rechten Seite des Taschenkörpers (mittig an der Oberkante des Rückenteils) feststecken. Schnittkanten ausrichten und den Überschlag mit 5 mm Nahtzugabe annähen **(Abb. g)**.

Abb. g *Stecken Sie den Überschlag am Taschenkörper fest und nähen Sie ihn mit 5 mm Nahtzugabe an.*

20 **Futter am Außenstoff annähen:** Taschenbeutel (rechte Seite nach außen) in den Futterbeutel (linke Seite nach außen) einführen, sodass sich die rechten Seiten von Taschen- und Futterbeutel berühren. An der Oberkante rundherum zusammenstecken und nähen (siehe Anleitung für das Verstürzen, S. 75, Schritt 4 und 5).

21 **Tasche auf rechts wenden:** Außentasche durch die Öffnung im Futter herausziehen. Schnittkanten in die Wendeöffnung des Futters schieben und diese durch Absteppen schließen. Futter in die Tasche stecken, glätten und mit Bügeltuch bügeln, vor allem auf eine exakte Oberkante achten (siehe Anleitung für das Verstürzen, S. 75, Schritt 5 und 6).

22 **Oberkante absteppen:** Bei geöffnetem Überschlag die Oberkante mit 1 cm Nahtzugabe rundherum absteppen.

23 **Verstellbaren Träger befestigen:** Nach der Anleitung auf S. 106–107 (Schritt 2–3) vorgehen.

Unten: *Eine Tasche für die Bücher, eine für den Laptop und dann vielleicht noch ein Handtäschchen? Die Zeiten sind vorbei! Diese Businesstasche hat Platz für alles und sieht auch noch modisch aus.*

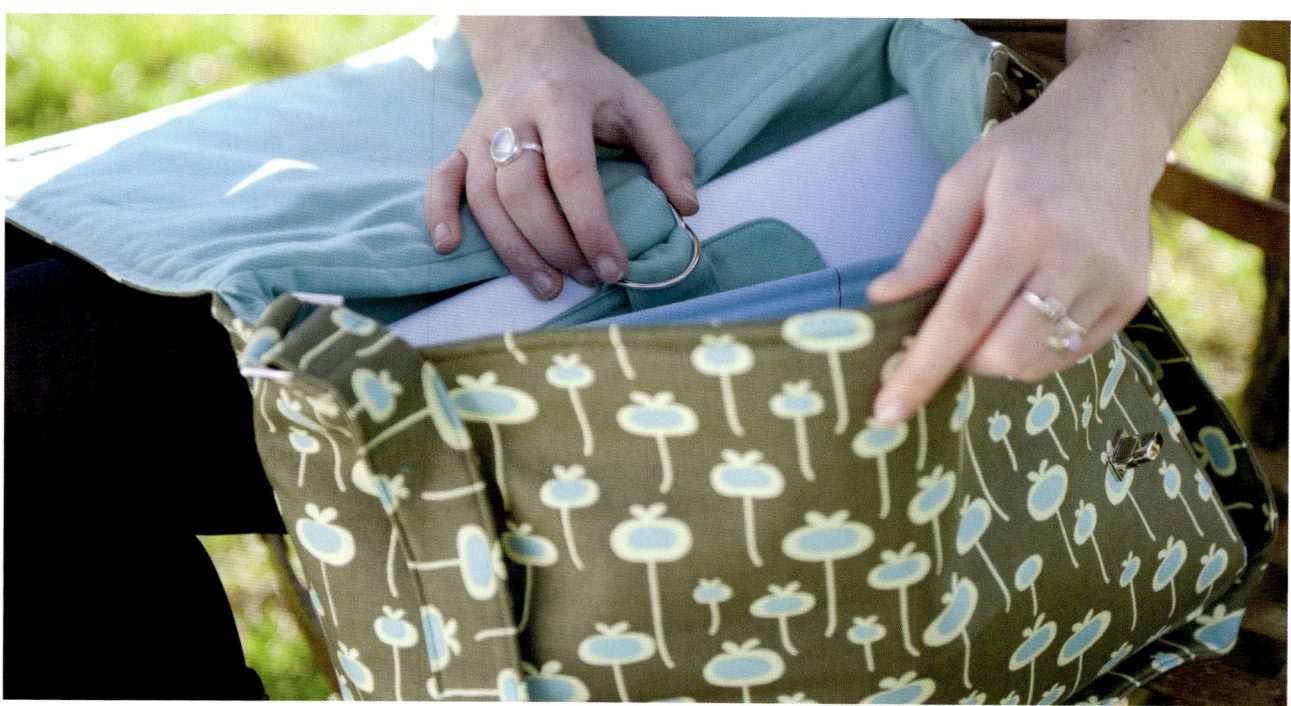

5. Verschlüsse

Außer bei den ganz simplen Tragetaschen ist ein Verschluss notwendig. Sonst verstreuen Sie den Inhalt der Tasche, wenn Sie dem Bus nachlaufen, und machen Langfingern das Leben leicht. Ein praktischer Verschluss muss nicht einfallslos aussehen. Probieren Sie verschiedene Verschlüsse in verschiedenen Positionen aus und verleihen Sie Ihrer Tasche mit einem glänzenden Metallverschluss oder einem schrägen Zipp das gewisse Etwas!

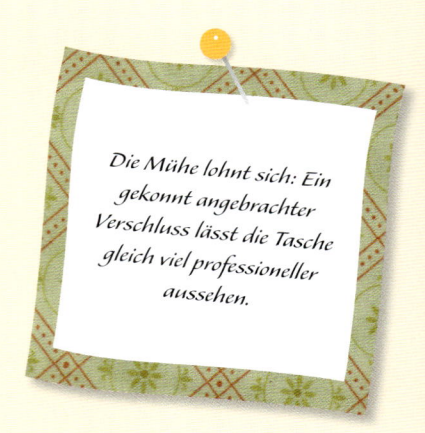

Die Mühe lohnt sich: Ein gekonnt angebrachter Verschluss lässt die Tasche gleich viel professioneller aussehen.

VERSCHLUSS	VORTEILE	ANWENDUNGSVORSCHLÄGE
Zipp an der Oberkante (S. 83 und 86)	Relativ leicht anzubringen, ideal für einfache Tragetaschen	Kosmetiktaschen, Tragetaschen, Geldbörsen
Verdeckter Zipp an der Oberkante (S. 83 und 88)	Gibt der Tasche mehr Tiefe im oberen Bereich und eine schmucke Oberkante	Tragetaschen, Akten- und Laptoptaschen, Schultertaschen
Weit öffnender Zippverschluss (S. 83 und 90)	Schafft Innenraum, flacht die Tasche oben ab. Ideal für geräumigere Taschen	Reise- und Sporttaschen, quer über den Körper getragene Taschen, runde Duffle Bags
Magnetverschluss (S. 84 und 91)	Schnell und leicht anzubringen, vielseitig, ansprechend, preisgünstig	Taschen aller Art, Außentaschen mit Überschlag, Brieftaschen, Laschenverschlüsse
Verdeckter Magnetverschluss (S. 84 und 91)	Flach, unauffällig, gibt auch einer Tasche mit Überschlag eine schlanke Silhouette	Taschen aller Art, Außentaschen mit Überschlag, Brieftaschen, Laschenverschlüsse
Drehverschluss (S. 85 und 92)	Sehr dekorativ, bequem zu öffnen	Kuriertaschen, Außentaschen mit Überschlag, Laschenverschlüsse
Nieten und Ösen (S. 85)	Schnell anzubringen, besonders praktisch bei mehreren Stoffschichten	Zum Befestigen von Griffen aller Art oder als Schmuckelement

ZIPPVERSCHLÜSSE

Zippverschlüsse sind wirklich sehr praktisch und viel leichter anzubringen, als man glaubt. Im Großen und Ganzen gibt es drei Arten:
- **herkömmliche (nicht teilbare),**
- **teilbare** und
- **verdeckte Zippverschlüsse.**

Bei Handtaschen werden meist nicht teilbare Zippverschlüsse verwendet, die anderen zwei Arten werden eher bei Kleidungsstücken eingesetzt. Bei der Farbe des Zippverschlusses können Sie Ihrer Phantasie freien Lauf lassen. Sie muss nicht unbedingt der Farbe der Tasche entsprechen. Mit einem Zipp in einer kontrastierenden Farbe lässt sich ein hübscher Effekt erzielen.

Zipp an der Oberkante: Praktisch, schnell und leicht anzubringen – wenn Sie zum ersten Mal einen Zipp an einer Tasche einsetzen, dann probieren Sie diese Art. Sie werden begeistert sein und Selbstbewusstsein tanken (S. 86–87).

Verdeckter Zipp an der Oberkante: Dieses Paradestück unter den Zippverschlüssen ist von außen nicht sichtbar. Ein solcher Zipp ist gar nicht schwer anzubringen, man braucht nur etwas länger dazu – und wird durch einen professionellen Look, mehr Platz an der Taschenoberkante und einen schönen Farbeffekt an der Öffnung der Tasche belohnt (S. 88–89).

Auch bei der Stärke des Zippverschlusses haben Sie die Qual der Wahl. Ein dicker Zipp kann poppig wirken!

Weit öffnender Zippverschluss: Auch bei geschlossenem Zipp haben Sie hier im oberen Bereich der Tasche jede Menge Raum. Die Oberkante der Tasche wird abgeflacht, die Tiefe können Sie nach Wunsch wählen, solange sie zu den Proportionen der Tasche passt (S. 90).

Das sollten Sie wissen

● Zippverschlüsse gibt es in allen möglichen Farben, in verschiedenen Längen, Stärken und Materialien (Messing, Nickel, Kunststoff). Je schwerer der Zipp, desto strapazierfähiger ist er.

● Herkömmliche Zippverschlüsse sind an einem Ende geschlossen, sodass der Schieber nicht abgezogen werden kann.

Magnet- und Drehverschlüsse

Einzeln oder paarweise angebracht, sind solche Verschlüsse unglaublich vielseitig einsetzbar. Sie sind nicht nur praktisch, sondern können auch für ein lässiges, trendiges oder elegantes Aussehen sorgen. Magnetverschlüsse passen sehr gut zu einer Bürotasche und lassen sich schnell öffnen und schließen. Der richtige Drehverschluss wiederum gibt einer hübschen Handtasche jenen Hauch von Retro-Eleganz, der sie noch schicker macht.

Magnetverschluss: Zu einem Magnetverschluss gehören zwei metallene Verstärkungsscheiben, ein Magnetteil und ein Gegenstück. So ein schmucker Verschluss ist kinderleicht anzubringen, vielseitig und preisgünstig. Es gibt verschiedene Größen, Formen und Farben; die runde und die rechteckige Sorte sind am leichtesten erhältlich (siehe S. 91).

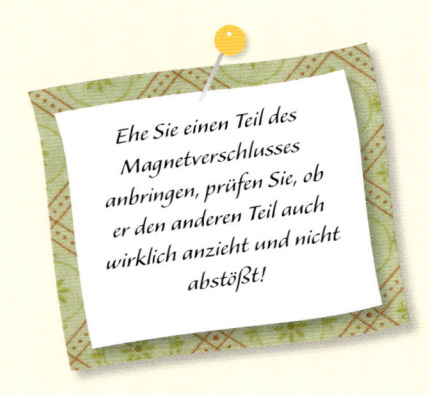

Ehe Sie einen Teil des Magnetverschlusses anbringen, prüfen Sie, ob er den anderen Teil auch wirklich anzieht und nicht abstößt!

Verdeckter Magnetverschluss: Dieser Verschluss besteht aus zwei flachen Metallscheiben. Jede von ihnen steckt in einer transparenten Kunststoffhülle. Sie sehen unscheinbar aus, sind aber genau das Richtige, wenn Sie einen flachen, möglichst unsichtbaren Verschluss anbringen wollen: an einer Tasche in minimalistischem Design, an einem kleinen Täschchen, einem Tagebuch oder einem schönen Buchkalender (siehe S. 91).

Magnetverschlüsse gibt es in verschiedenen Größen. Ein flacher Verschluss macht auch die Tasche schlanker. Je größer der Verschluss, desto stärker wirkt der Magnet.

Drehverschluss: Diese Verschlüsse bestehen aus einer Platte, einem Drehteil und einer Verstärkungsscheibe. Auch sie sind in verschiedenen Größen, Formen und Farben erhältlich. Sie verbinden in einzigartiger Weise Formschönheit mit Funktionalität. So ein kleines, glänzendes „Statussymbol", das eine Designerhandtasche erst richtig sündteuer aussehen lässt, gibt auch Ihrer Tasche einen beeindruckend professionellen Touch (siehe S. 92–93).

Achten Sie darauf, dass die Gebrauchsanweisung noch auffindbar ist, wenn Sie die Kurzwaren das nächste Mal brauchen.

NIETEN UND ÖSEN

Bei manchen Kurzwaren werden nicht nur die benötigten Teile, sondern auch die Gebrauchsanweisung und das notwendige Werkzeug mitgeliefert.

Ösen: Sie sind unglaublich vielseitig einsetzbar, sind schnell angebracht und halten etliche Stoffschichten zusammen. Sie können Träger, Ketten, andere Metallteile oder Griffe daran anbringen oder durchziehen.

- Die ebenso dekorativen wie praktischen Ösen eignen sich zum Befestigen von Trägern, Ringen, Druckknöpfen, Kordelzügen oder sogar einer Korsettschnürung.
- Suchen Sie sie in der genau passenden Größe aus oder setzen Sie übergroße Ösen als cooles Schmuckelement ein.
- Der Hersteller liefert eine genaue Anleitung mit. Lesen Sie sie sorgfältig – und bringen Sie nach Herzenslust Ösen an, wo immer Sie wollen.

Nieten: Auch Nieten sind beim Herstellen einer Tasche sehr praktisch und ich verwende sie besonders gerne. Sie halten Stoffschichten fest zusammen und werden auch als Verzierung eingesetzt.

- Wenn Ihre Nähmaschine die vielen Stoffschichten nicht bewältigt, wenn das Nähen besonders mühsam ist oder wenn Sie es ganz einfach eilig haben, sind Nieten die richtige Lösung.
- Wenn ein Träger aus festem Material sich nicht an die ohnehin schon „vielschichtige" Tasche annähen lassen will, können Nieten die Situation retten und sehen auch noch sehr professionell aus.
- Sie müssen sich eine Lochzange und ein Nietenset zulegen, das dann die genaue Gebrauchsanweisung enthält.
- Wenn man den Trick einmal heraußen hat, sind Nieten ganz leicht anzubringen und Sie werden gar nicht mehr damit aufhören können!

5. Verschlüsse

Zipp an der Oberkante

Keine Angst vor Reißverschlüssen! Hier wird gezeigt, wie ein Zipp an der Oberkante eines Federpennals eingesetzt wird, aber bei einer Tragetasche funktioniert es ebenso. Probieren Sie es aus – Sie werden staunen, wie einfach es ist!

Sie brauchen dazu

- Allround-Zippverschluss aus Kunststoff, 20 cm lang
- 2 Stücke Möbelstoff, 24 x 10 cm, als Außenstoff
- 2 Stücke Möbelstoff, 4 x 3,5 cm, für die Endstücke
- 2 Stücke Futterstoff, 24 x 10 cm
- Zippfuß
- Stecknadeln
- Spitzes Werkzeug, z. B. Stricknadel

Das sollten Sie wissen

- Die Nahtzugabe beträgt 1 cm, wenn nicht anders angegeben.

1 Zippverschluss mit Endstücken versehen: An einem Endstück-Stoffteil mit der rechten Seite nach oben eine der kurzen Kanten um 1 cm nach unten umschlagen. Umschlag auf der rechten Seite eines der Enden des Zipps platzieren und entlang des Stoffbruchs annähen, sodass die unversäuberte Kante des Endstücks die Endkante des Reißverschlusses erreicht **(Abb. a)**. Mit dem anderen Endstück-Stoffteil am anderen Ende des Zipps wiederholen.

Abb. a *Durch die Endstücke liegt der Zipp flach und sieht auch hübscher aus.*

2 Zipphälfte an der Federmappe befestigen: Stoffschichten wie folgt aufeinanderlegen: Futterstoff zuunterst (rechte Seite nach oben), dann der Zippverschluss (rechte Seite nach oben), Außenstoff obenauf (linke Seite nach oben). Alle Kanten sorgfältig ausrichten und die Schichten an der langen Oberkante zusammenstecken **(Abb. b)**. Mit dem Zippfuß der Nähmaschine entlang der Oberkante der Federmappe alle drei Schichten zusammennähen (Nahtzugabe 5 mm).

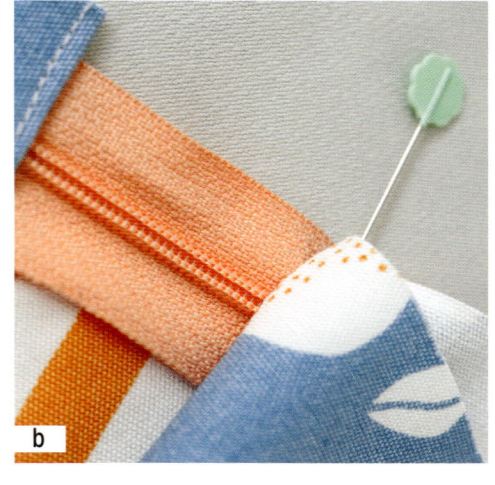

Abb. b *Legen Sie die drei Stoffschichten übereinander.*

c1

c2

3 Zippverschluss absteppen: Stoffschichten umklappen, sodass der Außenstoff und der Zipp mit der rechten Seite nach oben liegen. Außenstoff an der Bruchkante sorgfältig absteppen. Schritt 2 und 3 mit der zweiten Zipphälfte und den entsprechenden Futter- und Außenstoffteilen wiederholen **(Abb. c)**.

Abb. c1–c2 *Steppen Sie die Bruchkante ab. So sollte der fertig eingesetzte Zippverschluss aussehen.*

4 Federmappe zusammenstecken und nähen: Bei geöffnetem Zipp (!) die Stoffschichten umklappen (nun liegen die Futterstoffteile rechts auf rechts, die Außenstoffteile ebenfalls rechts auf rechts). Alle Kanten ausrichten und zusammenstecken – der Zipp biegt sich automatisch zum Futter hin **(Abb. d1)**. Rundherum an den Kanten entlangnähen und eine Öffnung von 8 cm in der Naht an der Unterkante des Futters lassen **(Abb. d2)**. Alle Ecken einschneiden.

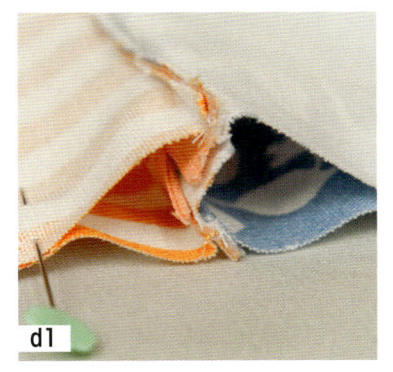

d1

d2

Abb. d1 *Beim Zusammenstecken biegt sich der Zippverschluss automatisch zum Futter hin.*

Abb. d2 *Nähen Sie in Pfeilrichtung an der Linie entlang und lassen Sie eine Öffnung im Futter.*

Vorsicht beim Einschneiden der Ecken: Schneiden Sie nicht in die Nähte hinein!

5 Auf rechts wenden: Greifen Sie in die Öffnung im Futter und durch den geöffneten Zippverschluss und wenden Sie die Arbeit auf rechts **(Abb. e)** – deshalb musste der Zipp geöffnet sein! Alle Ecken mit einem spitzen Werkzeug (z. B. einer dicken Stricknadel) ausformen.

6 Wendeöffnung schließen: Schnittkanten an der Öffnung 1 cm nach innen umschlagen, bügeln und die Öffnung durch Absteppen schließen. Die Arbeit glätten und bügeln.

e

Abb. e *Ziehen Sie den Außenstoff durch die Öffnung im Futter.*

5. Verschlüsse

Verdeckter Zipp an der Oberkante

Dieser verdeckte Zippverschluss wirkt ganz besonders professionell und elegant.

Das sollten Sie wissen

- Die Nahtzugabe beträgt 1 cm, wenn nicht anders angegeben.
- Dieser Zippverschluss wird am Futter angebracht.
- Den Zipp einfügen, **bevor** Sie das Futter fertigstellen. Etwaige Fächer sollten am Futter angenäht werden, **bevor** der Zipp eingefügt wird.

Sie brauchen dazu

- Allround-Zippverschluss aus Kunststoff, 4 cm länger als die Oberkante der Musterteile für das Taschenfutter: Wenn der Musterteil z. B. an der Oberkante 28 cm lang ist, muss der Zipp 32 cm lang sein.
- 2 Stoffstücke für das Endstück, passend zum Zipp, zum Futter oder zum Außenstoff, 8 x 5 cm
- 2 Stoffstücke für die Zipp-Einfassung, 2,5 cm kürzer als der Zipp (gemessen von Stoffkante zu Stoffkante); Breite nach Wunsch, für mittlere bis große Taschen ist aber eine Breite von 4 cm für die fertige Einfassung zu empfehlen – dafür müssen die Stoffstücke 13 cm breit sein.
- Zippfuß

1 Endstück für den Zipp: Stoffteile für das Endstück rechts auf rechts aufeinanderlegen. An der Unterkante und an den Seitenkanten rundherum zusammenstecken und -nähen, 4 cm Wendeöffnung lassen. Das Endstück durch die Öffnung auf rechts wenden, bügeln, dann über das obere Ende des Zipps zur Hälfte falten (das Ende des Zipps einfassen). Kanten des Endstücks ausrichten, Endstück rundherum zusammenstecken und absteppen und dabei am Zipp annähen **(Abb. a)**.

2 Einfassung für den Zipp: Bei einem Stoffteil für die Einfassung (linke Seite nach oben) die kurzen Kanten 1 cm umschlagen. Stoffteil der Länge nach zur Hälfte falten, Stoffbruch bügeln und auseinanderklappen. Nun die langen Kanten zur Mittelfalte umschlagen **(Abb. b)**. Mit dem anderen Stoffteil für die Einfassung wiederholen.

Abb. a *Das Endstück sieht gekonnt aus und Sie können es beim Öffnen und Schließen des Zipps festhalten.*

Abb. b *Die kurzen Kanten um 1 cm umschlagen, den Stoffteil der Länge nach zur Hälfte falten, auseinanderklappen und die langen Kanten zur Mittelfalte umschlagen, sodass die Einfassung wie ein Buchumschlag aussieht.*

3 Zipp an der Einfassung feststecken: Zipp (rechte Seite nach oben) öffnen, das nicht versäuberte Ende des Zipps (ohne Endstück) umschlagen und an der aufgeklappten Einfassung feststecken **(Abb. c)**. Zipp im Abstand von 3 mm von der Bruchkante der Einfassung feststecken. Mit der anderen Hälfte des Zipps und der Einfassung wiederholen.

Abb. c *Das unversäuberte Ende des Zipps ist umgeschlagen, sodass der Zipp kurz vor der kurzen Kante der Einfassung aufhört. Die fertige Einfassung verdeckt dann das unversäuberte Ende.*

4 Zipp an der Einfassung annähen: Einfassung mit der rechten Seite nach oben auflegen (aufgeklappt und mit festgestecktem Zipp). An der langen Kante der Einfassung mit dem Zippfuß absteppen, den Zipp dabei annähen. Die Einfassung umdrehen und die Falten entlang zusammenklappen. An den offenen Kanten der Einfassung rundherum entlangnähen und den Zipp einfassen **(Abb. d)**.

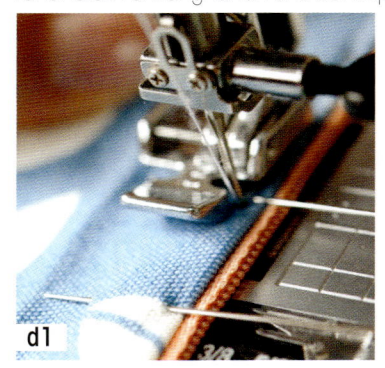

Den zweiten Teil der Einfassung möglichst symmetrisch anbringen, sonst sieht der Zipp nicht gut aus und funktioniert auch nicht richtig.

Abb. d1–d3 *Den Zipp durch Absteppen annähen; die Einfassung rundherum absteppen; hier das Ergebnis*

5 Zipp am Futter befestigen: Den Zipp öffnen, die Mitte jeder der beiden Hälften ermitteln und markieren, ebenso die Mitte der Oberkanten beider Futterstoffteile. Den Abstand des Zipps von der Oberkante der fertigen Tasche festlegen (ein Abstand von ca. 3 cm ist zu empfehlen, mit Nahtzugabe ergibt das 3,5 cm Abstand von der Oberkante des Futterstoffteils). Zipp im Futterbeutel platzieren, Einfassung mit der rechten Seite nach außen auf der rechten Seite des Futters entlang der Oberkante feststecken und annähen **(Abb. e)**. Mit der anderen Hälfte der Einfassung und dem anderen Futterteil wiederholen. Nun können Sie mit der Fertigstellung des Futters und der Tasche fortfahren (siehe S. 156).

Abb. e1–e2 *So wird die Einfassung am Futter festgesteckt.*

5. Verschlüsse

Weit öffnender Zippverschluss

Dieser Zippverschluss ist ein kleines Meisterwerk! Er sieht besonders professionell aus, setzt einen farbigen Akzent und schafft eine Menge Innenraum.

Sie brauchen dazu

- Allround-Zippverschluss aus Kunststoff
- 2 Rechtecke aus Außenstoff für die Zippverschluss-Seitenteile
- 2 Rechtecke aus Futterstoff für die Zippverschluss-Seitenteile
- 2 Rechtecke aus Außenstoff für die Taschen-Seitenteile
- 2 Rechtecke aus Außenstoff für die Zippverschluss-Endstücke
- Zippfuß

Das sollten Sie wissen

- Der Zipp wird in die Taschenoberseite und in die Zipp-Seitenteile eingesetzt, ist also nur für Taschen mit mehr Volumen geeignet.
- Der Zipp sollte ebenso lang sein wie die gewünschte Öffnung der Tasche, z. B. 80 cm.
- Die Größe der benötigten Stoffteile hängt von der Tasche ab. Daher finden Sie die vollständige Anleitung auf den Seiten 112–121, wo die Reisetasche „Große Fahrt" beschrieben wird. Probieren Sie das Einsetzen des Zippverschlusses im Rahmen dieses Projektes aus, dann können Sie auch selbst entworfene Taschen mit einem solchen Zipp versehen.
- Fügen Sie allfällige Innenfächer ein, bevor Sie das Futter fertigstellen.

Allgemeines

- Dieser Zippverschluss besteht aus neun Teilen: dem Zippverschluss selbst, zwei langen Außenstoffbahnen für die Zipp-Seitenteile, zwei ebensolchen Teilen aus Futterstoff, zwei Stoffteilen für die Taschen-Seitenteile und zwei entsprechenden Teilen aus Futterstoff für die Taschen-Seitenteile.
- Wenn alle diese Teile zusammengenäht werden, sollte die Länge dieses Reißverschlusses der Gesamtlänge beider Seiten und der Oberkante der Tasche entsprechen.
- Zuerst werden die beiden langen Teile aus Außenstoff an den beiden langen Kanten des Zippverschlusses angenäht, dann die beiden Teile für die Taschen-Seiten an den kurzen Kanten des Zippverschlusses. Danach kann das Ganze an der Außentasche befestigt werden (Abb. a).
- Für das Futter werden alle Teile zusammengenäht, bis auf den Zippverschluss selbst, für den ein langer, dünner, rechteckiger Schlitz im Futter vorgesehen ist (Abb. b).
- Das Futter wird entlang der Bodenkanten am Außenstoff festgenäht. Abschließend werden die Kanten des Schlitzes im Futter von Hand an den Stoff des Zippverschlusses angenäht.

Abb. a *Die Stoffteile für den Taschen-Seitenteil und für die Zipp-Seitenteile rechts auf rechts zusammennähen, dann den Teil für den Taschen-Seitenteil umschlagen und entlang des Stoffbruchs absteppen.*

Abb. b *Das Futter wird ebenso zusammengestellt wie die Außentasche, nur ohne Zippverschluss. So entsteht ein Futterbeutel, der oben einen langen, dünnen, rechteckigen Schlitz hat.*

Magnetverschluss

Ein Magnetverschluss ist wirklich schnell und leicht anzubringen. Wenn er Ihrer Meinung nach gar nicht zu Ihrer Tasche passt, probieren Sie es mit einem verdeckten Magnetverschluss.

Sie brauchen dazu

Magnetverschluss
- Magnetverschluss
- 2 Stücke aufbügelbares Einlegematerial für die Verstärkung rund um den Magnetverschluss, 2,5 cm im Quadrat
- Trennmesserchen

Verdeckter Magnetverschluss
- Verdeckter Magnetverschluss
- Zippfuß

Das sollten Sie wissen

- Auch bei dickem Außenstoff ist eine zusätzliche Verstärkung rund um den Magnetverschluss wichtig, weil dieser Bereich durch die Zugkraft des Magnets stark beansprucht wird.
- Verdeckte Magnetverschlüsse werden meist am Zwischenfutter oder auf der linken Seite des Taschenfutters angenäht.
- Wenn die Tasche aus zahlreichen Stoffschichten oder aus stärkerem Material besteht, schneiden Sie in das Zwischenfutter (wenn vorhanden) ein kleines, rundes Loch, sodass der Magnet frei liegt. So verliert er durch die vielen Stoffschichten nicht an Kraft.
- Bringen Sie den Verschluss an, **bevor** Sie das Futter, die Außentasche oder den Überschlag fertigstellen.

MAGNETVERSCHLUSS

1 Bereich um den Verschluss verstärken: Dort, wo der Magnetverschluss angebracht wird, ein Quadrat aus Einlegematerial auf die linke Stoffseite aufbügeln. Mit dem anderen Quadrat an der Stelle wiederholen, wo der andere Teil des Verschlusses angebracht wird. Wenn Sie den Verschluss am Außenstoff (z. B. am Überschlag der Tasche oder eines Seitenfachs) anbringen wollen und Zwischenfutter verwenden, legen Sie den Außenstoffteil mit der rechten Seite nach oben auf den Zwischenfutterteil und behandeln Sie beide wie eine Schicht.

2 Verschluss anbringen: Mit dem Trennmesserchen durch alle Stoffschichten zwei winzige Einschnitte für die Klammerzungen machen. Die Klammerzungen des Verschlusses von der rechten Seite durch die Einschnitte drücken. Auf der linken Seite eine Verstärkungsscheibe über die Klammerzungen schieben und diese fest voneinander weg umbiegen **(Abb. a)**. Mit dem anderen Teil des Verschlusses wiederholen.

VERDECKTER MAGNETVERSCHLUSS

1 Bereich um den Magnetverschluss vorbereiten: Ein kleines Loch ins Zwischenfutter schneiden (wenn Sie Zwischenfutter verwenden – siehe **Das sollten Sie wissen**), sodass der Magnet frei liegt **(Abb. b)**.

2 Verdeckten Magnetverschluss annähen: Mit dem Zippfuß eine Hälfte des verdeckten Magnetverschlusses bei der Markierung annähen, dabei ein Quadrat um den Magnet herumnähen. Mit der anderen Hälfte des Verschlusses wiederholen.

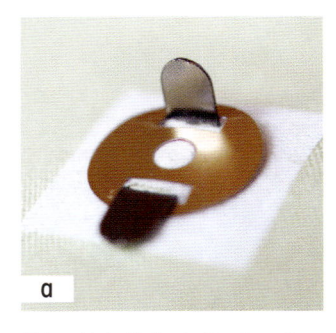

Abb. a *Linke Seite der Tasche mit dem Magnetverschluss. Biegen Sie die Klammerzungen fest um.*

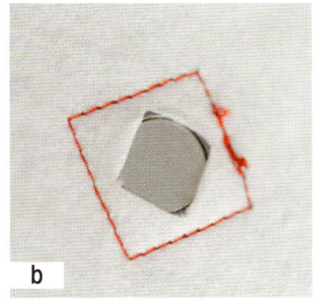

Abb. b *Der Magnet wird freigelegt, um seine Anziehungskraft nicht zu beeinträchtigen.*

5. Verschlüsse

Drehverschluss

Ein Drehverschluss aus glänzendem Metall ist ein ganz besonderer Aufputz, der Ihre Tasche „Marke Eigenbau" zum handgefertigten Designerstück aufwertet – und er ist auch sehr praktisch.

Sie brauchen dazu

- Drehverschluss
- 2 Stücke aufbügelbares Einlegematerial zur Verstärkung, 2,5 cm im Quadrat
- Trennmesserchen
- Kleine, scharfe Schere
- Kleiner Schraubenzieher
- Sublimatstift

Das sollten Sie wissen

- Auch bei dickem Außenstoff ist eine zusätzliche Verstärkung rund um den Drehverschluss wichtig, weil dieser Bereich besonders stark beansprucht wird.

- Drehverschlüsse sind für Taschen aus stärkerem Material oder aus mehreren Stoffschichten am besten geeignet. Das Material muss den schweren Metallverschluss „aushalten", ohne auszuleiern.

- Der Drehteil wird am Außenstoff angebracht, **bevor** die Außentasche fertiggestellt wird. Die Platte wird ganz zum Schluss angebracht, **nachdem** die Tasche fertiggestellt ist.

1 Drehverschluss-Bereich verstärken: An der Stelle, wo der Drehverschluss angebracht wird, ein Quadrat aus Einlegematerial auf die linke Seite des Stoffes aufbügeln. Wenn Sie den Verschluss am Außenstoff anbringen wollen und Zwischenfutter verwenden, legen Sie den Außenstoffteil mit der rechten Seite nach oben auf den Zwischenfutterteil und behandeln Sie beide als eine Schicht.

Abb. a1–a3 *Zwei winzige Löcher für die Klammerzungen machen und die Klammerzungen auf der Rückseite fixieren – so sitzt der Verschluss gerade.*

2 Drehteil am Außenstoff-Vorderteil anbringen: Mit dem Trennmesserchen durch alle Stoffschichten (Außenstoff und Zwischenfutter) zwei winzige Einschnitte für die Klammerzungen machen. Darauf achten, dass der Drehteil schön gerade am Vorderteil der Tasche sitzt. Klammerzungen von der rechten Seite durch die Einschnitte drücken. Auf der Rückseite eine Verstärkungsscheibe über die Klammerzungen schieben und diese fest übereinander umbiegen, sodass der Drehteil in der richtigen Position fixiert wird **(Abb. a)**.

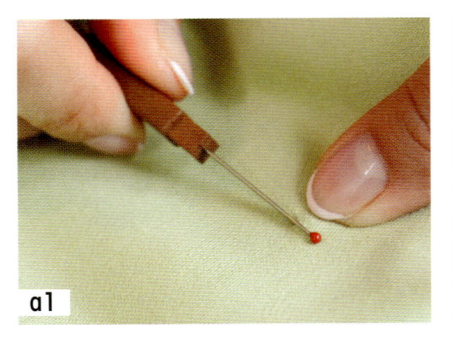

a1   a2   a3

b1 **b2** **b3**

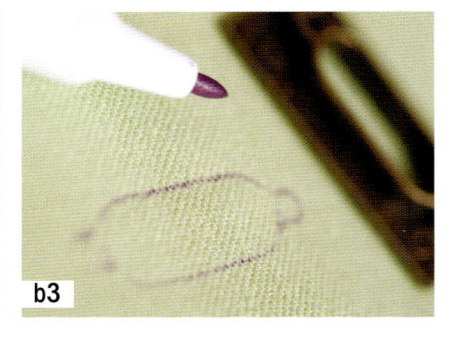

3 **Überschlag und Tasche fertigstellen:** Beim Fertigstellen des Überschlags den Bereich um den Verschluss verstärken (siehe Schritt 1). Die Tasche fertigstellen, bevor die Platte angebracht wird.

4 **Position der Platte auf dem Überschlag markieren:** Nach Fertigstellung der Tasche den Überschlag über den Drehteil herunterziehen, als ob Sie die Tasche schließen wollten. Die Stelle, wo der Überschlag den Drehteil berührt, markieren. Die beiden Teile der Platte auseinanderschrauben; bei einer Hälfte (Oberteil) wird an der Öffnung in der Mitte ein erhabener Rand sichtbar. Mit einem Sublimatstift den erhabenen Rand und auch die Ränder der Schraubenlöcher einfärben. Nun die Platte bei der vorher angebrachten Markierung auf die rechte Seite des Überschlags drücken. Der entstandene Tintenabdruck dient beim nächsten Schritt als Hilfe zum Ausschneiden **(Abb. b)**.

Abb. b1–b3 Markieren Sie die Position der Platte auf dem Überschlag; färben Sie den erhabenen Rand auf der geöffneten Platte mit selbstlöschender Tinte ein und drücken Sie die Platte auf die markierte Stelle, sodass ein Abdruck als Hilfe zum Ausschneiden entsteht.

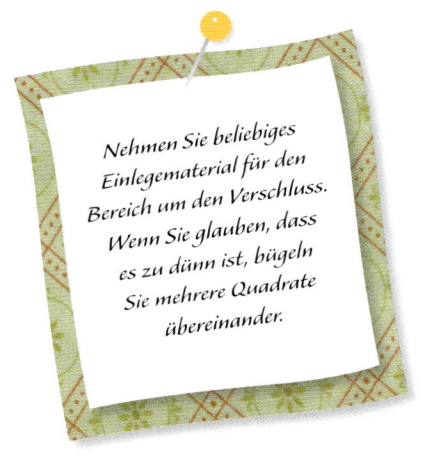

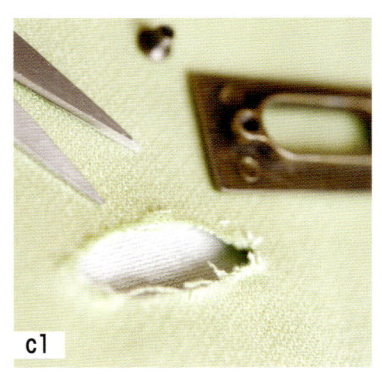

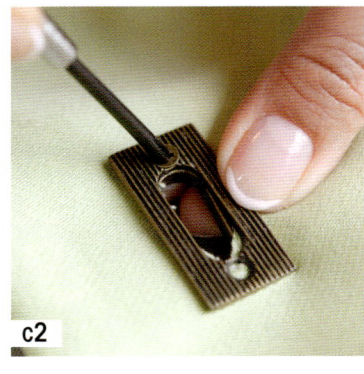

> Nehmen Sie beliebiges Einlegematerial für den Bereich um den Verschluss. Wenn Sie glauben, dass es zu dünn ist, bügeln Sie mehrere Quadrate übereinander.

c1 **c2**

Abb. c1–2 So wird die Platte auf der Futterseite angebracht. Wenn Sie eine Schraube eindrehen, sind die Gewebeteile leichter aus dem Loch im Überschlag zu entfernen.

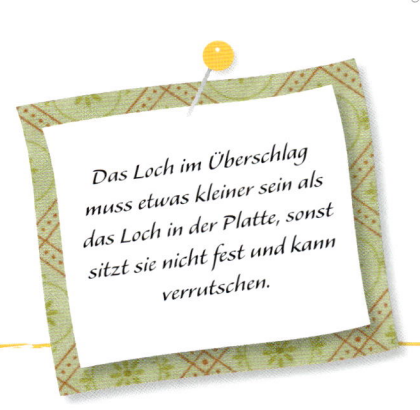

5 **Loch für die Platte anbringen:** Mit einer kleinen, scharfen Schere ein Loch schneiden, das etwas kleiner ist als der Tintenabdruck. Zuerst probeweise ein kleineres Loch schneiden, mit der Platte ausprobieren, Loch eventuell vergrößern, wieder probieren usw.

6 **Platte auf dem Überschlag zusammenschrauben:** Bei dem in Schritt 5 angebrachten Loch den glänzenden Vorderteil der Platte auf der rechten Seite des Überschlags platzieren, den hinteren Teil auf der Rückseite des Überschlags. Die Schrauben in den hinteren Teil drehen und darauf achten, dass das Loch im Überschlag frei von Gewebeteilen ist. Gegebenenfalls den Stoff rund um das Loch vorsichtig hin und her ziehen, bis die Platte richtig sitzt **(Abb. c)**.

> Das Loch im Überschlag muss etwas kleiner sein als das Loch in der Platte, sonst sitzt sie nicht fest und kann verrutschen.

5. Verschlüsse

Ihre topaktuelle Oversize-Tasche

Diese geräumige Tasche ist eine originelle Abwandlung der klassischen Clutch. Die Ösen und der Drehverschluss aus glänzendem Metall wirken stylish und exklusiv und sind gleichzeitig äußerst zweckmäßig. Die Tasche hat sogar innen noch einen Zippverschluss. Dass Sie dieses Prachtstück selbst gezaubert haben, werden Ihre Freundinnen gar nicht glauben!

Seitenansicht: *Die Abnäher geben der Tasche eine weiche Silhouette und ein bisschen mehr Volumen.*

Schultergurt: *Der abnehmbare Kettenträger ist ein weiteres interessantes Detail.*

Geheimfach: *Im Zippfach sind kleine, aber wichtige Dinge sicher verwahrt und zugleich für Sie immer griffbereit.*

Das sollten Sie wissen

- Wegen der Größe der Tasche ist ein stärkeres Material als Außenstoff zu empfehlen, wie z. B. Samt, schwerer Wollstoff, echtes oder imitiertes Glatt- oder Rauleder, Baumwolle, Segeltuch oder Denim.
- Wenn Sie Leder wählen, stecken Sie nur an der Nahtzugabe Stecknadeln hinein, da sie im Leder hässliche Löcher hinterlassen. Weitere Tipps zum Arbeiten mit Leder siehe S. 33.
- Nähen Sie schwere Stoffe unbedingt mit einer Jeansnadel.
- Die Nahtzugabe beträgt 1 cm, wenn nicht anders angegeben.
- Bei den Musterteilen (auf den ausklappbaren Seiten des Buches) ist die Nahtzugabe von 1 cm berücksichtigt.

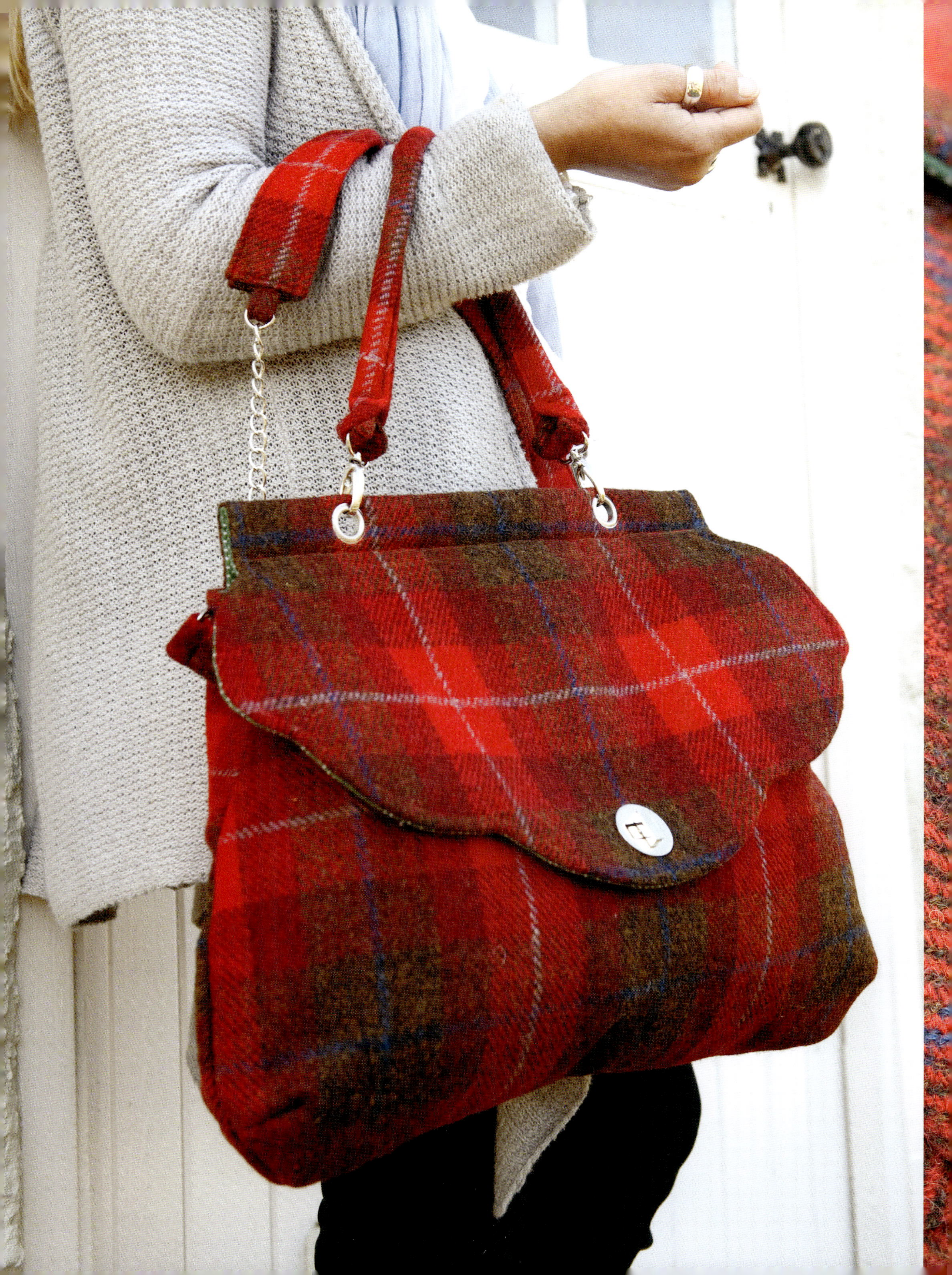

Sie brauchen dazu

- 1 Stück Möbelstoff, 100 x 150 cm, als Außenstoff
- 1 Stück Stoff, 100 x 150 cm, als Futter
- 1 Stück mittleres oder festes aufbügelbares Einlegematerial, 100 cm
- 2 Stücke aufbügelbare Wattierung, 100 cm
- Zippverschluss aus Kunststoff, 18 cm
- Biegsamer Schlauch aus Kunststoff, 39 cm
- Schwerer Kettenträger, 28 cm
- 2 Metallösen, 14 mm
- 4 Karabiner, 2,5 cm
- 2 D-Ringe, 12 mm
- Drehverschluss
- Zippfuß

Vorbereitung

Schneiden Sie Stoff und Einlegematerial wie folgt zu (siehe ausklappbare Seiten):

Topaktuelle Oversize-Tasche – Hauptmusterteil:
- 2 x aus dem Außenstoff
- 2 x aus aufbügelbarem Einlegematerial
- 2 x aus dem Futterstoff
- 2 x aus aufbügelbarer Wattierung

Topaktuelle Oversize-Tasche – Überschlag:
- 1 x aus dem Außenstoff
- 1 x aus aufbügelbarem Einlegematerial
- 1 x aus dem Futterstoff
- 1 x aus aufbügelbarer Wattierung

Übertragen Sie alle Passzeichen und Markierungen mit Sublimatstift auf den Stoff

Außerdem:
- 2 Stücke Futterstoff für die eingeschnittene Zipptasche, 28 x 20 cm
- 2 Stücke Außenstoff für die Schlaufen an der Tasche, 6 x 11 cm
- 1 Stück Außenstoff für den Schulterträger, 56 x 18 cm
- 1 Stück Außenstoff für die Schlaufen am Träger, 10 x 5 cm
- 1 Stück Außenstoff für den Griff, 50 x 15 cm
- 2 Stücke aufbügelbares Einlegematerial für die Verstärkung rund um den Drehverschluss, 5 cm im Quadrat

Einlegematerial, Träger, Griff

1 Außenstoffteile verstärken: Teile aus aufbügelbarem Einlegematerial auf die linke Seite der entsprechenden Außenstoffteile aufbügeln. Einlegematerial-Quadrate auf der linken Seite des Außenstoffes für den Vorderteil sowie für den Überschlag hinter der Markierung für den Drehverschluss aufbügeln. Teile aus der aufbügelbaren Wattierung auf der linken Seite der entsprechenden Außenstoffteile direkt auf das Einlegematerial aufbügeln.

2 Schulterträger in drei Teilen herstellen:

- **Schlaufen am Träger:** Mit dem Stoffteil für die Schlaufen am Träger nach der Anleitung auf S. 102 einen Träger mit offenen Enden herstellen. Den Träger in zwei gleich lange Stücke schneiden und einen kleinen D-Ring auf jede Schlaufe fädeln.

- **Schulterträger:** Mit dem Stoffteil für den Schulterträger nach der Anleitung auf S. 103 einen Träger mit geschlossenen Enden herstellen. Bevor Sie den Träger rundherum absteppen, an den Enden des Trägers je eine Trägerschlaufe (zur Hälfte gefaltet, mit aufgefädeltem D-Ring) platzieren. Den Träger rundherum absteppen und dabei die Trägerschlaufen mitnähen. Den Kettenträger in zwei gleiche Teile teilen. Mit einer Zange die Endglieder öffnen und die Ketten an den D-Ringen befestigen **(Abb. a)**. Schulterträger beiseite legen.

- **Schlaufen an der Tasche:** Mit den dafür vorgesehenen Stoffteilen nach der Anleitung auf S. 103 zwei Träger mit geschlossenen Enden herstellen. Die Karabiner auffädeln und beiseite legen.

Abb. a1–a2: Platzieren Sie die Schlaufen an den kurzen Kanten des Trägers, nähen Sie den Träger zu und befestigen Sie die Kette.

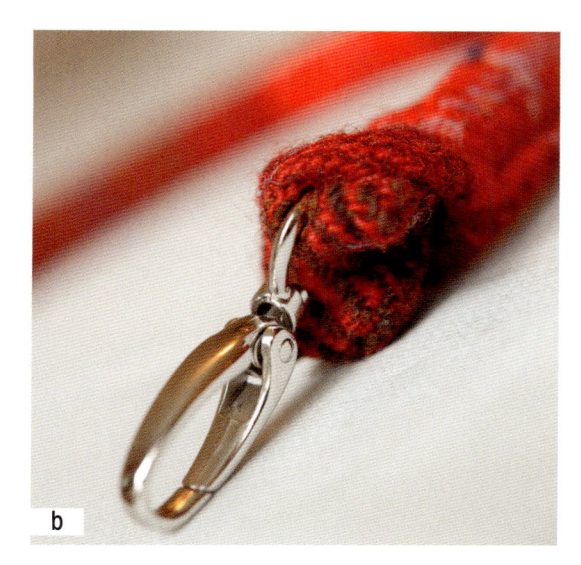

3 Griff: Mit dem dafür vorgesehenen Stoffteil nach der Anleitung auf S. 103 einen Träger mit geschlossenen Enden herstellen. Nun nach der Anleitung auf S. 108–109 einen durch den Schlauch verstärken Griff herstellen. An den Enden des Griffs je einen Karabiner auffädeln, den Stoff über dem Ring des Karabiners umschlagen und fest zusammennähen **(Abb. b).** Griff beiseite legen.

Abb. b *Den Stoff über dem Ring des Karabiners umschlagen und festnähen.*

Wenn Sie mit vielen Stoffschichten oder dicken Stoffen arbeiten, können Sie die Schlaufen auch mit Nieten befestigen, statt sie anzunähen – das geht schneller und leichter.

Außentasche

4 Drehverschluss: Nach Schritt 2 der Anleitung auf S. 92 den Drehteil des Verschlusses bei der Markierung am Außenstoff-Vorderteil anbringen.

5 Abnäher am Außenstoff: Nach Schritt 2 der Anleitung auf S. 49 die V-Form des Abnähers rechts auf rechts zur Hälfte falten, an den Schnittkanten des Abnähers mit einer Nahtzugabe von 5 mm entlangnähen. Mit den anderen drei Abnähern wiederholen.

6 Außenstoffteile an den Seitenkanten zusammennähen und Schlaufen befestigen: Außenstoffteile rechts auf rechts zunächst nur an den Seitenkanten 13 cm unterhalb der Oberkante zusammenstecken und -nähen. Außentasche auf rechts wenden, Seitennähte auseinanderbügeln. Eine Schlaufe (mit aufgefädeltem Karabiner) an der Markierung platzieren. Mit dem Finger festhalten und mit einem Quadratstich an der Seitennaht annähen **(Abb. c).** Mit der anderen Schlaufe wiederholen. Außentasche auf links wenden. (Wegen der vielen Stoffschichten ist es leichter, die Schlaufen an der Außenseite der Tasche anzunähen. Wenn zunächst nur die Seitenkanten zusammengenäht werden, lassen sich die Schlaufen leichter anbringen.)

Abb. c *Die Schlaufe und der Karabiner müssen nach oben, d. h. zur Oberkante der Tasche, zeigen.*

7 Außenstoffteile fertig zusammennähen: Die restlichen Außenstoffteile rechts auf rechts fertig zusammenstecken, beim Ausrichten die Abnäherlinien genau übereinanderlegen **(Abb. d,** siehe auch S. 49, Schritt 3). An den Seitenkanten und an der Unterkante rundherum entlangnähen. Gebogene Kanten einschneiden; dabei aber nicht in die Nähte hineinschneiden (siehe S. 19). Auf rechts wenden.

Abb. d *Für einen professionellen Eindruck die Abnäherlinien vorn und hinten ausrichten.*

Futter

8 Eingeschnittene Zipptasche ins Futter einfügen: Mit dem Zipp und den Stoffteilen für die Zipptasche nach der Anleitung auf S. 66–69 eine eingeschnittene Zipptasche herstellen und in einen der Futterteile bei der dafür vorgesehenen Markierung einfügen.

9 Abnäher am Futter nähen und Futter zusammennähen: Siehe S. 97, Schritt 5 und 7. Eine 18 cm lange Wendeöffnung in der unteren Naht lassen.

Überschlag

10 Überschlag nähen: Außenstoff- und Futterteile für den Überschlag rechts auf rechts aufeinanderlegen. Die Kanten ausrichten, an den Seitenkanten und an der Unterkante rundherum zusammenstecken und -nähen. Gebogene Kanten einschneiden und Ecken einschneiden. Überschlag auf rechts wenden und bügeln. Mit 1 cm Nahtzugabe entlang der Seitenkanten und der gebogenen Unterkante absteppen.

11 Platte des Drehverschlusses anbringen: Siehe S. 93, Schritt 4–6 **(Abb. e)**.

Abb. e *Der Überschlag mit der Platte für den Drehverschluss.*

Oben: *Bei diesem Modell können Sie ganz verschiedene Effekte erzielen, wenn Sie den Stoff variieren. Wie wäre es mit Patchwork in Pastelltönen, ausgewaschenem Jeansstoff mit originellen Applikationen, Leinen oder Samt mit kontrastierenden Kederkanten (S. 144–145)? Auch in dem pinkfarbenen Tweedstoff, der hier verwendet wurde, wirkt die Tasche keineswegs alltäglich.*

Tasche fertigstellen

12 Überschlag annähen: Überschlag mit der linken Seite nach oben an der rechten Seite der Außentasche (mittig an der Oberkante des Rückenteils) platzieren, die Schnittkanten ausrichten, den Überschlag feststecken und mit 5 mm Nahtzugabe annähen **(Abb. f)**.

13 Futter annähen: Taschenbeutel (rechte Seite nach außen) in den Futterbeutel (linke Seite nach außen) einführen, sodass sich die rechten Seiten von Taschen- und Futterbeutel berühren **(Abb. g1)**. Schnittkanten und Seitennähte genau ausrichten, an der Oberkante zusammenstecken und rundherum zusammennähen.

14 Tasche auf rechts wenden: Außentasche durch die Öffnung im Futter herausziehen **(Abb. g2)**. Außentasche in das Futter hineindrücken. Schnittkanten in die Wendeöffnung schieben und die Öffnung durch Absteppen schließen. Die Tasche glätten und bügeln, vor allem auf eine exakte Oberkante achten.

Abb. f *Stecken Sie den Überschlag an der Außentasche fest und nähen Sie ihn mit 5 mm Nahtzugabe an.*

Abb. g1 *Schieben Sie den Taschenbeutel zur Gänze in den Futterbeutel hinein.*

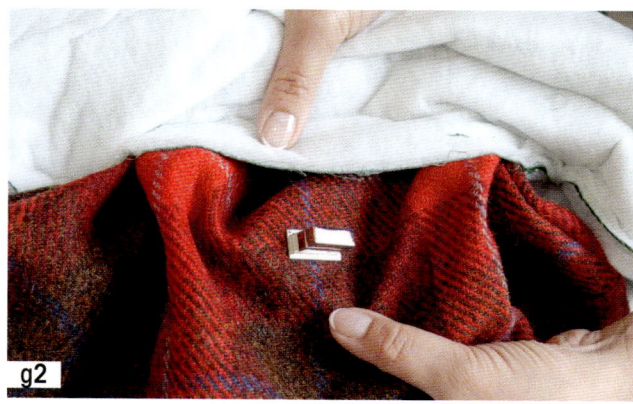

Abb. g2 *Ziehen Sie den Außenbeutel vorsichtig durch die Wendeöffnung im Futter.*

15 Ösen am Überschlag anbringen: Tasche an der Markierung für die Überschlag-Falte umschlagen. Überprüfen, ob der Überschlag mittig und gerade ist, und die Oberkante des Überschlags bügeln. Eine Naht 3 cm unterhalb der Bruchkante durch den Überschlag nähen. Nach den Herstellerangaben die Ösen an den Markierungen am Überschlag anbringen (zwischen der Oberkante und der soeben angebrachten Naht). Griff an den Ösen befestigen.

16 Vervollkommnung: Bei geöffnetem Überschlag die Oberkante der Tasche mit 1 cm Nahtzugabe absteppen. Schultergurt an den Schlaufen befestigen.

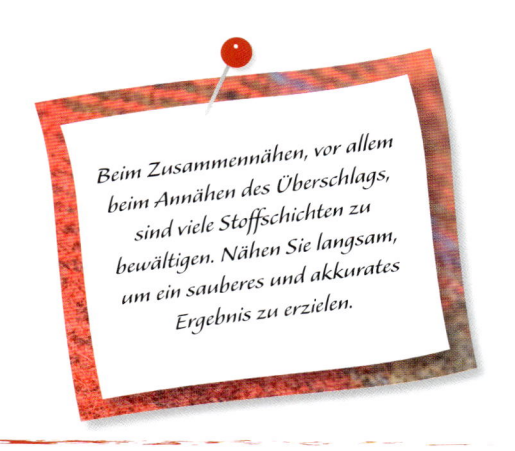

Beim Zusammennähen, vor allem beim Annähen des Überschlags, sind viele Stoffschichten zu bewältigen. Nähen Sie langsam, um ein sauberes und akkurates Ergebnis zu erzielen.

6. Griffe und Träger

Ob aus Stoff, Metall, Kunststoff, Holz, Leder oder Hanfseil – Träger und Griffe sind nicht nur funktionell, sondern auch ein wichtiges Gestaltungselement. Experimentieren Sie mit Farben und Strukturen – so wirkt ein Kettenhenkel elegant, aber auch ein in die Jahre gekommenes Seidentuch gibt einen schicken Träger ab ... In diesem Kapitel geht es um selbstgefertigte Griffe und Träger und ihre Befestigung an der Tasche. Die folgende Tabelle stellt die gebräuchlichsten selbstgemachten Griffe und ihre Einsatzmöglichkeiten vor.

> Besonders wenn Sie in Zeitdruck sind, bieten sich gekaufte fertige Griffe an – dazu später.

GRIFF/TRÄGER	VORTEILE	ANWENDUNGSVORSCHLÄGE
Träger mit offenen Enden (S. 102)	Vielseitig, einfach, belastbar; besonders leicht herzustellen; kein weiteres Zubehör erforderlich	Für Taschen aller Art. Im „Kleinformat" als Schlaufen zum Anbringen verschiedenster Griffe einsetzbar
Träger mit geschlossenen Enden (S. 103)	Siehe oben	Für Taschen aller Art. Ausgangsform für verstellbare Träger und verstärkte Griffe (siehe unten)
Doppelseitiger Träger (S. 104)	Ein besonders schön und professionell aussehender Träger, der Außen- und Futterstoff vereint	Für Taschen aller Art; kommt in einer größeren Breite am besten zur Geltung (falls die Tasche dafür groß genug ist).
Träger mit Karabinern (S. 105)	Abnehmbar; die Metallteile geben ihm ein professionelles Erscheinungsbild	Für Taschen aller Art. Kann im „Kleinformat" als Schlaufe für ein Handgelenkstäschchen, in noch kleinerer Version als Schlüsselhalterung am Taschenfutter dienen.
Verstellbarer Träger (S. 106)	In der Länge verstellbar; sieht ebenfalls professionell aus.	Für größere und/oder quer über den Körper getragene Taschen (Kuriertaschen, Hobo-Taschen, Reisetaschen usw.)
Verstärkter Griff (S. 108)	Sorgt für Designer-Look; belastbar, formstabil, bietet Tragekomfort	Für mittlere und große Handtaschen sowie schwerere, strapazierfähige Taschen (z. B. Reisetaschen)

Träger mit offenen Enden: Sie sind einfach und schnell herzustellen, sehr zweckmäßig und auch belastbar, da sie aus vier Stoffschichten bestehen. Sie werden zwischen Futter und Außenstoff mitgenäht. Man kann sie auch als Schlaufen zum Anbringen von Griffen verwenden (siehe S. 102).

Träger mit geschlossenen Enden: Diese Träger werden ganz ähnlich hergestellt, wegen der geschlossenen Enden näht man sie jedoch am Vorderteil der Tasche an. Man kann auch Metallteile am Ende der Träger befestigen (siehe S. 103).

Doppelseitige Träger: Sie werden aus zwei verschiedenen Stoffen hergestellt – meist aus dem Außenstoff und dem Futterstoff – und sind oft dekorativer als die ersten beiden Trägerarten (siehe S. 104).

Träger mit Karabinern: Diese Stoffträger sind abnehmbar und werden durch die glänzenden Metallteile optisch aufgewertet (siehe S. 105).

Verstellbare Träger: Sie wirken aufwändig, sind aber ganz leicht herzustellen, sehen gefällig aus und bieten einen hohen Tragekomfort (siehe S. 106–107).

Verstärkte Griffe: Wenn Sie mit Ihrer Tasche Eindruck schinden wollen, sind Sie mit diesen Griffen gut bedient. Die Herstellung dauert etwas länger, ist die Mühe aber wert (siehe S. 108–109).

6. Griffe und Träger

Träger mit offenen Enden

Diese Träger sind einfach und schnell herzustellen und halten auch einiges aus. Auch Schlaufen zum Anbringen von Griffen werden auf diese Weise hergestellt. Nach Wunsch kann man daran auch Metallringe befestigen. Solche Träger und Schlaufen werden zwischen Futter und Außenstoff mitgenäht.

Sie brauchen dazu

- Gewünschter Stoff in der gewünschten Länge zuzüglich der doppelten Nahtzugabe (Breite: siehe **Das sollten Sie wissen**)
- Passendes Einlegematerial oder passende Polsterung für den gewünschten Stoff (siehe S. 31)
- Aufbügelbare Wattierung (nach Wunsch) – Breite: siehe **Das sollten Sie wissen**

Das sollten Sie wissen

- Die Breite des Stoffstücks entspricht dem Vierfachen der gewünschten Breite des Trägers. Wenn der fertige Träger 4 cm breit sein soll, muss das Stoffstück 16 cm breit sein.
- Für mehr Tragekomfort polstern Sie die Träger mit etwas aufbügelbarer Wattierung aus. Die Breite entspricht der Hälfte der gewünschten Breite des Trägers. Wenn der fertige Träger 4 cm breit sein soll, muss die Wattierung 2 cm breit sein.
- Die Nahtzugabe beträgt 5 mm, wenn nicht anders angegeben.
- Stellen Sie das Futter, die Außentasche und die Träger (Schlaufen) fertig. Dann nähen Sie die Träger (Schlaufen) an der rechten Seite des Außenstoffes fest, **bevor** Sie das Futter und die Außentasche zusammenfügen.

1 Stoff für den Träger vorbereiten: Stellen Sie sicher, dass der Stoff für den Träger gebügelt worden ist. Aufbügelbares Einlegematerial (falls gewünscht) auf die linke Seite aufbügeln. Wattierung (falls gewünscht) mittig auf die linke Seite des Trägers aufbügeln.

2 Träger umschlagen und bügeln: Träger mit der linken Seite nach oben der Länge nach zur Hälfte falten und den Stoffbruch bügeln. Auseinanderklappen, die langen Kanten zur Mittelfalte umschlagen und bügeln, sodass der Träger wie ein Buchumschlag aussieht. Den Träger wieder der Länge nach zusammenfalten **(Abb. a)**.

3 Träger nähen: Den gefalteten Träger bügeln und an der langen offenen Kante zusammenstecken. An beiden langen Kanten absteppen. Der Träger ist fertig und kann an der Tasche angenäht werden (siehe **Das sollten Sie wissen**).

Abb. a *Falten Sie den Stoff, sodass er wie ein Buchumschlag aussieht.*

Träger mit geschlossenen Enden

Auch diese Träger sind einfach und schnell herzustellen und sind ebenfalls sehr belastbar. Wenn Sie einen verstellbaren Träger (S. 106) wünschen, wenn Sie Träger an der Außenseite der Tasche annähen oder Metallringe oder Karabiner an den Enden befestigen möchten, sind diese Träger das Richtige.

Sie brauchen dazu

- Gewünschter Stoff in der gewünschten Länge zuzüglich der doppelten Nahtzugabe (Breite: siehe **Das sollten Sie wissen**)
- Passendes Einlegematerial oder passende Polsterung für den gewünschten Stoff (siehe S. 31)
- Aufbügelbare Wattierung (nach Wunsch) – Breite: siehe **Das sollten Sie wissen**

Das sollten Sie wissen

- Die Breite des Stoffstücks entspricht dem Vierfachen der gewünschten Breite des Trägers. Wenn der fertige Träger 4 cm breit sein soll, muss das Stoffstück 16 cm breit sein.
- Für mehr Tragekomfort polstern Sie die Träger mit etwas aufbügelbarer Wattierung aus. Die Breite entspricht der Hälfte der gewünschten Breite des Trägers. Wenn der fertige Träger 4 cm breit sein soll, muss die Wattierung 2 cm breit sein.
- Die Nahtzugabe beträgt 5 mm, wenn nicht anders angegeben.
- Träger mit geschlossenen Enden werden meist **ganz zuletzt** an der Tasche angebracht. Wenn Sie einen solchen Träger vorne an der Tasche anbringen wollen, stellen Sie die Tasche fertig und nähen Sie den Träger auf der rechten Seite durch alle Stoffschichten hindurch an.

1 Stoff für den Träger vorbereiten: Stellen Sie sicher, dass der Stoff für den Träger gebügelt worden ist. Aufbügelbares Einlegematerial (falls gewünscht) auf die linke Seite aufbügeln. Wattierung (falls gewünscht) mittig auf die linke Seite des Trägers aufbügeln.

2 Träger umschlagen und bügeln: Mit der linken Seite nach oben die kurzen Kanten 1 cm einschlagen und den Stoffbruch bügeln. Träger mit der linken Seite nach oben der Länge nach zur Hälfte falten und den Stoffbruch bügeln. Auseinanderklappen, die langen Kanten zur Mittelfalte umschlagen und bügeln, sodass der Träger wie ein Buchumschlag aussieht. Den Träger wieder der Länge nach zusammenfalten **(Abb. a)**.

3 Träger nähen: Den gefalteten Träger bügeln, an der langen offenen Kante zusammenstecken und rundherum absteppen. Der Träger ist fertig und kann an der Tasche angenäht werden (siehe **Das sollten Sie wissen**).

Abb. a *Schlagen Sie zuerst die kurzen Kanten ein, dann falten Sie den Stoff, sodass er wie ein Buchumschlag aussieht.*

Doppelseitige Träger

Diese Träger sind ebenso schnell und einfach zu nähen. Sie sind optisch wirkungsvoller, weil sie aus zwei verschiedenen Stoffen – meist aus dem Außenstoff und dem Futterstoff – bestehen.

Sie brauchen dazu

- 2 verschiedene Stoffe in möglichst gleicher Stärke, Maße: gewünschte Länge (zzgl. der doppelten Nahtzugabe) mal gewünschter Breite (zzgl. der doppelten Nahtzugabe)
- Geeignetes Einlegematerial (bzw. Wattierung; siehe S. 31)
- Aufbügelbare Wattierung (optional, für besseren Tragekomfort), Maße: gewünschte Länge des Trägers (zzgl. der doppelten Nahtzugabe) mal gewünschter Breite (zzgl. der doppelten Nahtzugabe)
- Große Sicherheitsnadel oder Wendenadel

Das sollten Sie wissen

- Die Nahtzugabe beträgt 5 mm, wenn nicht anders angegeben.
- Dieser Träger wird – so wie ein Träger mit offenen Enden (S. 102) – zwischen Futter und Außenstoff mitgenäht. Stellen Sie das Futter, die Außentasche und den doppelseitigen Träger fertig und nähen Sie den Träger an der rechten Seite des Außenstoffs an, **bevor Sie Futter und Außenstoff zusammennähen (siehe S. 74, Schritt 3).**

1 Stoff vorbereiten: Stellen Sie sicher, dass der Stoff für den Träger gebügelt worden ist. Aufbügelbares Einlegematerial (nach Wunsch) auf die linke Seite des Träger-Stoffes aufbügeln. Wattierung (nach Wunsch) mittig auf die linke Seite eines der Stoffteile aufbügeln.

2 Träger nähen: Beide Stoffteile rechts auf rechts aufeinanderlegen, an beiden langen Kanten zu einem Stofftunnel zusammenstecken und -nähen. Die Nähte an beiden langen Kanten auseinanderbügeln.

3 Träger auf rechts wenden: Die Wendenadel oder Sicherheitsnadel an einer kurzen Kante des Stofftunnels befestigen. Kante in den Stofftunnel hineinziehen und die Nadel innerhalb des Stofftunnels hinaufziehen, so dass dieser sich auf rechts wendet **(Abb. a)**. Die Nadel entfernen.

4 Träger fertig nähen: Den Träger bügeln und an beiden langen Kanten absteppen. Nun kann er an der Tasche angenäht werden (siehe **Das sollten Sie wissen**).

Vor dem Absteppen den Träger vorsichtig bügeln, damit auf der rechten Seite kein andersfarbiger Stoffrand sichtbar ist.

Abb. a *Mit der Wende- oder Sicherheitsnadel knapp an einer kurzen Kante einstechen und sie durch den Stofftunnel ziehen.*

Träger mit Karabinern

Ein paar Metallaccessoires werten Ihre selbst gemachte Tasche gleich gehörig auf. Zum Experimentieren mit solchen Metallteilen bieten sich die Griffe oder Träger ganz besonders an.

Sie brauchen dazu

- Fertiger Träger mit geschlossenen Enden (siehe S. 103). Länge: siehe **Das sollten Sie wissen**
- 2 Karabiner in der Breite des fertigen Trägers
- 2 D-Ringe in der Breite des fertigen Trägers
- 2–4 Nieten (optional), Lochzange

Das sollten Sie wissen

- Um die Länge des Trägers zu ermitteln, rechnen Sie zur gewünschten Gesamtlänge des fertigen Karabinerträgers 10 cm hinzu. Wenn die Gesamtlänge 80 cm betragen soll, muss der Stoffträger 90 cm lang sein.

- Wenn der fertige Träger dick ist, können Sie den Karabiner mit einer Niete befestigen. Wenn der Träger bis zu 2 cm breit ist, genügt eine Niete, wenn er breiter ist, nehmen Sie zwei (siehe S. 85).

- Die Nahtzugabe beträgt 5 mm, wenn nicht anders angegeben.

- Auch dieser Träger wird **ganz zuletzt** an der Tasche befestigt. Meist werden zu diesem Zweck Schlaufen (siehe S. 102) mit Ringen an der Tasche angebracht. Stellen Sie die Tasche fertig und befestigen Sie die Karabiner an den Ringen.

1 Karabiner annähen: Mit der linken Seite nach oben ein Ende des Trägers durch den D-Ring am Karabiner fädeln. Trägerende 2,5 cm über den Ring umschlagen, mit den Fingern festhalten und mit 3 mm Nahtzugabe annähen. Mit dem anderen Trägerende und dem anderen Karabiner wiederholen.

2 Alternativlösung – Karabiner mit Nieten befestigen: Mit der linken Seite nach oben ein Ende des Trägers 2,5 cm umschlagen und 5 mm unterhalb der kurzen Kante ein Loch für jede Niete durch beide Schichten stanzen **(Abb. a)**. Wenn der Träger so dick ist, dass Sie nicht durch beide Schichten stanzen können, stanzen Sie nur ein Loch auf einmal (Träger umschlagen, um die Position der beiden Löcher zu markieren). Das Trägerende durch den D-Ring fädeln und nach der Gebrauchsanweisung festnieten.

Statt Stoffträgern können Sie auch Ledergurte oder Webband verwenden.

Abb. a1–a2 *Bei einem schmalen ledernen Träger genügt auch eine einzelne Niete.*

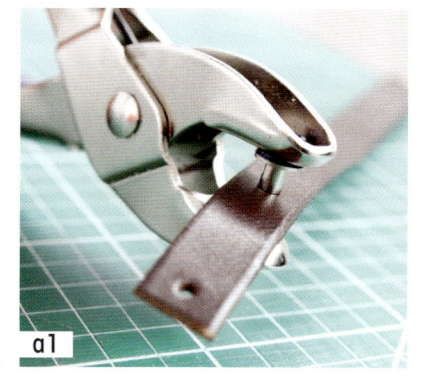

6. Griffe und Träger

Verstellbare Träger

Verstellbare Träger sind äußerst praktisch und sehen ungemein schick aus.

Sie brauchen dazu

- Fertiger Träger mit geschlossenen Enden (siehe S. 103). Länge: siehe **Das sollten Sie wissen**
- 2 D-Ringe in der Breite des fertigen Trägers, jeweils mit einer Trägerschlaufe (aus Trägern mit offenen Enden, siehe S. 102)
- 1 Trägerversteller in der Breite des fertigen Trägers
- Die Nahtzugabe beträgt 5 mm, wenn nicht anders angegeben.

Das sollten Sie wissen

- Um die Länge des Stoffstückes für den Träger zu ermitteln, rechnen Sie zur gewünschten maximalen Länge des fertigen Trägers 10 cm hinzu. Wenn der fertige Träger 100 cm lang sein soll, muss das Stoffstück 110 cm lang sein.
- Die Nahtzugabe beträgt 5 mm, wenn nicht anders angegeben.
- Ein verstellbarer Träger wird **ganz zuletzt** an der Tasche befestigt. Dazu müssen Sie Trägerschlaufen (siehe S. 102) mit aufgefädelten D-Ringen anbringen.

1 Trägerschlaufen befestigen: Trägerschlaufen mit aufgefädelten D-Ringen an den Seitennähten der Tasche befestigen (siehe S. 79, Schritt 10). Die Tasche fertigstellen (siehe S. 156).

2 Trägerversteller am Träger annähen: Mit der linken Seite nach oben ein Ende des Trägers durch den Trägerversteller (über den Steg in der Mitte) ziehen. Trägerende am Träger feststecken und annähen **(Abb. a)**.

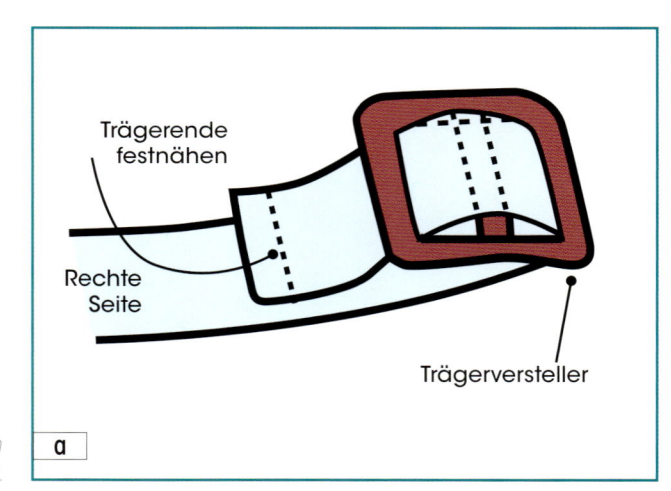

Abb. a *Ziehen Sie das Ende des Trägers so weit durch den Trägerversteller, dass Sie es annähen können.*

3 Fertigstellung: Das freie Ende des Trägers durch den D-Ring an einer Trägerschlaufe ziehen, wieder durch den Trägerversteller fädeln und durch den D-Ring an der anderen Trägerschlaufe ziehen. Das Ende zur linken Seite des Trägers umschlagen und festnähen **(Abb. b)**. Der verstellbare Träger ist fertig!

Trägerschlaufe

RS

LS

Freies Trägerende

Trägerversteller

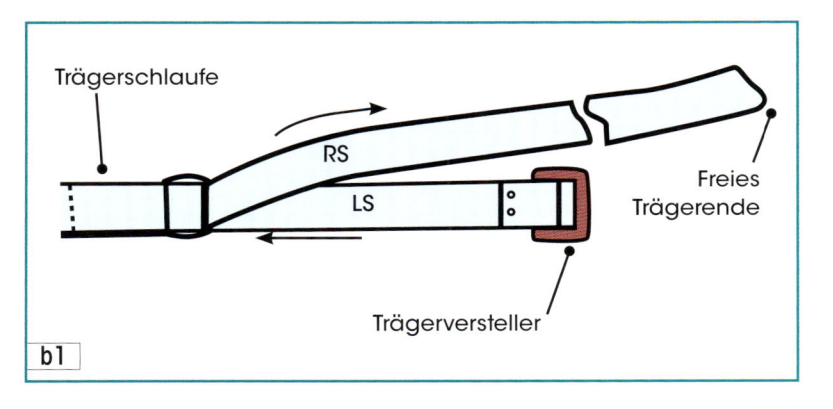

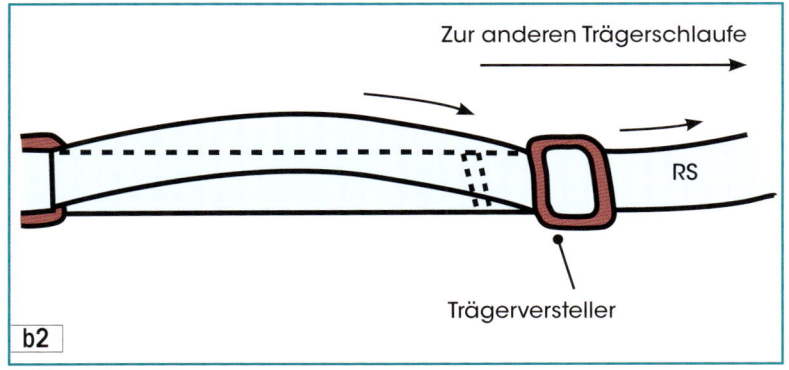

b1

Abb. b1–b2 *Ziehen Sie den Träger durch einen der D-Ringe und dann wieder durch den Trägerversteller. Schlagen Sie das Ende über den anderen D-Ring um und nähen Sie es fest.*

Zur anderen Trägerschlaufe

RS

Trägerversteller

b2

Unten: *Ein verstellbarer Träger – hier an einer trendigen Businesstasche. Auf S. 76–81 erfahren Sie, wie Sie sie herstellen können.*

6. Griffe und Träger

Verstärkte Griffe

Edel und professionell wirken diese Griffe, die innen mit einem Kunststoffschlauch verstärkt sind. Sie sind besonders belastbar, liegen bequem in der Hand und verbinden Formschönheit mit Funktionalität.

Sie brauchen dazu

- Fertiger Träger mit geschlossenen Enden (siehe S. 103); Länge und Breite: siehe **Das sollten Sie wissen**
- Biegsamer Schlauch aus Kunststoff zum Verstärken der Griffe; Länge: siehe **Das sollten Sie wissen**
- 2 Karabiner in der Breite des fertigen Trägers
- Sublimatstift

Das sollten Sie wissen

- Um die Länge des fertigen Trägers mit geschlossenen Enden zu ermitteln, rechnen Sie zur gewünschten Länge des fertigen Griffs 4 cm hinzu. Wenn der fertige Griff 50 cm lang sein soll, muss der Träger 54 cm lang sein.
- Um die Breite des fertigen Trägers mit geschlossenen Enden zu ermitteln, rechnen Sie zum Umfang des Schlauches 1 cm hinzu. Wenn der Schlauch einen Umfang von 4 cm hat, muss der Träger 5 cm breit sein.
- Um die Länge des Schlauches zu ermitteln, ziehen Sie von der Länge des fertigen Trägers 10 cm ab. Wenn der Träger 54 cm lang ist, muss der Schlauch 44 cm lang sein.
- Die Nahtzugabe beträgt 1 cm, wenn nicht anders angegeben.
- Verstärkte Griffe werden **ganz zuletzt** an der Tasche befestigt. Meist werden zu diesem Zweck Schlaufen (siehe S. 102) mit Ringen an der Tasche angebracht. Stellen Sie die Tasche fertig und befestigen Sie die Karabiner an den Ringen.

1 Griff nähen: Den Träger der Länge nach zur Hälfte falten und zu einem Stofftunnel zusammenstecken. Von beiden kurzen Kanten 5 cm abmessen und markieren. Träger an der langen Kante mit 3 mm Nahtzugabe von der ersten bis zur zweiten Markierung zusammennähen **(Abb. a)**.

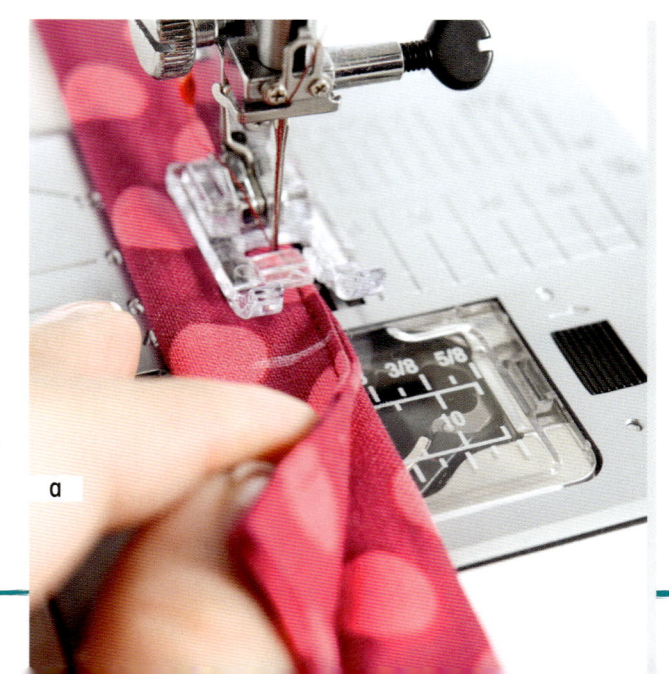

Abb. a *Nähen Sie von einer 5-cm-Markierung bis zur anderen einen Stofftunnel.*

2 Griff verstärken: Ein Ende des Kunststoffschlauches in den Stofftunnel einführen und bis zur 5-cm-Markierung auf der anderen Seite hineinschieben. Im rechten Winkel zur 5-cm-Markierung eine Naht setzen, um den Schlauch einzuschließen **(Abb. b).** Zur Verstärkung nochmals rückwärts über die Naht nähen. Bei der anderen Markierung wiederholen.

3 Karabiner befestigen: Ein Ende des Griffes durch den Ring eines Karabiners ziehen und den Stoff 2 cm über den Ring umschlagen, so dass sich die linken Seiten berühren. Das Ende festnähen und zur Verstärkung nochmals rückwärts über die Naht nähen. Mit dem anderen Karabiner am anderen Ende des Griffs wiederholen. Der Griff kann nun an der Tasche angebracht werden.

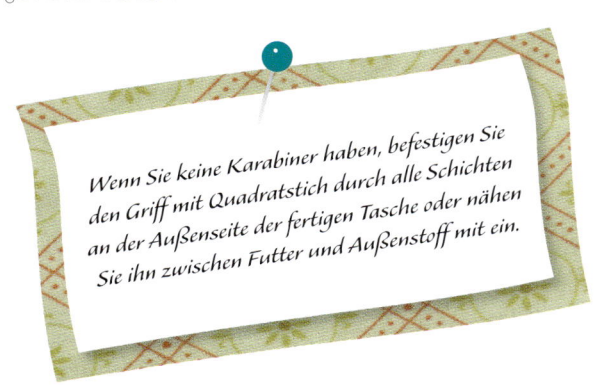

Abb. b *Setzen Sie im rechten Winkel zur 5-cm-Markierung eine Naht.*

Wenn Sie keine Karabiner haben, befestigen Sie den Griff mit Quadratstich durch alle Schichten an der Außenseite der fertigen Tasche oder nähen Sie ihn zwischen Futter und Außenstoff mit ein.

Originelle Taschengriffe: Sechs Recycling-Ideen

◉ Drei bunte Tücher zu einem Zopf flechten, je einen Metallring an den Enden befestigen – das Ergebnis: ein aparter Griff für eine einfache Tasche.

◉ Ziehen Sie ein Chiffontuch in einer kräftigen Farbe durch ein Stück grobgliedrige Kette und freuen Sie sich über einen edlen, unkonventionellen Taschenhenkel.

◉ Für Träger oder Griffe aus gefilzten Wollsachen (alte Pullover, Schals usw.) ein Stück aus 100 % reiner Wolle in der Waschmaschine mit einem Baumwollwaschprogramm bei 60 °C (oder darüber) waschen. Sie erhalten (möglicherweise erst nach mehrmaligem Waschen) ein dichtes, filzartiges, flauschiges Material, das beim Schneiden nicht ausfranst.

◉ Ein dicker Armreif kann einen originellen Henkel für ein Handgelenkstäschchen abgeben.

◉ Halten Sie in Secondhand-Läden Ausschau nach gebrauchten Taschen zum Auseinandernehmen, um Griffe, aber auch Drehverschlüsse, Kettenträger und Ringe weiterzuverwenden.

◉ Aus Stoffstreifen von einer alten Tasche lässt sich ein Stoffträger herstellen und mit einer hübschen Brosche aufpeppen.

6. Griffe und Träger

Fertige Griffe

Früher bekam man sie nur aus Plastik oder aus Bambus, heute kann man zwischen Echt- und Kunstleder, Metallketten, Holz und Acryl in allen Regenbogenfarben wählen. Manchmal werden hübsche Metallteile zur Befestigung mitgeliefert. Wählen Sie aus!

GRIFFE FERTIG KAUFEN – WARUM?

- **Weil sie gut aussehen:** Schöne, gekaufte fertige Griffe können entscheidend dazu beitragen, dass Ihre selbst gefertigte Tasche professionell wirkt. Selbst die einfachste Tragetasche kann man damit zu etwas Besonderem aufwerten (siehe S. 25).

- **Weil sie zweckmäßig sind:** Stoffträger passen nicht zu jeder Tasche. In manchen Fällen ist ein stärkerer oder ein wasserabweisender Griff notwendig oder die Tasche verlangt nach einem Griff mit aufwändigen Metallteilen. Auch wenn der Außenstoff in gefaltetem Zustand zu dick für die Nähmaschine ist und sich nicht zu Trägern verarbeiten lässt, bieten sich gekaufte fertige Griffe als elegante, stressfreie Lösung an.

- **Damit Sie schneller fertig werden:** Wenn die Zeit drängt und ein Geschenk rechtzeitig fertig werden muss, freut man sich besonders, dass es diese Taschengriffe gibt!

Rechts: Fertige Griffe gibt es in allen möglichen Farben zu kaufen – Sie finden sicher etwas Passendes!

Verschiedene Griffe

Fertige Griffe kann man nach der Art der Anbringung an der Tasche einteilen. Manche müssen mit der Hand angenäht werden, andere können mit einer einfachen Klammervorrichtung befestigt werden, wieder andere sind an Trägerschlaufen anzubringen.

Griffe zum Annähen: Die Löcher zum Annähen sind meist vorgestanzt. Nähen Sie die Griffe am Vorderteil mit der Hand mit Gobelingarn im Rückstich an und stechen Sie dabei durch alle Schichten. Sie können stattdessen auch normales Qualitätsgarn verwenden und doppelt nehmen, dieses ist aber nicht so stark und sieht nicht so gut aus wie Gobelingarn.

Griffe zum Anklammern: Diese Griffe oder Träger haben starke Metallklammern an den Enden, auf deren Qualität Sie besonders achten sollten. Gute Klammern kann man mit der Hand fast nicht zusammendrücken. Sie sollten mit Metalldornen versehen sein, die den Stoff festhalten. Stecken Sie die Klammer auf die Oberkante der fertigen Tasche und drücken Sie sie mit einer Zange fest zusammen. Bedecken Sie dabei die Zange mit einem Stückchen Stoff, damit die Griffe nicht zerkratzt werden.

Griffe mit Karabinern: Die Karabiner, die an den Enden der Griffe befestigt sind, werden an der Tasche mittels Schlaufen und D-Ringen angebracht (siehe S. 102). Fädeln Sie die D-Ringe auf die Schlaufen und befestigen Sie diese jeweils an der rechten Seite der Außentasche, bevor Sie Futter und Außentasche zusammennähen (siehe S. 105).

Kettengriffe: Ein Hauch von Luxus geht von diesen glänzenden Accessoires aus, die vor allem auch bei Abendtaschen eingesetzt werden. Montiert werden sie an Metallringen, die mithilfe von Schlaufen (S. 102) an der Tasche angebracht werden. Sie können entweder das erste und das letzte Kettenglied mit einer Zange öffnen, um die Kette an den Ringen zu befestigen, oder den Kettengriff mit Karabinern versehen, mit denen sie befestigt und auch abgenommen werden können.

6. Griffe und Träger

Die Reisetasche „Große Fahrt"

Mit dieser Reisetasche werden Sie am Bahnhof, am Flughafen und im Hotel bewundernde Blicke ernten. Sie ist geräumig, praktisch und stylish und passt auch in Ihr Gepäckfach im Flugzeug. Der geräumige Taschenboden ist gut einzusehen und erleichtert das Einpacken. Die Fächer an der Innen- und Außenseite sorgen für Ordnung. Suchen Sie für dieses Prunkstück Stoffe in Ihren Lieblingsfarben aus und nehmen Sie sich ausreichend Zeit zum Nähen.

Vorderansicht: *In der Tasche hat jede Menge Gepäck Platz, wegen der weichen Struktur können Sie sie ohne Weiteres ins Flugzeug mitnehmen.*

Seitenansicht: *Das große Außenfach ist für Dinge gedacht, die Sie griffbereit haben wollen.*

Innenleben: *Durch die Innenfächer behalten Sie in der geräumigen Tasche immer den Überblick.*

Das sollten Sie wissen

- Der Außenstoff wurde hier mit einer aufbügelbaren Gewebeeinlage verstärkt, das Futter mit einer aufbügelbaren Wattierung versehen.
- Wenn Sie Öltuch verwenden, stecken Sie nur an der Nahtzugabe Stecknadeln hinein, nähen Sie mit einem Teflonfuß (S. 13) und bügeln Sie den Stoff nur mit einem Bügeltuch und auf niedriger Stufe. Für Öltuch brauchen Sie keine aufbügelbare Wattierung.
- Der weit öffnende Zippverschluss sorgt im Bereich der Oberkante für viel Raum und ist ideal für große, etwas steifere Taschen (siehe S. 90).
- Die Nahtzugabe beträgt 1 cm, wenn nicht anders angegeben.
- Bei den Musterteilen (auf den ausklappbaren Seiten des Buches) ist die Nahtzugabe von 1 cm berücksichtigt.

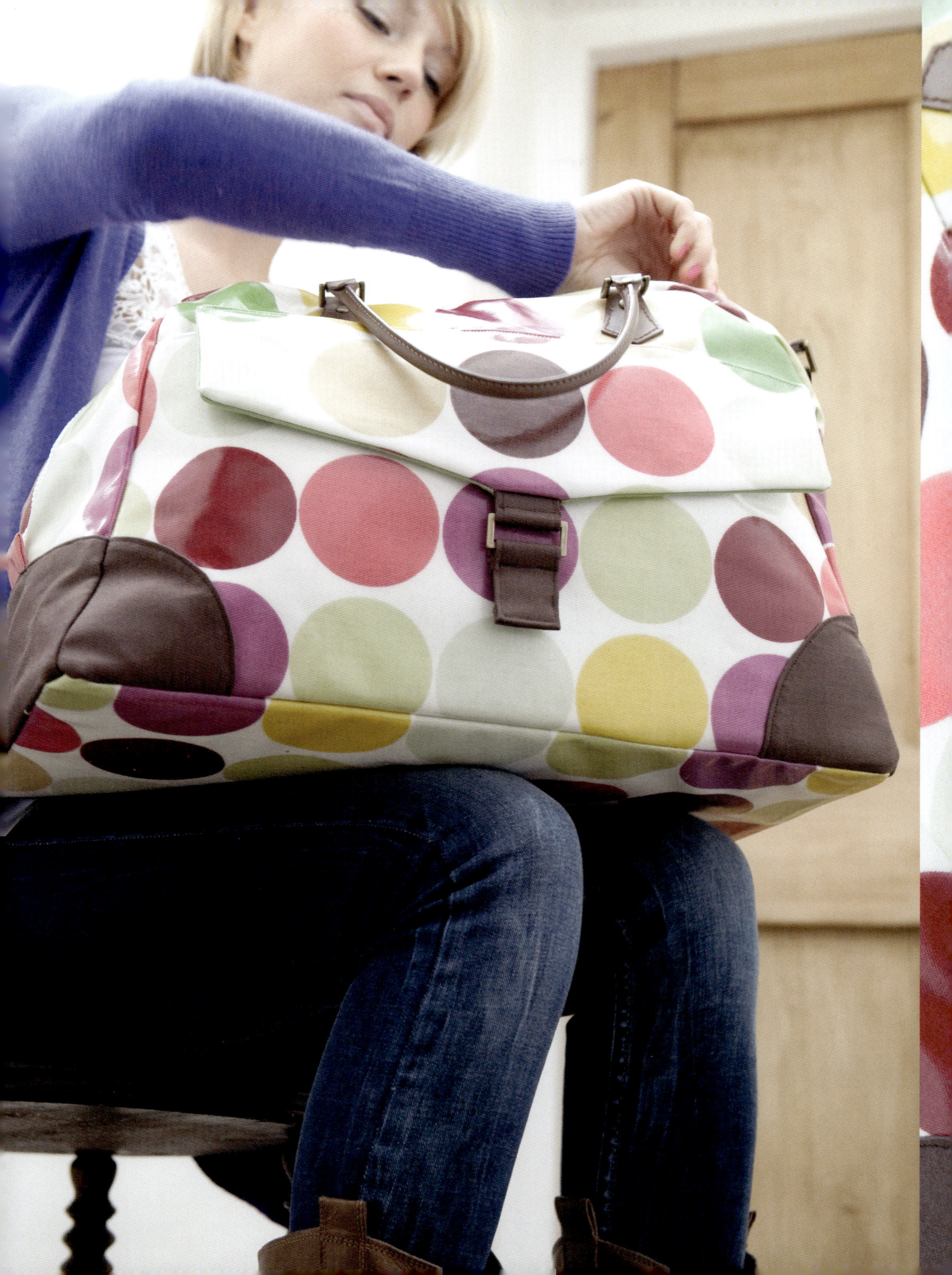

6. Griffe und Träger

Sie brauchen dazu

- 1 Stück Möbelstoff als Außenstoff, 100 x 137 cm
- 1 Stück Möbelstoff als Futter, 125 x 137 cm
- 1 Stück Möbelstoff für Verzierung, Träger und Außenfach-Verschluss, 50 x 137 cm
- Zu den Stoffen farblich passendes Nähgarn
- Einseitig aufbügelbare Wattierung, 150 cm
- Aufbügelbare Gewebeeinlage, 150 cm
- Magnetverschluss, 18 mm
- Dicker Zippverschluss aus Kunststoff (für den weit öffnenden Zipp), 80 cm
- Zippverschluss aus Kunststoff (für die eingeschnittene Zipptasche), 18 cm
- Biegsamer Schlauch aus Kunststoff zum Verstärken der Griffe, 76 cm, **oder** 2 fertige verstärkte Griffe, 45 cm
- Trägerversteller, 4 cm
- 3 rechteckige Ringe, 4 cm breit
- Großer Boden aus Gitterstoff
- 6 Taschenfüße (nach Wunsch)
- Handnähnadel
- Sublimatstift
- Trennmesserchen
- Bügeltuch aus Baumwolle oder Leinen

Vorbereitung

Schneiden Sie Stoff und Einlegematerial wie folgt zu:

Reisetasche „Große Fahrt" – Hauptmusterteil (siehe ausklappbare Seiten):
- 2 x aus dem Außenstoff
- 2 x aus dem aufbügelbaren Einlegematerial
- 2 x aus dem Futterstoff
- 2 x aus der aufbügelbaren Wattierung

Reisetasche „Große Fahrt" – Außen- und Innenfach (siehe ausklappbare Seiten):
- 1 x aus dem Außenstoff
- 1 x aus dem aufbügelbaren Einlegematerial
- 2 x aus dem Futterstoff
- 1 x aus der aufbügelbaren Wattierung

Reisetasche „Große Fahrt" – Außenfach-Überschlag (siehe ausklappbare Seiten):
- 1 x aus dem Außenstoff
- 1 x aus dem aufbügelbaren Einlegematerial
- 1 x aus dem Futterstoff
- 1 x aus der aufbügelbaren Wattierung

Reisetasche „Große Fahrt" – Eckverzierung (siehe ausklappbare Seiten):
- 2 x aus dem Außenstoff

Drehen Sie den Schnittmusterteil um und schneiden Sie diesen Teil spiegelverkehrt zu:
- 2 x aus dem Außenstoff

Reisetasche „Große Fahrt" – Zippverschluss-Seitenteile (siehe ausklappbare Seiten):
- 2 x aus dem Außenstoff
- 2 x aus dem aufbügelbaren Einlegematerial
- 2 x aus dem Futterstoff
- 2 x aus der aufbügelbaren Wattierung

Drehen Sie den Schnittmusterteil um und schneiden Sie diese Teile spiegelverkehrt zu:
- 1 x aus dem Außenstoff
- 1 x aus dem aufbügelbaren Einlegematerial
- 1 x aus dem Futterstoff
- 1 x aus der aufbügelbaren Wattierung

Reisetasche „Große Fahrt" – Taschen-Seitenteile (siehe ausklappbare Seiten):
- 2 x aus dem Außenstoff
- 2 x aus dem aufbügelbaren Einlegematerial
- 2 x aus dem Futterstoff
- 2 x aus der aufbügelbaren Wattierung

Übertragen Sie alle Passzeichen und Markierungen mit Sublimatstift auf den Stoff

Außerdem:
- 1 Stück Außenstoff, 2 Stücke Futterstoff und je 1 Stück aufbügelbares Einlegematerial und aufbügelbare Wattierung für den Boden, 51 x 27 cm
- 2 Stücke Futterstoff für die eingeschnittene Zipptasche, 26 x 20 cm
- 2 Stücke Verzierungsstoff für den verstellbaren Träger, 75 x 14 cm
- 1 Stück Verzierungsstoff für Trägerschlaufen und Außenfach-Verschluss, 36 x 14 cm
- 2 Stücke aufbügelbares Einlegematerial für die Verstärkung bei den Trägerschlaufen, 5 cm im Quadrat
- 2 Stücke aufbügelbares Einlegematerial für die Verstärkung rund um den Magnetverschluss, 2,5 cm im Quadrat
- 2 Stücke aufbügelbares Einlegematerial für die Verstärkung bei den Griffen, 23 x 5 cm
- 2 Stücke Verzierungsstoff für die verstärkten Griffe (nach Wunsch), 50 x 6 cm
- 2 Stücke Verzierungsstoff für die Endstücke am Zipp, 9 x 5 cm
- 2 Stücke Verzierungsstoff für die Laschen am Zipp, 6 x 4 cm

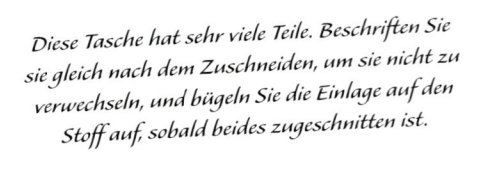

Diese Tasche hat sehr viele Teile. Beschriften Sie sie gleich nach dem Zuschneiden, um sie nicht zu verwechseln, und bügeln Sie die Einlage auf den Stoff auf, sobald beides zugeschnitten ist.

Einlegematerial, Träger, Griffe und Zipp

1 Außenstoff- und Futterteile verstärken: Teile aus dem aufbügelbaren Einlegematerial auf die linke Seite der entsprechenden Außenstoffteile aufbügeln. Teile aus der aufbügelbaren Wattierung auf die linke Seite der entsprechenden Futterteile aufbügeln.

2 Trägerschlaufen herstellen: Vom Stoff für Trägerschlaufen und Außenfach-Verschluss 20 cm abschneiden, in zwei gleich lange Stücke schneiden und daraus zwei Träger mit geschlossenen Enden herstellen (siehe S. 103). Einen rechteckigen Ring auf jede Schlaufe fädeln.

Unten: Durch den langen, verstellbaren Träger können Sie die Tasche bequem über die Schulter oder quer über den Körper tragen.

Abb. a *Nähen Sie die Trägerschlaufen mit einem Quadratstich an. Sie können auch ein X in das Quadrat steppen.*

3 Trägerschlaufen an den Zipp-Seitenteilen annähen: Einen der Zippverschluss-Seitenteile mit der rechten Seite nach oben (lange gerade Kante links) auflegen und mittig 18 cm oberhalb der kurzen Unterkante markieren. Hinter dieser Markierung auf der linken Seite des Stoffteils ein Stück Einlegematerial für die Verstärkung der Schlaufen mit der rechten Seite nach oben aufbügeln. Stoffteil wieder mit der rechten Seite nach oben auflegen, eine Trägerschlaufe (zur Hälfte gefaltet, aufgefädelter rechteckiger Ring zeigt nach oben) auf einer der Markierungen für die Trägerschlaufen auf der rechten Seite des Teils platzieren, feststecken und mit einem Quadratstich gut annähen **(Abb. a)**. Mit der anderen Trägerschlaufe und dem anderen Zipp-Seitenteil wiederholen.

4 Verstellbarer Träger: Die beiden Teile für den Träger rechts auf rechts aufeinanderlegen, an einer der kurzen Enden zusammenstecken und zu einem langen Streifen zusammennähen. Die Naht auseinanderbügeln und einen Träger mit geschlossenen Enden herstellen (siehe S. 103; daraus entsteht dann der verstellbare Träger).

5 Verstärkte Griffe (nach Wunsch): Kunststoffschlauch in zwei gleich lange Stücke schneiden. Nun nach der Anleitung auf S. 108–109 zwei verstärkte Griffe herstellen (keine Karabiner anbringen).

6 Laschen für den Zipp: Eines der Stoffstücke für die Laschen zur Hälfte falten (kurze Kanten rechts auf rechts aufeinanderlegen), an beiden Seitenkanten zusammennähen, Ecken einschneiden. Auf rechts wenden und bügeln. Mit dem Teil für die andere Lasche wiederholen.

7 Endstücke am Zipp annähen: Bei einem der Stoffteile für die Endstücke mit der rechten Seite nach oben an einer kurzen Kante 1 cm nach unten einschlagen und den Umschlag bügeln. Das Endstück mit der rechten Seite nach oben mittig auf der rechten Seite eines der Enden des Zipps platzieren, die Schnittkanten mit den kurzen Kanten des Zipps ausrichten, das Endstück in 3 mm Abstand vom Stoffbruch absteppen und somit am Zipp annähen (siehe S. 86, Schritt 1). Am anderen Ende wiederholen.

Außentasche

8 Eckverzierung annähen: Einen Stoffteil für die Eckverzierung mit der linken Seite nach oben auflegen, gebogene Kante 1 cm zur linken Seite umschlagen und den Umschlag bügeln. Die gebogene Kante einschneiden, den Stoffteil auf die rechte Seite umdrehen, untere und seitliche Schnittkanten der Verzierung an einer unteren Ecke eines Außenstoffteils für den Taschenkörper (rechte Seite) bündig übereinanderlegen. Verzierung rundherum feststecken und mit 3 mm Nahtzugabe absteppen. Mit den anderen drei Stoffteilen für die Verzierung wiederholen, dabei zwei Stoffteile an der rechten Seite des Stoffteils für das Außenfach anbringen **(Abb. b)**.

9 Außenfach-Verschluss: Vom Stoffteil für den Außenfach-Verschluss samt Schlaufe 10 cm abschneiden und nach S. 103, Schritt 2 (Träger mit geschlossenen Enden), vorgehen. Den Stoffteil zur Gänze auseinanderklappen und 2 cm oberhalb des Stoffbruchs an der Unterkante ein X als Markierung für den Magnetverschluss anbringen **(Abb. c)**. 1 Stück Einlegematerial für den Magnetverschluss über der Markierung auf die linke Seite des Stoffteils aufbügeln, das nichtmagnetische Gegenstück anbringen (siehe S. 91, Schritt 2). Den Stoffteil zusammenklappen und 3 mm von der Kante rundherum absteppen.

10 Schlaufe für den Außenfach-Verschluss: Mit dem Rest desselben Stoffteils nach der Anleitung auf S. 102 einen Träger mit offenen Enden herstellen. Den letzten rechteckigen Ring auffädeln, den Träger zur Hälfte falten und knapp am Ring zusammennähen, um diesen in der Mitte der Schlaufe zu fixieren. Nun den Außenfach-Verschluss (mit Magnetverschluss) mit der linken Seite nach oben auflegen, das freie Ende 2 cm über den rechteckigen Ring umschlagen und durch Absteppen 3 mm von der Kante festnähen.

Abb. b *Zwei Eckverzierungen werden an einem Außenstoffteil für den Taschenkörper angebracht, zwei weitere am Teil für das Außenfach.*

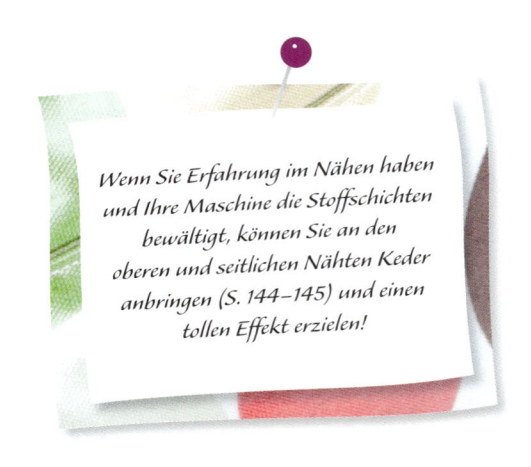

Wenn Sie Erfahrung im Nähen haben und Ihre Maschine die Stoffschichten bewältigt, können Sie an den oberen und seitlichen Nähten Keder anbringen (S. 144–145) und einen tollen Effekt erzielen!

Abb. c *Klappen Sie den Stoffteil für den Verschluss auf und bringen Sie eine Markierung für den Magnetteil an.*

11 **Überschlag für das Außenfach:** Schlaufe (zur Hälfte gefaltet, mit Außenfach-Verschluss) mit der linken Seite nach oben auf der Markierung auf der rechten Seite des Außenstoffteils für den Überschlag platzieren **(Abb. d)**. Schnittkanten der Schlaufe und des Teils für den Überschlag ausrichten. Schlaufe mit den Fingern festhalten und mit 5 mm Nahtzugabe annähen. Außenstoffteil für den Überschlag mit dem entsprechenden Futterteil rechts auf rechts aufeinanderlegen, rundherum feststecken und -nähen. 15 cm Wendeöffnung in der Naht an der Oberkante lassen. Ecken einschneiden, Nähte auseinanderbügeln und auf rechts wenden. Schnittkanten in die Wendeöffnung schieben und die Umschläge bügeln, sodass der Überschlag eine exakte Oberkante erhält.

12 **Außenfach:** Außenstoffteil für das Außenfach mit der rechten Seite nach oben auflegen und Magnetteil bei der entsprechenden Markierung anbringen (siehe S. 91, Schritt 2). Außenstoff- und Futterteil für das Fach rechts auf rechts aufeinanderlegen. Unversäuberte Oberkanten ausrichten und die Teile nur an der Oberkante zusammenstecken und -nähen. Naht auseinanderbügeln, den Außenstoff auf die rechte Seite umklappen, bügeln und 3 mm von der Oberkante absteppen.

13 **Außenfach und Überschlag an der Tasche annähen:** Außenfach mit der rechten Seite nach oben auf die rechte Seite des Außenstoffteils für den Taschenkörper (ohne Eckverzierung) legen. Untere und seitliche Schnittkanten der Teile für Fach und Taschenkörper ausrichten, unten und an den Seiten zusammenstecken und mit 5 mm Nahtzugabe zusammennähen. Die Oberkante des Überschlags mit der rechten Seite nach oben auf der rechten Seite des Außenstoffteils 2 cm oberhalb der Oberkante des Faches platzieren, sodass der Überschlag gerade und mittig sitzt und sich der Magnetverschluss schließen lässt. Den Überschlag feststecken und durch Absteppen 3 mm von der Kante annähen, dabei die Wendeöffnung schließen.

14 **Griffe annähen:** Je ein Stück Einlegematerial für die Verstärkung der Griffe auf der linken Seite der Außenstoffteile für aen Taschenkörper hinter den Markierungen für die Griffe aufbügeln. Wenn Sie selbstgemachte verstärkte Griffe verwenden, die Endstücke mit der rechten Seite nach oben auf der rechten Seite der Außentasche mit einem Quadratstich gut annähen. Bei fertig gekauften Griffen die Endstücke bei den vorgestanzten Löchern annähen.

Abb. d *Bringen Sie den Verschluss für das Außenfach wie beschrieben in Position.*

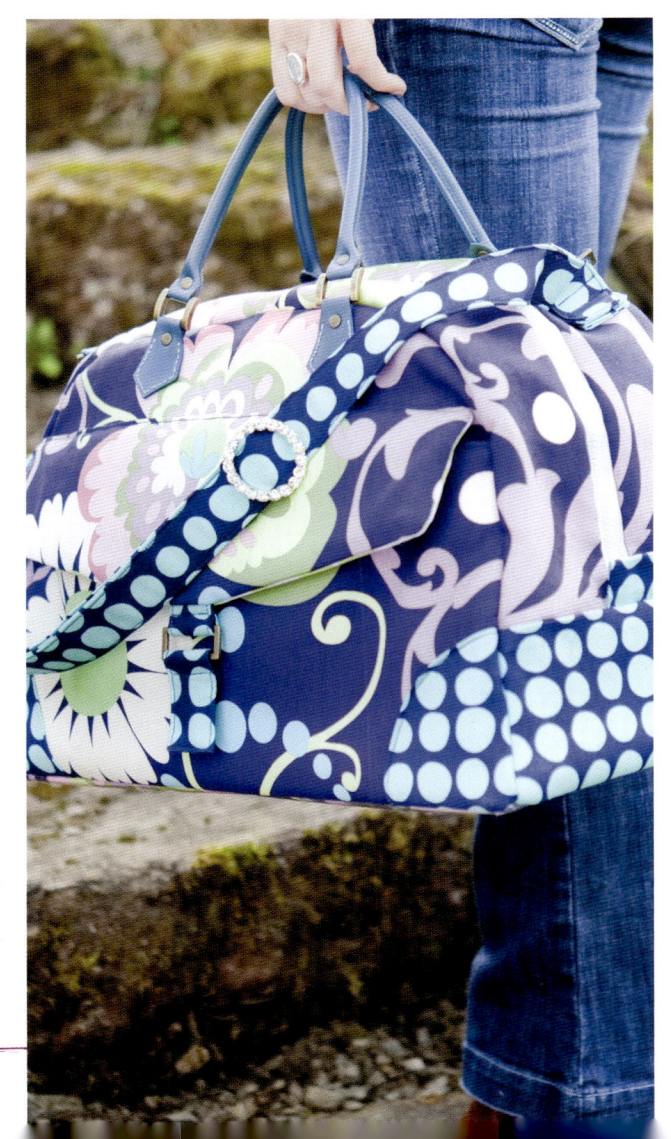

Rechts: *Das Außenfach an der Reisetasche hilft Ihnen, wichtige Kleinigkeiten unterwegs immer griffbereit zu haben.*

Zippverschluss (Außenstoffteile)

15 **Zipp-Seitenteile am Zipp annähen:** Eines der Stoffstücke für die Zipp-Seitenteile und den Zipp rechts auf rechts aufeinanderlegen. Die langen Kanten des Zipps und des Seitenteils bündig übereinanderlegen und zusammenstecken, sodass der Seitenteil mittig am Zipp anliegt (der Zipp ist länger als der Seitenteil), und den Seitenteil mit 5 mm Nahtzugabe annähen. Mit dem anderen Seitenteil auf der anderen Seite des Zipps wiederholen.

16 **Laschen an die Taschen-Seitenteile annähen:** Teile für die Taschen-Seiten der Breite nach links auf links zur Hälfte falten, den Stoffbruch bügeln. Eine der Laschen (mit nach oben zeigender Schnittkante) mittig auf der umgeschlagenen Oberkante eines Taschen-Seitenteils platzieren. Kanten ausrichten, die Lasche feststecken und mit 5 mm Nahtzugabe annähen **(Abb. e)**. Mit der anderen Lasche wiederholen.

17 **Taschen-Seitenteile an die Zipp-Seitenteile annähen:** Den Taschen-Seitenteil mit der linken Seite nach oben auflegen und die Bruchkante auf der rechten Seite der kurzen Kante der Zipp-Seitenteile (mit eingesetztem Zipp) platzieren. Kanten ausrichten, Taschen-Seitenteil feststecken und mit 1 cm Nahtzugabe annähen. Auf die rechte Seite drehen, den Taschen-Seitenteil auf die rechte Seite umschlagen und den Stoffbruch bügeln. Wenn es die Stärke des Stoffes erlaubt, den Taschen-Seitenteil 3 mm von der Stoffbruchkante absteppen **(Abb. f)**. Mit dem anderen Taschen-Seitenteil wiederholen.

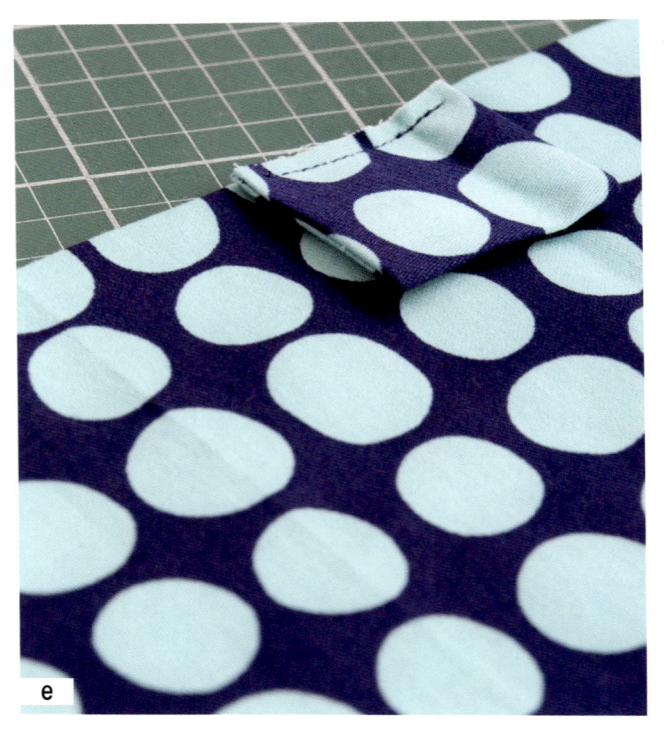

Abb. e *Der Zipp lässt sich leichter öffnen und schließen, wenn man dabei die Lasche festhält.*

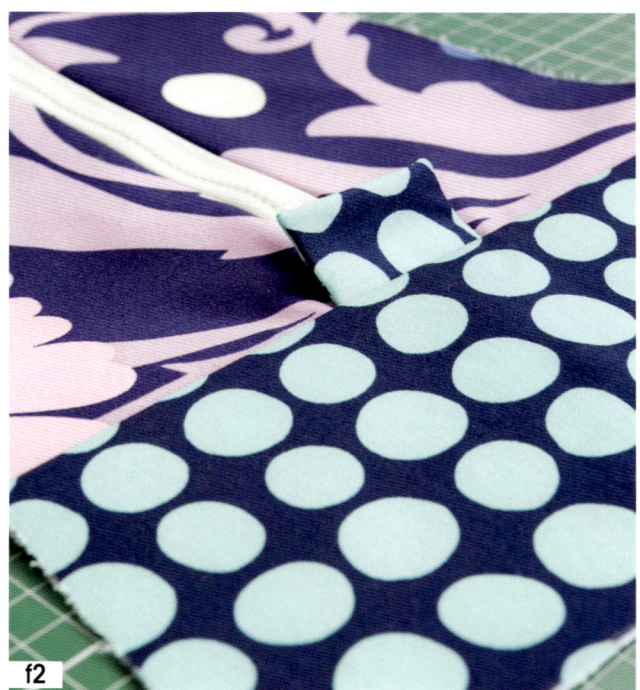

Abb. f1–f2 *Von der linken Seite aus gesehen: Der Taschen-Seitenteil wird rechts auf rechts angenäht. Von der rechten Seite aus gesehen: Der Taschen-Seitenteil wird umgeschlagen.*

Außentasche fertigstellen

18 Zippverschluss an der Außentasche annähen: Zipp-Seitenteile (mit daran befestigtem Zipp sowie den Taschen-Seiten) mit einem Hauptmusterteil rechts auf rechts zusammenführen. Die Oberkanten des Taschen-Seitenteils und der Eckverzierungen so ausrichten, dass beide eine ununterbrochene Linie bilden **(Abb. g)**. An den Ober- und Seitenkanten zusammenstecken und bis 1 cm vor der Bodenkante zusammennähen. Nähte an beiden Enden mit mehreren Rückstichen sichern. Mit dem anderen Hauptmusterteil wiederholen.

19 Außenstoff für den Boden an der Außentasche annähen: Die kurzen Kanten der Außentasche und des Außenstoffs für den Boden rechts auf rechts zusammenführen, zusammenstecken und so zusammennähen, dass die Naht im Abstand von 1 cm von den Seitenkanten beginnt und aufhört (Naht an beiden Enden sichern – siehe Schritt 18). An den langen Kanten von Außentasche und Boden wiederholen. Ecken einschneiden.

20 Taschenfüße montieren (nach Wunsch): Die Position der Taschenfüße auf der rechten Seite des Bodens 1,5 cm innerhalb der Kante markieren. Mit einem Trennmesserchen bei jeder Markierung einen winzigen Einschnitt für jede Klammerzunge machen. Die Klammerzungen eines Taschenfußes bei einer Markierung von der rechten Seite durch die Einschnitte drücken und fest umbiegen. Mit den anderen Taschenfüßen wiederholen.

Futter

21 Eingeschnittene Zipptasche ins Futter einfügen: Aus dem kleineren Zippverschluss und den beiden Teilen für die Zipptasche nach der Anleitung auf S. 67–69 (Schritt 2–8) eine eingeschnittene Zipptasche mittig 7 cm unterhalb der Oberkante in einen der Futter-Hauptmusterteile einfügen.

22 Innenfach herstellen: Am großen Futterstoffteil für die Innentasche (rechte Seite nach oben) die Oberkante 1 cm auf die linke Seite umschlagen, bügeln und wiederholen. Den Umschlag 5 mm unterhalb der Oberkante festnähen. Nach Wunsch eine oder mehrere senkrechte Linien für die Unterteilungen am Futterstoff einzeichnen (S. 80, Schritt 11).

23 Innenfach annähen: Das Innenfach mit der rechten Seite nach oben auf dem Futter-Hauptmusterteil platzieren, der noch keine Tasche hat. Untere und seitliche Kanten des Innenfaches und des Hauptmusterteils ausrichten und zusammenstecken. Das Innenfach entlang der Unterteilungslinie(n) annähen, dann mit 5 mm Nahtzugabe an der Unterkante und an den Seitenkanten annähen.

Abb. g *Die Oberkanten des Schmalseitenteils und der Eckverzierungen sollten eine ununterbrochene Linie bilden*

Zippverschluss (Futterteile)

24 **Zipp-Futter zusammenstellen:** An einem der Zipp-Seitenteile aus Futterstoff mit der rechten Seite nach oben die lange gerade Kante 1 cm nach links umschlagen und den Umschlag bügeln. Beim anderen Seitenteil aus Futterstoff wiederholen. Die Teile so wie bei der Außentasche zusammenstellen (Schritt 17–18) – nur ist kein Zipp einzufügen (**Abb. h**).

Abb. h *Stellen Sie das Futter ebenso zusammen wie die Außentasche – nur ist kein Zipp einzufügen. Der Futterbeutel hat oben einen langen, dünnen, rechteckigen Schlitz.*

25 **Futterteil für den Boden am Futterbeutel annähen:** Das Futter besteht am Boden aus zwei Teilen, die eine Tasche bilden, in die der Gitterstoff geschoben wird. Die Futterteile für den Boden links auf links aufeinanderlegen, alle Kanten ausrichten und die Teile als eine Schicht behandeln. Boden-Futterteile mit dem verstärkten Teil zuoberst an den Futterbeutel annähen (wie in Schritt 19; dabei aber eine kurze Kante offen lassen).

26 **Gitterboden ins Futter einfügen:** Länge und Breite des Futters am Boden von Naht zu Naht messen. 5 mm von beiden Maßen abziehen – dies ergibt die Maße für den Gitterboden. Den Gitterboden auf diese Größe zurechtschneiden, die Spitzen der Ecken abschneiden. Den Gitterboden durch die Öffnung ins Futter schieben und die Öffnung zunähen (**Abb. i**).

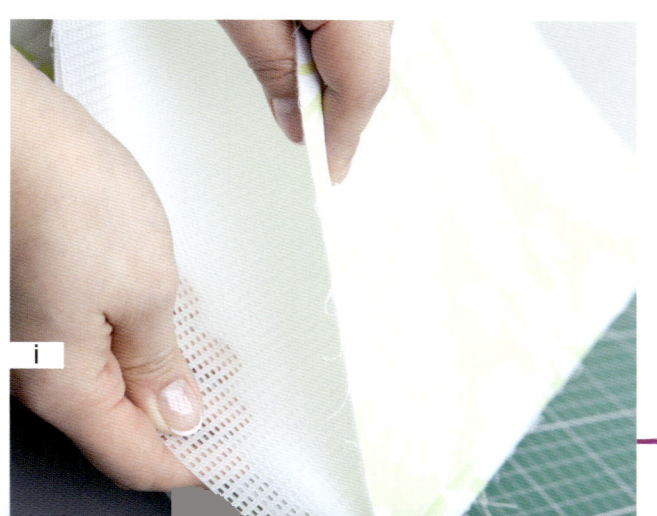

Tasche zusammenstellen

27 **Futter und Außenstoff für den Boden zusammennähen:** Den Zippverschluss an der Außentasche öffnen. Die Seite mit der eingeschnittenen Zipptasche als Vorder- oder Hinterseite bestimmen. Futter und Außenstoff für den Boden rechts auf rechts übereinanderlegen. Kanten ausrichten, rundherum zusammenstecken und mit 5 mm Nahtzugabe zusammennähen. In die Zippöffnung greifen, den Taschenbeutel über den Futterbeutel ziehen und die Tasche so auf rechts wenden (**Abb. j**).

Abb. j1–j2 *Futter und Außenstoff für den Boden rechts auf rechts übereinanderlegen. Kanten ausrichten und mit 5 mm Nahtzugabe zusammennähen. Taschenbeutel über den Futterbeutel auf rechts wenden, indem Sie ihn wie eine Bananenschale herunterziehen.*

Abb. i *Schieben Sie den Gitterboden durch die Öffnung ins Futter und nähen Sie die Öffnung zu. Der Boden soll möglichst knapp hineinpassen.*

Letzte Handgriffe

28 **Futter und Außenstoff an Ober- und Seitennähten zusammennähen:** Nähte an Oberkante und Seitenkanten des Taschen- und Futterbeutels zusammenführen und von Hand an der Nahtzugabe zusammennähen **(Abb. k)**. 15 cm oberhalb der einen Bodenkante zu nähen beginnen und 15 cm über der anderen aufhören. Auf der anderen Seite wiederholen.

Abb. k *Die Nähte an Oberkante und Seitenkanten des Taschen- und Futterbeutels von Hand zusammennähen. Die Stiche müssen nicht exakt ausgeführt sein, da sie nicht zu sehen sein werden.*

29 **Schlitz im Futter am Zipp annähen:** Umgeschlagene Kante der Öffnung im Futter und den Zipp bündig übereinanderlegen und mit kleinen, exakten Stichen von Hand zusammennähen. **(Abb. l)**.

30 **Vervollkommnung:** Verstellbaren Träger montieren (siehe S. 106–107, Schritt 2–3). Fertig!

Oben: *Die getupfte Tasche ist aus superpraktischem, abwischbarem Öltuch, von dem sich etwaige Spuren der Reise mühelos entfernen lassen. Sie kann auch als wasserabweisende Sporttasche dienen.*

Abb. l *Nähen Sie die umgeschlagene Kante des Futters am Stoff des Zippverschlusses fest. Halten Sie den Zipp von der Außennaht weg, damit Sie nur durch eine Stoffschicht stechen müssen.*

7. Fächer

Eine ausreichende Zahl an praktisch platzierten Außen- und Innenfächern spart Ihnen Zeit und Nerven, wenn Sie in Eile sind oder viel zu tragen haben. Sie können auch als optischer Aufputz für die Tasche dienen. Dieses Kapitel handelt von verschiedenen Arten von Fächern mit oder ohne Futter und von ihrer Herstellung. Sie erfahren auch, mit welchen Verschlüssen Sie sie ausstatten können, damit Ihre Sachen sicher untergebracht sind (Zippfächer werden im Kapitel über das Futter auf S. 64 behandelt, ab S. 83 erfahren Sie mehr über Zippverschlüsse im Allgemeinen). Die folgende Tabelle gibt einen Überblick über die am häufigsten verwendeten Fächer, ihre Vorteile und Einsatzmöglichkeiten.

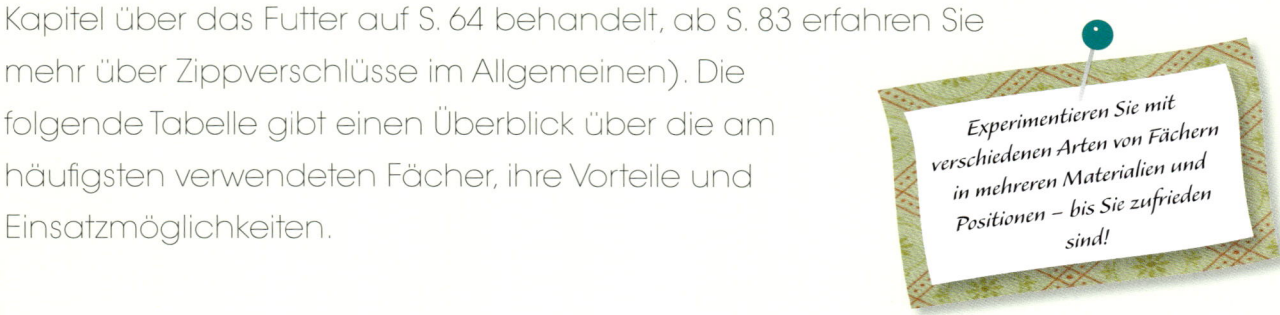

> Experimentieren Sie mit verschiedenen Arten von Fächern in mehreren Materialien und Positionen – bis Sie zufrieden sind!

SEITENTASCHE/FACH	VORTEILE	ANWENDUNGSVORSCHLÄGE
Ungefüttertes Fach (S. 124)	Ganz flach, daher für alle Taschenarten geeignet, schnell anzubringen, geringster Stoffverbrauch	Ideal als Innenfach für schlanke Abendtaschen oder als Außenfach für wichtige, aber nicht geldwerte Gegenstände
Gefüttertes Fach (S. 125)	Wie oben; kann außerdem einen Metallverschluss haben. Die zwei verschiedenen Stoffe bringen Farbe ins Spiel.	Wie oben
Blasebalgfach (S. 126)	Ein geräumiges Fach, das in leerem Zustand flach anliegt. Ein Metallverschluss ist möglich. Zum Verstauen größerer Gegenstände	Als Außenfach für größere, sportliche Taschen oder Umhängetaschen oder als Innenfach für Organizer-Taschen, Tragetaschen oder Picknicktaschen gut geeignet
Fach mit Gummizug (S. 128)	Leicht zugänglich, der Gummizug hält den Inhalt sicher fest. Zum Verstauen größerer Gegenstände	Praktisch als Außenfach, z. B. für Reisetaschen, zum Unterbringen größerer Gegenstände oder als Innenfach für Organizer- und Kuriertaschen oder Wickeltaschen
Fach mit Abnähern (S. 130)	Wirkt sehr gekonnt und ist leicht zugänglich. Kann mit Überschlag und Metallverschluss ausgestattet werden. Zum Verstauen größerer Gegenstände	Das ideale Außenfach für schicke Bürotaschen oder Cityrucksäcke, aber auch für eher saloppe Sport- und Reisetaschen

Ungefüttertes Fach: Dieses flache Fach ist ganz leicht herzustellen und kann sogar in einem zierlichen Handtäschchen eingefügt werden, ohne es voluminöser zu machen (siehe S. 124).

Gefüttertes Fach: Ebenfalls flach und ganz einfach herzustellen. Es sieht ansprechender aus als ein ungefüttertes Seitenfach. Außen- und Futterstoff der Tasche können hier effektvoll eingesetzt werden (siehe S. 125).

Blasebalgfach: In diesem überraschend geräumigen Fach können Sie viel unterbringen, ohne die Tasche allzu sehr vollzustopfen (siehe S. 126–127).

Fach mit Gummizug: Es bietet Platz für größere Gegenstände, die Sie griffbereit haben wollen. Eine Flasche oder ein teleskopierbarer Regenschirm wird durch den Gummizug sicher festgehalten (siehe S. 128–129).

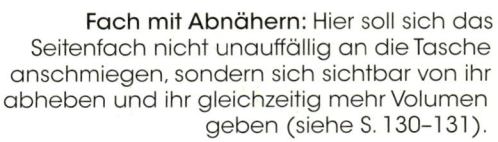

Fach mit Abnähern: Hier soll sich das Seitenfach nicht unauffällig an die Tasche anschmiegen, sondern sich sichtbar von ihr abheben und ihr gleichzeitig mehr Volumen geben (siehe S. 130–131).

7. Fächer

Ungefüttertes Fach

Die Herstellung ist wirklich ganz einfach. Da das Fach völlig flach ist, eignet es sich auch für kleine Abendtaschen. Es ist vor allem bei unifarbenen Stoffen zu empfehlen, die auf beiden Seiten gleichfarbig sind.

Sie brauchen dazu

- 1 Stück unifarbener Stoff (Breite und Höhe: siehe **Das sollten Sie wissen**)

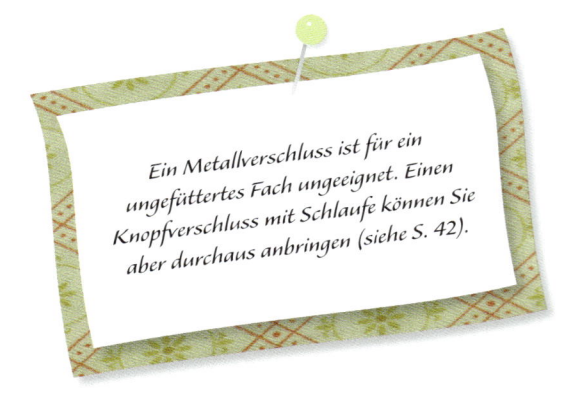

Ein Metallverschluss ist für ein ungefüttertes Fach ungeeignet. Einen Knopfverschluss mit Schlaufe können Sie aber durchaus anbringen (siehe S. 42).

Das sollten Sie wissen

- Um die Breite des Stoffstücks zu ermitteln, rechnen Sie zur gewünschten Breite des Faches 4 cm hinzu. Wenn das fertige Fach 18 cm breit sein soll, muss das Stoffstück 22 cm breit sein.
- Um die Höhe des Stoffstücks zu ermitteln, rechnen Sie zur gewünschten Höhe des Faches 4 cm hinzu. Wenn das fertige Fach 15 cm hoch sein soll, muss das Stoffstück 19 cm hoch sein.
- Die Nahtzugabe beträgt 1 cm, wenn nicht anders angegeben.
- Nähen Sie das Fach und befestigen Sie es an der Tasche, **bevor** Sie diese fertigstellen.

1 Fach vorbereiten: Beide Seitenkanten um 1 cm nach innen umschlagen, die Umschläge bügeln. Nochmals um 1 cm umschlagen und die Umschläge bügeln. Bei der Ober- und Unterkante wiederholen **(Abb. a)**. Oberkante im Abstand von 5 mm absteppen.

2 Fach an der Tasche befestigen: Position des Faches an Außentasche oder Futter festlegen. Fach mit den Umschlägen nach unten schön gerade feststecken und an der Unterkante und an den Seitenkanten mit 3 mm Nahtzugabe annähen **(Abb. b)**. Wenn das Fach breit genug ist, können Sie nach Wunsch mittig eine Naht als Unterteilung setzen.

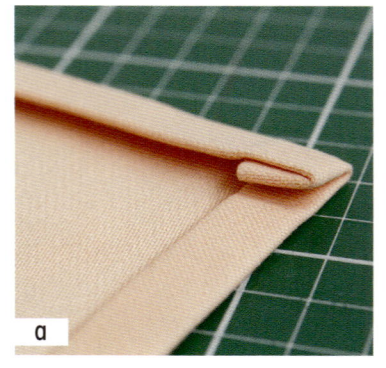

Abb. a *Ober- und Unterkante um 1 cm einschlagen, den Umschlag bügeln, den Vorgang wiederholen.*

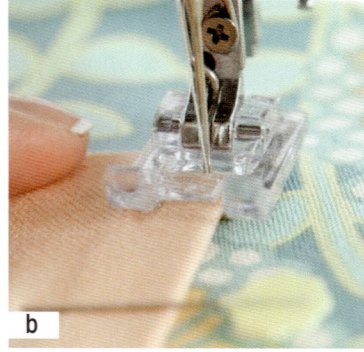

Abb. b *Das Fach mit 3 mm Nahtzugabe annähen.*

Gefüttertes Fach

Dieses Fach ist fast ebenso einfach herzustellen wie ein ungefüttertes. Es eignet sich ebenso gut für eine Abendtasche. Sie können nach Wunsch einen Magnetverschluss anbringen (siehe S. 91).

Sie brauchen dazu
- 1 Stück Stoff für das Futter
- 1 Stück Außenstoff (Breite und Höhe beider Stoffstücke: siehe **Das sollten Sie wissen**)
- Magnetverschluss (nach Wunsch – siehe Tipp)

Das sollten Sie wissen
- Um die Breite der Stoffstücke zu ermitteln, rechnen Sie zur gewünschten Breite des Faches 4 cm hinzu. Wenn das fertige Fach 18 cm breit sein soll, müssen die Stoffstücke 22 cm breit sein.
- Um die Höhe der Stoffstücke zu ermitteln, rechnen Sie zur gewünschten Höhe des Faches 4 cm hinzu. Wenn das fertige Fach 15 cm hoch sein soll, müssen die Stoffstücke 19 cm hoch sein.
- Die Nahtzugabe beträgt 1 cm, wenn nicht anders angegeben.
- Nähen Sie das Fach und befestigen Sie es an der Tasche, **bevor** Sie diese fertigstellen.

1 Magnetverschluss (nach Wunsch): Die Position des Magnetverschlusses auf einem Stoffstück markieren – ich empfehle mindestens 3 cm Abstand von der unversäuberten Oberkante. Nichtmagnetisches Gegenstück auf der rechten Seite des Futters für das Fach anbringen (siehe Anleitung S. 91). Den Magnetteil an der Tasche (Futter bzw. Außenstoff) anbringen.

2 Fach zusammenstellen: Die beiden Stoffstücke für das Fach rechts auf rechts aufeinanderlegen, an Unterkante und Seitenkanten rundherum zusammenstecken und nähen, dabei an der Unterkante mindestens 9 cm Wendeöffnung lassen. Die Ecken des Faches einschneiden. Die Nähte auseinanderbügeln, das Fach durch die Wendeöffnung auf rechts wenden. Schnittkanten in die Wendeöffnung schieben und das Fach bügeln **(Abb. a)**.

3 Fach an der Tasche befestigen: Position des Faches an Außentasche oder Futter festlegen. Wenn ein Magnetverschluss verwendet wird, die beiden Teile des Verschlusses schließen. Fach schön gerade feststecken und an der Unterkante und an den Seitenkanten annähen, dabei die Wendeöffnung schließen **(Abb. b)**.

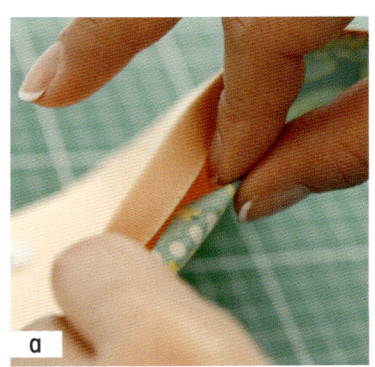

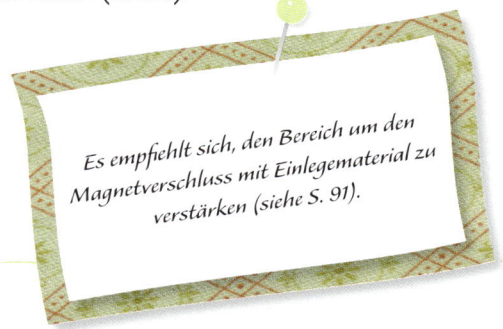

Abb. a Nach dem Wenden schieben Sie die Schnittkanten in die Wendeöffnung und bügeln Sie das Fach.

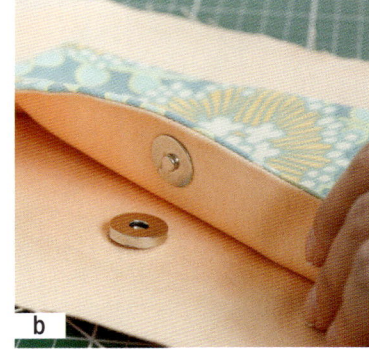

Abb. b Das gefütterte Fach ist fertig – dieses hier hat sogar einen Magnetverschluss.

Es empfiehlt sich, den Bereich um den Magnetverschluss mit Einlegematerial zu verstärken (siehe S. 91).

7. Fächer

Blasebalgfach

Dieses Fach ist so geräumig, dass Sie viel darin unterbringen können, ohne dass die Silhouette der Tasche darunter leidet. Es ist auch gefüttert, so dass Sie einen Magnetverschluss anbringen können.

Sie brauchen dazu

- 1 Stück Stoff für das Futter
- 1 Stück Außenstoff (Breite und Höhe beider Stoffstücke: siehe **Das sollten Sie wissen**)
- Magnetverschluss (nach Wunsch – siehe Tipp S. 125)
- Lineal
- Sublimatstift

Das sollten Sie wissen

- Um die Breite der Stoffstücke zu ermitteln, rechnen Sie zur gewünschten Breite des Faches (Vorderteil) die doppelte Tiefe des Faches (Seitenteile) und die doppelte Nahtzugabe hinzu. Wenn das fertige Fach 10 cm breit und 4 cm tief sein soll, ergibt sich mit einer Nahtzugabe von 1 cm: 1 x 10 cm + 2 x 4 cm + 2 x 1 cm = 20 cm als Gesamtbreite der Stoffstücke.
- Um die Höhe der Stoffstücke zu ermitteln, rechnen Sie zur gewünschten Höhe des Faches die doppelte Nahtzugabe hinzu. Wenn das fertige Fach 15 cm hoch sein soll, müssen die Stoffstücke 17 cm hoch sein.
- Die Nahtzugabe beträgt 1 cm, wenn nicht anders angegeben.
- Nähen Sie das Fach und befestigen Sie es an der Tasche, **bevor** Sie diese fertigstellen.

Dieses Fach können Sie so weit oben oder unten an Ihrer Tasche anbringen, wie Sie wollen.

1 Ziehharmonikafalten anbringen: Nach der Anleitung auf S. 125, Schritt 1–2, vorgehen. Das Fach mit der rechten Seite nach oben auflegen, die Faltlinien für den Balg ausmessen und markieren (bei den unter **Das sollten Sie wissen** angegebenen Maßen müssen an der Ober- und Unterkante je zwei Markierungen im Abstand von 10 cm angebracht werden), die Seitenkanten bei den Markierungen nach unten umschlagen und den Stoffbruch bügeln (so entstehen die Seitenteile). Nun die Seitenteile zur Hälfte falten (so wird der Balg gebildet). Das obere Drittel der beiden vorderen Bruchkanten (von der Oberkante abwärts) durch Absteppen fixieren **(Abb. a)**.

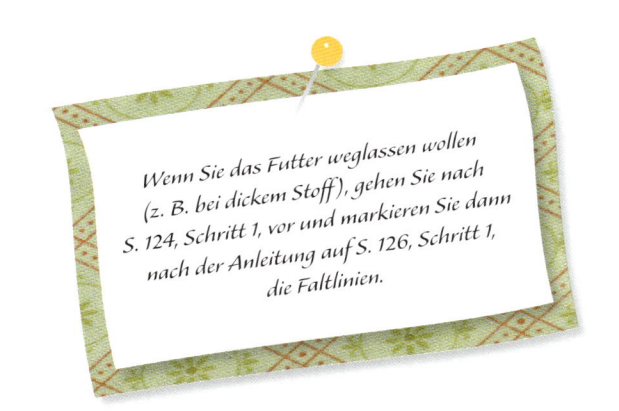

> Wenn Sie das Futter weglassen wollen (z. B. bei dickem Stoff), gehen Sie nach S. 124, Schritt 1, vor und markieren Sie dann nach der Anleitung auf S. 126, Schritt 1, die Faltlinien.

Abb. a1–a3 *Schlagen Sie die Seitenkanten nach unten um, falten Sie die so entstandenen Seitenteile zur Hälfte und steppen Sie die vorderen Falten von der Oberkante abwärts zu einem Drittel ab.*

2 Fach weiter oben an der Tasche anbringen: Position an der Außentasche oder am Futter festlegen. Wenn Sie einen Magnetverschluss verwenden, schließen Sie die beiden Teile des Verschlusses. Das Fach gerade feststecken (auch die Seitenfalten sollen gerade verlaufen) und entlang der unteren Kante und der Seitenkanten annähen, dabei die Wendeöffnung schließen **(Abb. b)**.

3 Andere Möglichkeit – Fach unten an der Tasche anbringen: Wie Schritt 2, jedoch das Fach nur entlang der Seitenkanten annähen. Die Unterkante wird später beim Zusammennähen des Taschenkörpers mitgenäht.

Abb. b *Achten Sie beim Annähen der Seitenkanten darauf, die Ziehharmonikafalten nicht mitzunähen.*

7. Fächer

Fach mit Gummizug

Dieses Fach ist besonders praktisch, da der Gummizug dafür sorgt, dass der Inhalt auch dann nicht herausfällt, wenn Sie dem Bus nachlaufen. Mit seiner Hilfe können Sie sogar eine Babyflasche in aufrechter Position transportieren.

Sie brauchen dazu

- 1 Stück Stoff für das Futter
- 1 Stück Außenstoff (Breite und Höhe beider Stoffstücke: siehe Das sollten Sie wissen)
- 1 Stück Einziehgummi in der Breite des Stoffes für das Fach
- Sicherheitsnadel oder Durchziehnadel
- Lineal
- Sublimatstift

Das sollten Sie wissen

- Um die Breite der Stoffstücke zu ermitteln, rechnen Sie zur gewünschten Breite des Faches 2 cm hinzu. Wenn das fertige Fach (volle Ausdehnung) 15 cm breit sein soll, müssen die Stoffstücke 17 cm breit sein.
- Um die Höhe der Stoffstücke zu ermitteln, rechnen Sie zur gewünschten Höhe des Faches 4 cm hinzu. Wenn das fertige Fach 15 cm hoch sein soll, müssen die Stoffstücke 19 cm hoch sein.
- Die Nahtzugabe beträgt 1 cm, wenn nicht anders angegeben.
- Nähen Sie das Fach und befestigen Sie es an der Tasche, **bevor** Sie diese fertigstellen.

1 Stofftunnel nähen: Die beiden Stoffstücke für das Fach rechts auf rechts aufeinanderlegen, an der Oberkante zusammenstecken und -nähen. Die Naht auseinanderbügeln, ein Stoffstück umklappen, sodass die rechte Seite des Faches nach außen zeigt. Eine Naht parallel zur Oberkante setzen, sodass ein passender Stofftunnel für den Gummi entsteht (siehe Tipp; **Abb. a**).

Der Stofftunnel muss um 1 cm breiter sein als der Einziehgummi.

Abb. a *Setzen Sie eine Naht entlang der Oberkante. Der Stofftunnel muss für den Einziehgummi breit genug sein.*

Abb. b *Raffen Sie den Stoff des Faches auf die gewünschte Breite. Überprüfen Sie die Spannkraft des Gummis und schneiden Sie die überschüssige Länge ab.*

2. **Gummi einziehen:** Von beiden Enden des Stofftunnels 2,5 cm abmessen und markieren. Die Sicherheits- oder Durchziehnadel an einem Ende des Gummis befestigen und diesen durch den Stofftunnel ziehen. Den Gummi am anderen Ende herausziehen und die Nadel entfernen. Den Gummi in den Stofftunnel zurückziehen, bis sein Ende die 2,5-cm-Markierung fast erreicht hat (dabei mit den Fingern durch den Stoff nach dem Gummi tasten). An der 2,5-cm-Markierung durch beide Stoffschichten quer über den Gummi nähen, um ihn zu fixieren.

3. **Stoff raffen, Gummi zurückschneiden:** Das freie Ende des Gummis festhalten und den Stoff des Faches auf die gewünschte Breite raffen. Die Spannkraft des Gummis überprüfen **(Abb. b)**. Er sollte so eng sein, dass die Öffnung des Faches nicht aufklafft, aber nicht so eng, dass er am Taschenstoff zerrt. Wenn Sie den Gummi entsprechend adjustiert haben, schneiden Sie die überschüssige Länge ab, lassen den restlichen Gummi vorsichtig bis fast an die 2,5-cm-Markierung in den Stofftunnel gleiten und fixieren ihn wie in Schritt 2.

4. **Fach weiter oben an der Tasche anbringen:** Die Schnittkanten des Faches ausrichten, die Teile zusammenstecken und mit Zickzackstich über die Unterkante und die Seitenkanten nähen, damit der Stoff nicht ausfranst. Beide Seitenkanten 1 cm einschlagen, die Umschläge bügeln. Bei der Unterkante wiederholen. Das Fach mit den Umschlägen nach unten gerade in der gewünschten Position feststecken **(Abb. c)** und an der Unterkante und den Seitenkanten annähen.

5. **Andere Möglichkeit – Fach unten an der Tasche anbringen:** Seitenkanten wie in Schritt 4 umschlagen, das Fach mit der rechten Seite nach oben an der Unterkante der Tasche feststecken. Das Fach nur entlang der Seitenkanten annähen. Die Unterkante wird später beim Zusammennähen des Taschenkörpers an der Bodenkante mitgenäht.

Abb. c *So wird das Fach an der Tasche festgesteckt. Solange es symmetrisch aussieht, macht es nichts aus, wenn die Seitenkanten (wegen des Gummizuges) leicht schräg nach innen verlaufen.*

7. Fächer

Fach mit Abnähern

Die Abnäher an den unteren Ecken geben diesem Fach eine charakteristische, dreidimensionale Form und bewirken, dass es sich von der Tasche abhebt. Es kann mit einem Überschlag und einem beliebigen Verschluss ausgestattet werden. Meist ist ein solches Fach rechteckig oder quadratisch und wird weiter oben an der Tasche angebracht.

Sie brauchen dazu

- 1 Stück Futterstoff für das Fach und den Überschlag (falls gewünscht)
- 1 Stück Außenstoff für das Fach und den Überschlag (falls gewünscht). Breite und Höhe beider Stoffstücke: siehe **Das sollten Sie wissen**
- Lineal
- Sublimatstift
- Verschluss (falls gewünscht)

Das sollten Sie wissen

- Um die Breite der Stoffstücke zu ermitteln, rechnen Sie zur gewünschten Breite des Faches (Vorderteil) die doppelte Tiefe des Faches (Seitenteile) und die doppelte Nahtzugabe hinzu. Wenn das fertige Fach 10 cm breit und 4 cm tief sein soll, ergibt sich mit einer Nahtzugabe von 1 cm: 1 x 10 cm + 2 x 4 cm + 2 x 1 cm = 20 cm als Gesamtbreite der Stoffstücke

- Um die Höhe der Stoffstücke zu ermitteln, rechnen Sie zur gewünschten Höhe des Faches die doppelte Nahtzugabe hinzu. Wenn das fertige Fach 15 cm hoch sein soll, müssen die Stoffstücke 17 cm hoch sein.

- Um die Höhe der Stoffstücke für den Überschlag zu ermitteln, rechnen Sie zur gewünschten Höhe des Überschlags 3 cm hinzu. Wenn der fertige Überschlag 7 cm hoch sein soll, müssen die Stoffstücke 10 cm hoch sein.

- Die Breite des Überschlags entspricht der Breite des Faches.

- Nähen Sie das Fach und befestigen Sie es an der Tasche, **bevor** Sie diese fertigstellen.

1 Verschlüsse befestigen (falls gewünscht): Etwaige Verschlüsse an der rechten Seite des Außenstoffes für das Fach befestigen (siehe S. 91–93). Ich empfehle, Verschlüsse mindestens 3 cm unterhalb der unversäuberten Oberkante anzubringen.

2 Abnäher: Nach der Anleitung auf S. 48–49, Schritt 1–2, Abnäher an den unteren Ecken des Außen- und des Futterstoffes anbringen **(Abb. a)**.

Abb. a *Bringen Sie Abnäher an den unteren Ecken beider Stoffstücke an.*

3 Fach zusammenstellen: Futter- und Außenstoffteil rechts auf rechts aufeinanderlegen. Unterkante und Seitenkanten ausrichten, dabei besonders auf die Abnäherlinien achten **(Abb. b)**. An der Unterkante und den Seitenkanten rundherum zusammenstecken und -nähen, in der unteren Naht mindestens 7 cm Wendeöffnung lassen. Die Nähte flachbügeln, das Fach durch die Wendeöffnung auf rechts wenden, die Schnittkanten in die Wendeöffnung schieben und das gesamte Fach bügeln.

4 Fach annähen: Das Fach schön gerade auf dem Taschenstoff platzieren, dreidimensional ausformen, feststecken und durch Absteppen entlang der Unterkante und den Seitenkanten annähen, dabei die Wendeöffnung schließen **(Abb. c)**.

5 Überschlag: Etwaige Verschlüsse am Futter für den Überschlag anbringen (siehe S. 91–93). Um die richtige Position festzustellen, das Futter für den Überschlag über dem Fach platzieren. Stoffteile für den Überschlag rechts auf rechts aufeinanderlegen, rundherum zusammenstecken und -nähen, in der Oberkante eine genügend große Wendeöffnung lassen. Etwaige gebogene Kanten einschneiden, die Nähte auseinanderbügeln, den Überschlag durch die Öffnung auf rechts wenden und die Schnittkanten in die Wendeöffnung schieben. Den Überschlag bügeln und direkt über dem Fach, mindestens 1 cm über der Oberkante, feststecken. Entlang der Oberkante am Taschenstoff festnähen, dabei die Wendeöffnung schließen **(Abb. d)**.

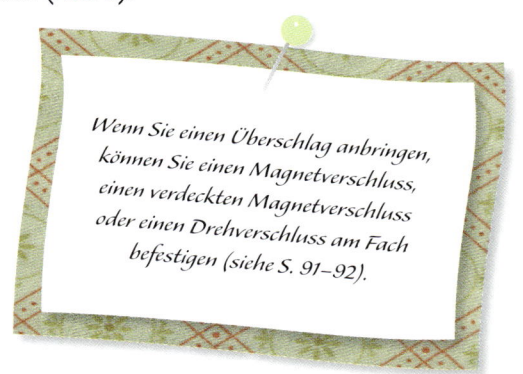

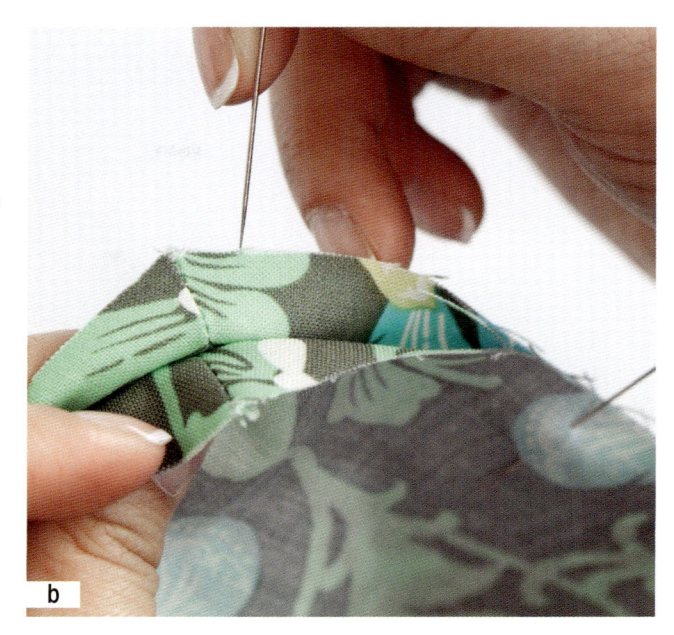

Wenn Sie einen Überschlag anbringen, können Sie einen Magnetverschluss, einen verdeckten Magnetverschluss oder einen Drehverschluss am Fach befestigen (siehe S. 91–92).

Abb. b *Stecken Sie Futter- und Außenstoffteil so zusammen, dass die Abnäherlinien genau übereinanderliegen.*

Abb. c *Das Fach sollte wie eine kleine Schachtel von der Tasche abstehen.*

Abb. d1–d3 *Trotz der Ausdehnung des Faches lässt sich der Überschlag ganz exakt schließen, wenn er mindestens 1 cm über der Oberkante angebracht ist; Überschlag mit Magnetverschluss; Fach mit geschlossenem Überschlag*

7. Fächer

Die Tausendsassa-Tragetasche

Diese superpraktische Tragetasche hat nicht weniger als zehn Fächer. Durch den breiten und flachen Boden finden Sie Ihre Siebensachen leicht, auch wenn Sie nur eine Hand zum Suchen frei haben. Ob Sie die Tasche als Wickeltasche, zum Picknicken, zum Einkaufen oder für Ihre Hobbyutensilien verwenden, ob Sie sie auf die Uni oder auf einen Tagesausflug mitnehmen – Sie behalten immer den Überblick.

Seitenansicht: *Auch diese geräumige Tasche sieht hübsch schlank aus, wenn die Druckknöpfe geschlossen sind …*

Seitenansicht: *… aber mit geöffneten Druckknöpfen sehen Sie überall hinein und haben alles griffbereit.*

Innenleben: *Babyflasche und Windeln können hier ebenso übersichtlich verstaut werden wie Studienunterlagen, Hobbyutensilien oder alles Nötige für ein Picknick.*

Das sollten Sie wissen

- Für Außenstoff und Futter brauchen Sie unifarbenen, strapazierfähigen Möbelstoff, denn die Fächer sind ungefüttert, um Wülste an den Nähten zu vermeiden.
- Die Nahtzugabe beträgt 1 cm, wenn nicht anders angegeben.
- Bei den Musterteilen (auf den ausklappbaren Seiten des Buches) ist die Nahtzugabe von 1 cm berücksichtigt.

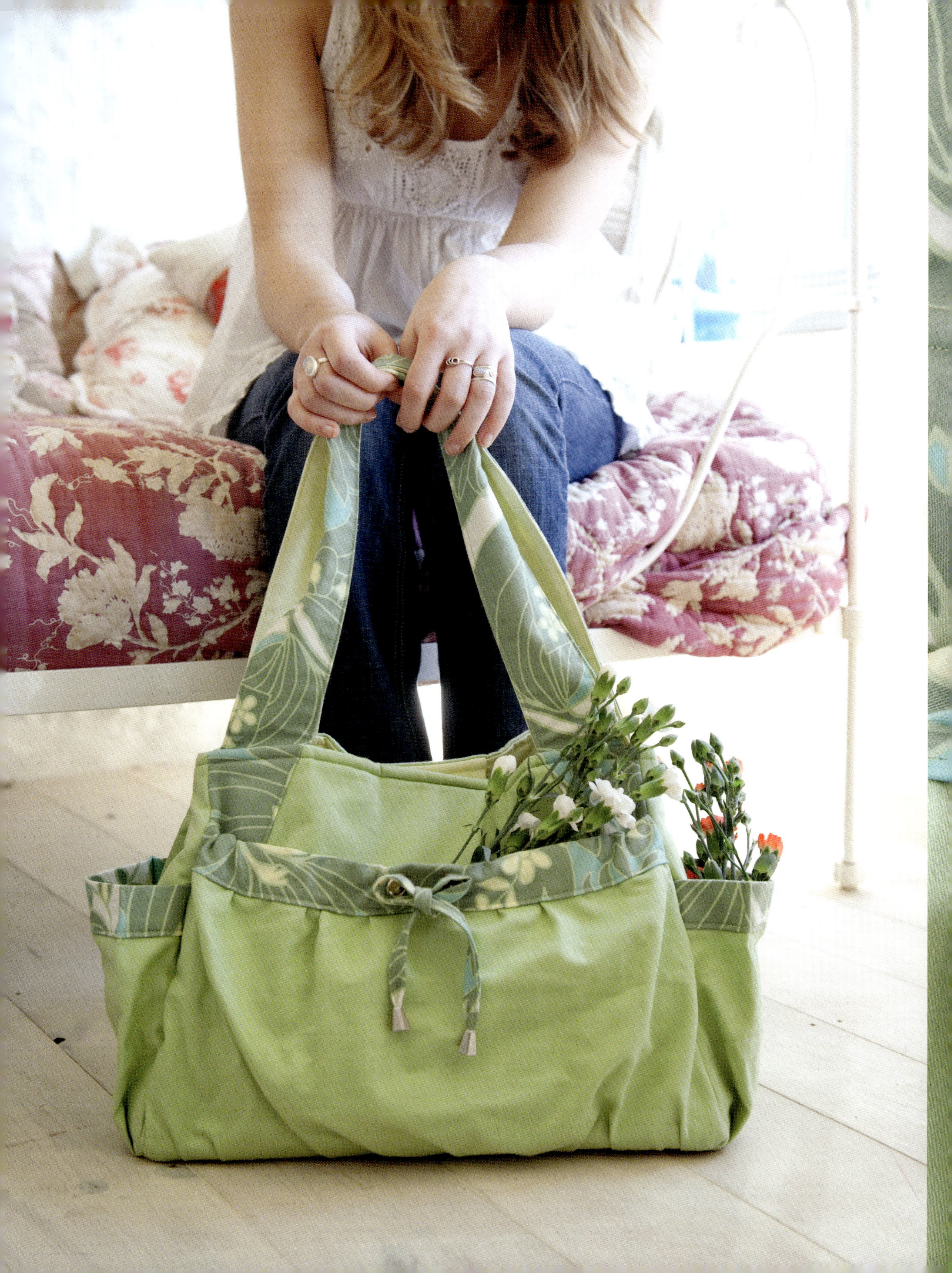

7. Fächer

Sie brauchen dazu

- 1 Stück einfarbiger Möbelstoff, 100 x 150 cm, als Außenstoff
- 1 Stück einfarbiger Stoff, 100 x 150 cm, als Futter
- 1 Stück Möbelstoff, 50 x 150 cm, für Verzierung, Griffe und Bänder
- Einseitig aufbügelbare Wattierung, 100 cm
- Zu den Stoffen farblich passendes Nähgarn
- Magnetverschluss, 18 mm
- 2 Druckknöpfe, 1,5 cm
- 4 Ösen, 11 mm
- Aufbügelbares Einlegematerial für die Verstärkung bei Ösen und Magnetverschluss, 20 cm
- 6 Taschenfüße aus Metall (nach Wunsch)
- Boden aus Gitterstoff
- Starkes doppelseitiges Klebeband
- 4 Kordelstopper und 4 Kordelenden (nach Wunsch)
- Wendenadel oder große Sicherheitsnadel
- Sublimatstift
- Bügeltuch aus Baumwolle oder Leinen

Vorbereitung

Schneiden Sie Stoff und Einlegematerial wie folgt zu:

Tausendsassa-Tragetasche – Hauptmusterteil (siehe ausklappbare Seiten):
- 2 x aus dem Außenstoff
- 2 x aus dem Futterstoff
- 2 x aus der aufbügelbaren Wattierung

Tausendsassa-Tragetasche – vorderes und hinteres Außenfach (siehe ausklappbare Seiten):
- 2 x aus dem Außenstoff

Tausendsassa-Tragetasche – Innenfach (siehe ausklappbare Seiten):
- 2 x aus dem Futterstoff

Tausendsassa-Tragetasche – Trägeransatz (siehe ausklappbare Seiten):
- 2 x aus dem Außenstoff

Drehen Sie den Schnittmusterteil um und schneiden Sie diesen Teil spiegelverkehrt zu:
- 2 x aus dem Außenstoff

Tausendsassa-Tragetasche – Träger (siehe ausklappbare Seiten):
- 2 x aus dem Außenstoff
- 2 x aus dem Futterstoff

Übertragen Sie alle Passzeichen und Markierungen mit Sublimatstift auf den Stoff

Außerdem:
- 2 Stücke Außenstoff, 2 Stücke Futterstoff und 2 Stücke aufbügelbare Wattierung für die Seitenteile, 32 x 20 cm
- 1 Stück Außenstoff, 1 Stück Futterstoff und 1 Stück aufbügelbare Wattierung für den Boden, 40 x 20 cm
- 2 Stücke Außenstoff für die seitlichen Außenfächer, 29 x 20 cm
- 2 Stücke Verzierungsstoff für die Einfassung an den seitlichen Außenfächern, 29 x 10 cm
- 2 Stücke Verzierungsstoff für die Einfassung am vorderen und hinteren Außenfach, 40 x 14 cm
- 2 Stücke Verzierungsstoff für die Einfassung an den Innenfächern, 48 x 14 cm
- 2 Streifen Verzierungsstoff für die Bänder, 84 x 3 cm
- 2 Stücke aufbügelbares Einlegematerial für die Verstärkung bei den Ösen, 7 x 2,5 cm
- 2 Stücke Futterstoff für die Magnetverschlusslaschen, 10 cm im Quadrat
- 2 Stücke aufbügelbares Einlegematerial für die Verstärkung beim Magnetverschluss, 10 x 2,5 cm

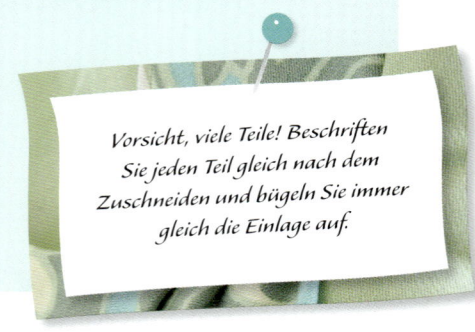

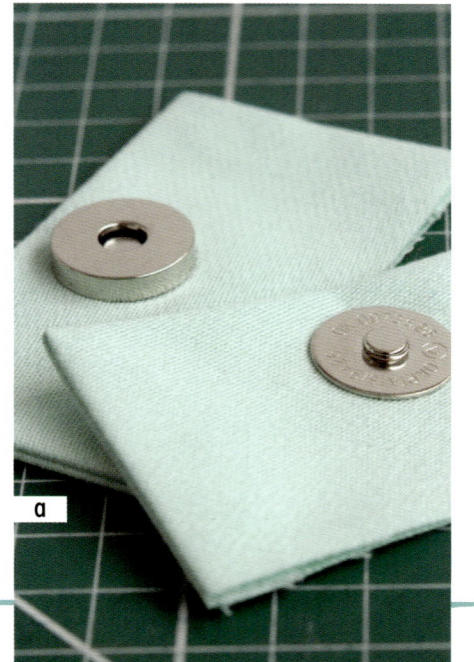

Vorsicht, viele Teile! Beschriften Sie jeden Teil gleich nach dem Zuschneiden und bügeln Sie immer gleich die Einlage auf.

Laschen, Träger, Bänder, Einfassungen

1 Magnetverschlusslaschen: Einen der Laschen-Stoffteile rechts auf rechts zur Hälfte falten, den Umschlag bügeln. Auseinanderklappen, ein vorbereitetes Stück Einlegematerial direkt über dem Stoffbruch auf der linken Seite platzieren und aufbügeln. Position für den Verschluss 1,5 cm oberhalb des Stoffbruchs markieren, dann nach S. 91, Schritt 2, vorgehen. Die Lasche rechts auf rechts zur Hälfte falten und an beiden Seitenkanten zusammennähen. Ecken einschneiden, auf rechts wenden und bügeln **(Abb. a)**. Bei der anderen Lasche wiederholen.

Abb. a *Die Magnetverschlusslaschen werden später am Futter angebracht.*

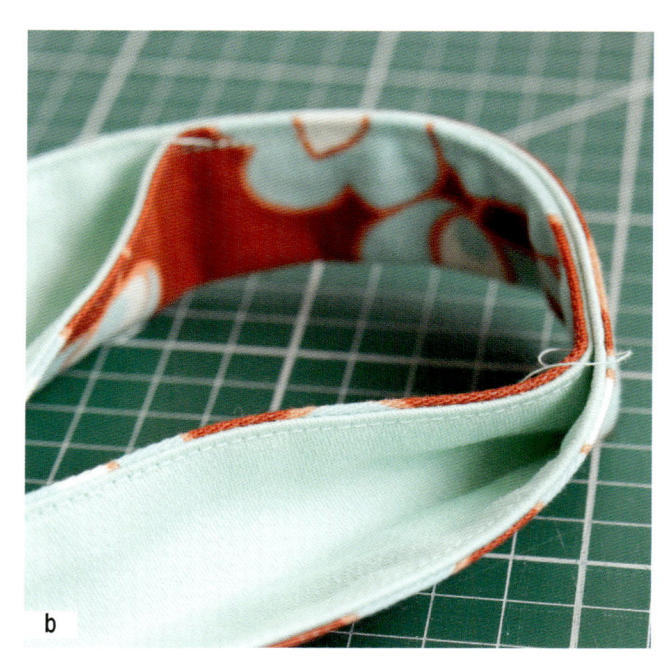

Abb. b: *Mit dieser Naht ist der Träger bequemer zu halten und sieht flott aus.*

2 Träger: Futter- und Außenstoff für einen der Träger rechts auf rechts aufeinanderlegen und nach Schritt 2–4 der Anleitung für doppelseitige Träger (S. 104) vorgehen. Träger mit der rechten Seite nach oben auflegen und im mittleren Bereich der Länge nach rechts auf rechts zur Hälfte falten. Nur im mittleren Bereich eine 10 cm lange Naht entlang der offenen Kante setzen **(Abb. b).** Beim anderen Träger wiederholen.

3 Bänder: Einen der Stoffteile für die Bänder mit der rechten Seite nach oben auflegen, beide langen Kanten um 5 mm einschlagen und bügeln. Der Länge nach rechts auf rechts zur Hälfte falten, bügeln und entlang der langen offenen Kante zusammennähen. In zwei gleiche Hälften schneiden. Mit dem anderen Stoffteil wiederholen.

4 Kanten am vorderen/hinteren Außenfach raffen: 5 mm von der oberen und unteren Kante eines Außenfach-Teils eine Raffnaht nähen. Den Stoffteil raffen, bis er oben und unten gleich breit wie der Hauptmusterteil ist. (Siehe S. 56, Schritt 3.) Mit dem anderen Außenfach-Teil wiederholen.

5 Oberkanten aller Fächer einfassen:

- Einen Stoffteil für die Seitenfach-Einfassung mit der linken Seite nach oben auflegen, die beiden langen Kanten 1 cm umschlagen und bügeln. Stoffteil der Länge nach so falten, dass die eine Kante um 5 mm vorsteht, und den Stoffbruch bügeln **(Abb. c).** Mit diesem Teil die Oberkante eines Seitenfaches nach der Anleitung auf S. 143, Schritt 2 und 4, einfassen. Beim anderen Seitenfach ebenso vorgehen.
- Innenfächer: ebenso vorgehen wie bei den Seitenfächern.
- Vorderes und hinteres Außenfach: Stoffteil für die Einfassung ebenso vorbereiten, auseinanderklappen und auf der schmäleren Seite der Einfassung mittig das Einlegematerial für die Verstärkung bei den Ösen aufbügeln. Im Bereich für die Ösen zwei Markierungen im Abstand von 4 cm voneinander anbringen **(Abb. d).** Ösen nach der Gebrauchsanweisung des Herstellers anbringen. Mit den beiden anderen Ösen an der anderen Einfassung wiederholen. Je ein Band durch eine Öse fädeln und das jeweils andere Ende an der Einfassung feststecken, damit es nicht herausrutscht. Kordelstopper und -enden (falls gewünscht) an den Bändern montieren und die Enden zusammenbinden. Einfassung wie bei den anderen Fächern anbringen.

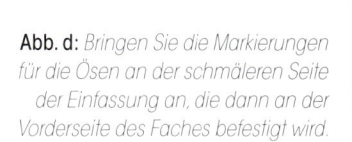

Abb. c: *Falten Sie die Einfassung so, dass die eine Kante 5 mm vorsteht.*

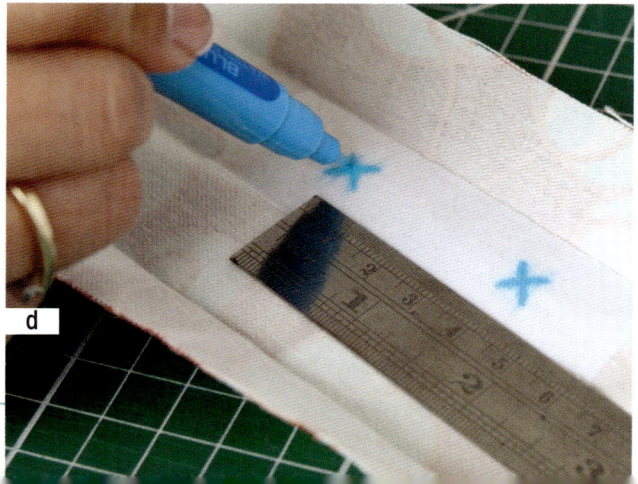

Abb. d: *Bringen Sie die Markierungen für die Ösen an der schmäleren Seite der Einfassung an, die dann an der Vorderseite des Faches befestigt wird.*

Außentasche

6 Außenstoffteile verstärken: Teile aus aufbügelbarem Einlegematerial auf die linke Seite der entsprechenden Außenstoffteile aufbügeln.

7 Seitenfach (Blasebalgfach) fertigstellen: Einen der eingefassten Teile für die Seitenfächer mit der rechten Seite nach oben auflegen und von beiden Seitenkanten 7 cm und 5 cm für die Ziehharmonikafalten abmessen. Blasebalgfach nach der Anleitung auf S. 126, Schritt 1, fertigstellen (die Ziehharmonikafalten bei den soeben angebrachten Markierungen anbringen).

8 Blasebalgfach annähen: Das Fach mit der rechten Seite nach oben an der Unterkante eines Außenstoff-Seitenteils platzieren, Unterkante und Seitenkanten ausrichten. An der Unterkante und den Seitenkanten feststecken und mit 5 mm Nahtzugabe annähen. Mit dem anderen Blasebalgfach und dem anderen Seitenteil wiederholen.

9 Trägeransatz annähen: Einen der Stoffteile für den Trägeransatz mit der rechten Seite nach oben auflegen, die schräge Kante und die kurze Kante 5 mm nach unten umschlagen und bügeln. Auf der rechten Seite eines Außenstoff-Hauptmusterteils an einer der oberen Ecken platzieren. Die obere und seitliche Schnittkante des Trägeransatzteils und des Hauptmusterteils ausrichten, Trägeransatz rundherum feststecken und mit 3 mm Nahtzugabe rundherum absteppen **(Abb. e)**. Auf der anderen Seite wiederholen.

10 Vorderes und hinteres Fach annähen: Eines dieser Fächer mit der rechten Seite nach oben auf der rechten Seite eines Hauptmusterteils an der Unterkante platzieren. An der Unterkante und an den Seitenkanten feststecken und mit 5 mm Nahtzugabe annähen. Dabei die Enden der Bänder mitnähen **(Abb. f)**.

11 Außenstoff-Hauptmusterteile und Seitenteile zusammennähen: Einen Seitenteil mit einem Hauptmusterteil rechts auf rechts übereinanderlegen, zusammenstecken und bis 1 cm vor der Bodenkante zusammennähen, Nähte an beiden Enden mit mehreren Rückstichen sichern. Den anderen Seitenteil ebenso feststecken und annähen. Fortfahren, bis alle vier Seiten des Taschenbeutels zusammengenäht sind.

12 Boden annähen: Die kurzen Kanten des Taschenbeutels und des Bodens rechts auf rechts zusammenführen, zusammenstecken und so zusammennähen, dass die Naht im Abstand von 1 cm von der Kante beginnt und aufhört (Naht an beiden Enden sichern – siehe Schritt 11). An den langen Kanten wiederholen. Ecken einschneiden und die Tasche auf rechts wenden.

Abb. e *Nähen Sie den Trägeransatz mit 3 mm Nahtzugabe am Hauptmusterteil an.*

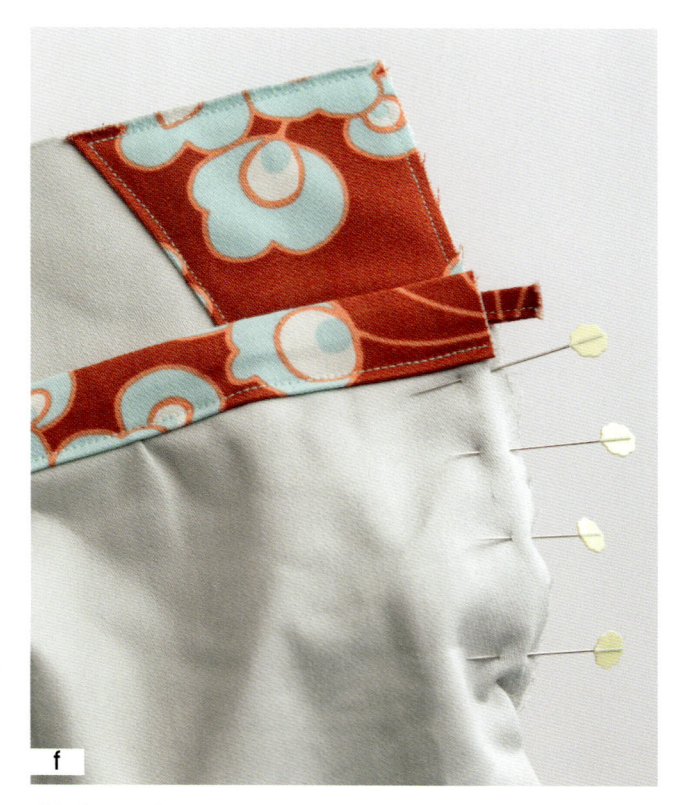

Abb. f *Nähen Sie beim Anbringen der Fächer auch über die Enden der Bänder, um sie an den Seitennähten zu befestigen.*

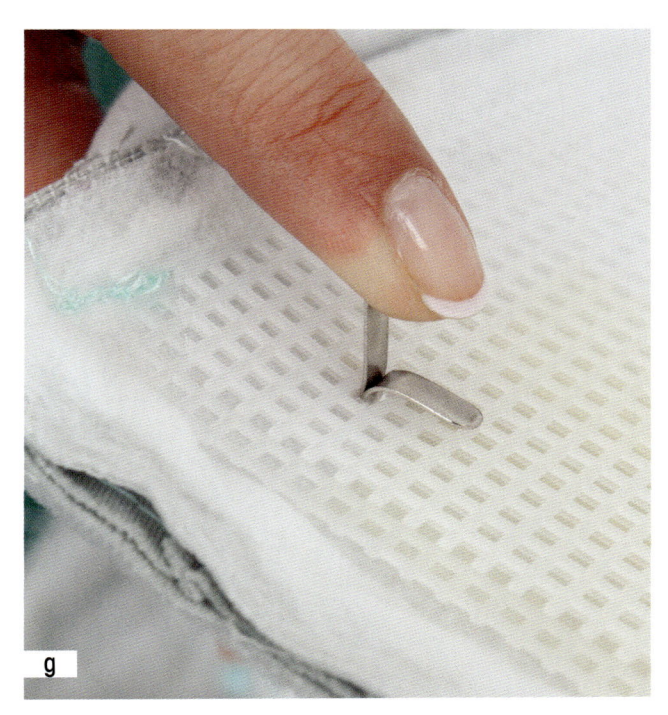

Abb. g *Drücken Sie die Klammerzungen des Taschenfußes durch den Außenstoff-Boden und den Gitterboden. Dies trägt (neben dem Klebeband) auch dazu bei, dass der Gitterboden nicht verrutscht.*

13 **Gitterboden und Taschenfüße (nach Wunsch) anbringen:** Tasche auf den Kopf stellen, die Länge und Breite des Bodens von Naht zu Naht abmessen und von beiden Maßen 5 mm abziehen. Den Gitterboden auf diese Größe zurechtschneiden, die Spitzen der Ecken abschneiden. Die Position der Taschenfüße auf der rechten Seite des Bodens markieren (ich empfehle einen Abstand von 1,5 cm von der Kante). Auch auf dem Gitterboden entsprechende Markierungen anbringen und mit einer Schere winzige Einschnitte für die Klammerzungen machen. Mehrere Streifen doppelseitiges Klebeband der Länge nach auf dem Gitterboden anbringen und diesen fest auf den Außenstoff-Boden drücken. Klammerzungen eines Taschenfußes von der rechten Seite durch den Außenstoff-Boden und durch den Gitterboden drücken und fest umbiegen **(Abb. g)**. Mit den anderen Taschenfüßen wiederholen.

14 **Träger annähen:** Die rechte Seite der Trägerenden mit den Trägeransätzen an der Oberkante der Außentasche (rechte Seite) ausrichten. Den Träger feststecken und anheben, um zu überprüfen, ob er mit der schrägen Kante des Trägeransatzes eine fortlaufende Linie bildet (S. 74, **Abb. a**). Position des Trägers gegebenenfalls korrigieren, Schnittkanten an Träger und Trägeransatz ausrichten und mit 5 mm Nahtzugabe annähen. Beim anderen Träger wiederholen.

Futter

15 **Magnetverschlusslaschen annähen:** Eine Lasche mit dem Magnetverschluss nach außen mit 5 mm Nahtzugabe mittig auf der rechten Seite an der Oberkante eines Futter-Hauptmusterteils annähen. Mit der anderen Lasche am anderen Futter-Hauptmusterteil wiederholen.

16 **Unterteilungen am Innenfach:** Einen der Innenfach-Stoffteile mit der rechten Seite nach oben auflegen, an der Oberkante mit Sublimatstift Markierungen im Abstand von 15 cm von beiden Seitenkanten anbringen, entsprechende Markierungen an der Unterkante machen und beide Markierungen mit einer Linie verbinden (siehe S. 80, Schritt 11).

17 **Innenfächer am Futter annähen:** Innenfach-Teil mit der rechten Seite nach oben auf der rechten Seite des Futter-Hauptmusterteils platzieren. Unterteilungslinien mit den entsprechenden Markierungen am Hauptmusterteil ausrichten, das Fach feststecken und an den Seitenkanten mit 5 mm Nahtzugabe annähen. An der Unterkante bei den Unterteilungslinien kleine Ziehharmonikafalten bilden und feststecken. An den Seitenkanten des Faches ebenso vorgehen und darauf achten, dass Platz für die Nahtzugabe von 1 cm bleibt **(Abb. i)**. Die unversäuberten Unterkanten der Tasche und des Futter-Hauptmusterteils ausrichten und an der Unterkante mit 5 mm Nahtzugabe und an den Unterteilungen entlangnähen. Schritt 16 und 17 mit dem anderen Fach am anderen Futter-Hauptmusterteil wiederholen.

18 **Futter zusammenstecken und nähen:** Futterbeutel ebenso zusammenstellen wie den Taschenbeutel (siehe S. 136, Schritt 11 und 12). Dabei 18 cm Wendeöffnung in einer der Seitennähte lassen, aber den Futterbeutel nicht auf rechts wenden.

Abb. i *Bilden Sie an der Unterkante bei den Unterteilungslinien kleine Ziehharmonikafalten. Lassen Sie an den Seitenkanten genügend Platz zum Zusammennähen des Futters.*

Tasche zusammenstellen

19 Futter an der Außentasche festnähen: Taschenbeutel (rechte Seite nach außen) in den Futterbeutel (linke Seite nach außen) einführen, sodass sich die rechten Seiten von Taschen- und Futterbeutel berühren. Träger und Magnetverschlusslaschen umschlagen, sodass sie nicht mitgenäht werden können. An der Oberkante rundherum zusammenstecken und -nähen (siehe S. 75, Schritt 4).

20 Tasche auf rechts wenden: Taschenbeutel durch die Wendeöffnung herausziehen. Außentasche durch das Futter hindurchschieben. Die Schnittkanten in die Wendeöffnung schieben und diese durch Absteppen schließen. Die Tasche glätten und bügeln, vor allem auf eine exakte Oberkante achten (siehe S. 75, Schritt 5 und 6).

21 Oberkante absteppen: Beide Magnetverschlusslaschen auf das Futter umschlagen und feststecken, sodass sie in der Abwärtsposition angenäht werden können **(Abb. j)**. Oberkante der Tasche rundherum mit 1 cm Nahtzugabe absteppen. Dabei langsam und vorsichtig über die Magnetverschlusslaschen nähen.

22 Druckknöpfe am Zwickel befestigen: An beiden Seiten des Zwickels die Position für die Druckknöpfe 1,5 cm unterhalb der Oberkante und 1,5 cm innerhalb der Seitenkanten markieren. Nach der Gebrauchsanweisung des Herstellers an beiden Zwickel-Oberkanten Druckknöpfe anbringen **(Abb. k)**.

j

Abb. j Schlagen Sie die Magnetverschlusslasche um und stecken Sie sie fest.

Abb. k1–k2 Bringen Sie an beiden Zwickel-Oberkanten Druckknöpfe an, und zwar durch alle Stoffschichten.

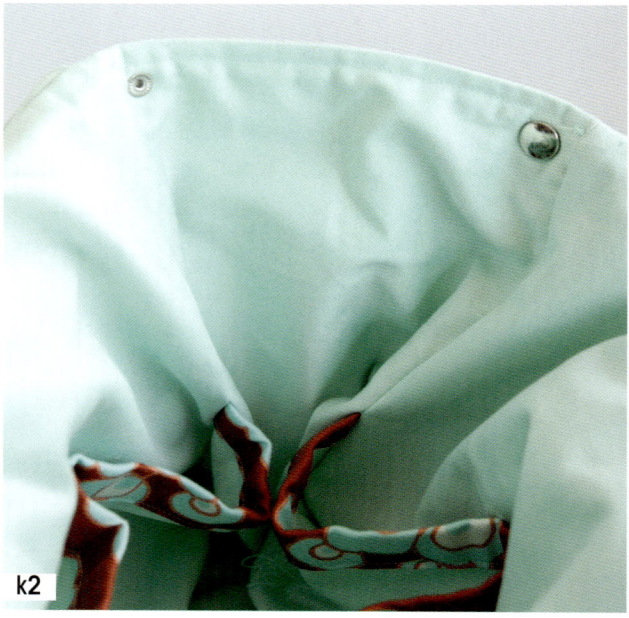

k1

k2

Rechts: *Wenn die Tasche vollgepackt ist, schließen Sie die Druckknöpfe, und alles ist sicher verstaut. Bei geöffneten Druckknöpfen haben Sie alles sofort griffbereit.*

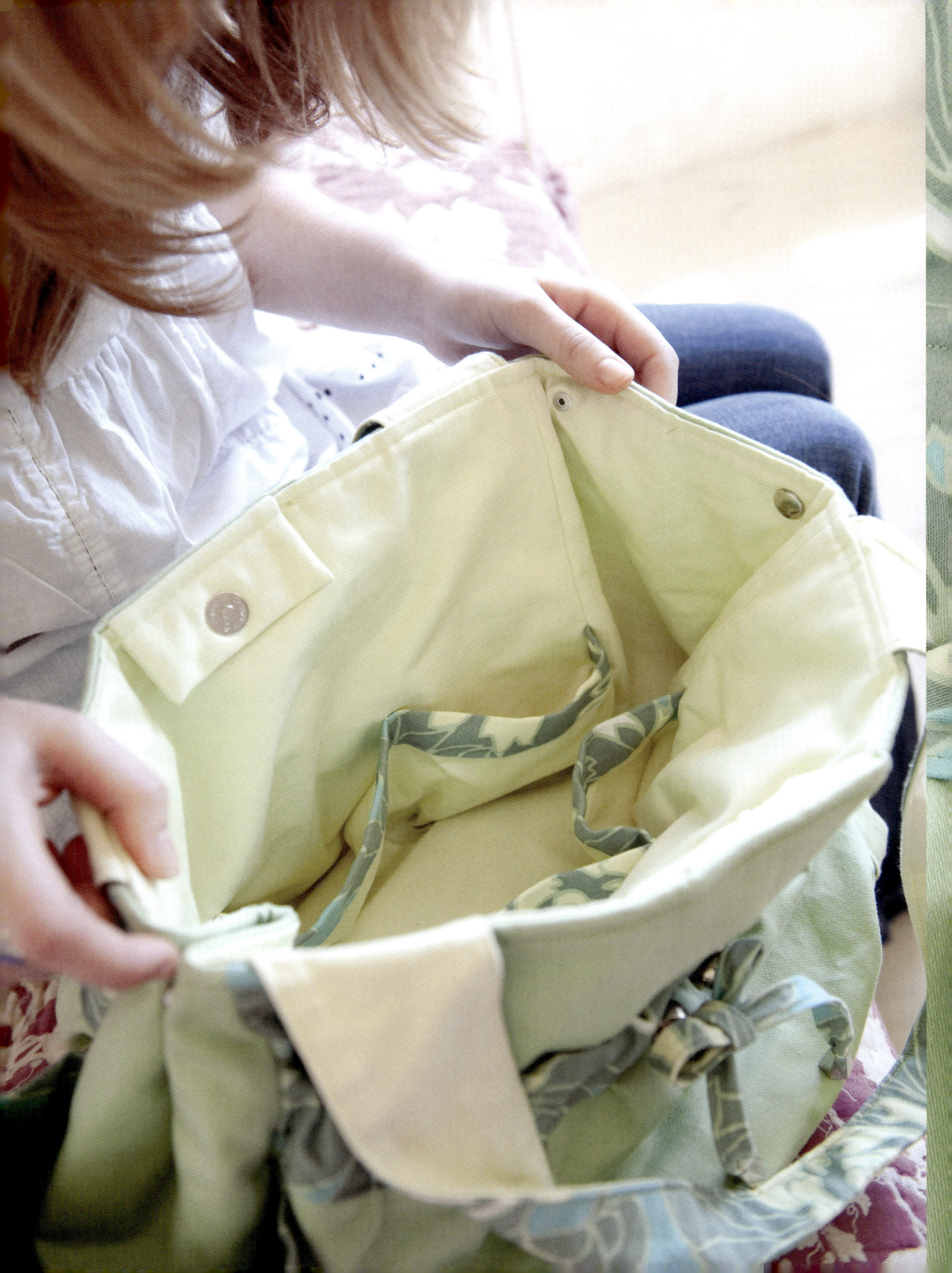

8. VERZIERUNGEN

Auf die kleinen Dinge kommt es an. So wie wir selbst gern eine hübsche Halskette tragen, können wir auch unsere Handtasche schmücken. Darum geht es in diesem Kapitel. Zuerst beschäftigt es sich mit zwei Arten gekonnter Randgestaltung und dann nehmen wir eine Reihe fertig gekaufter Bordüren in Augenschein. Am Anfang steht ein Überblick über verschiedene Verzierungen und ihre Einsatzmöglichkeiten.

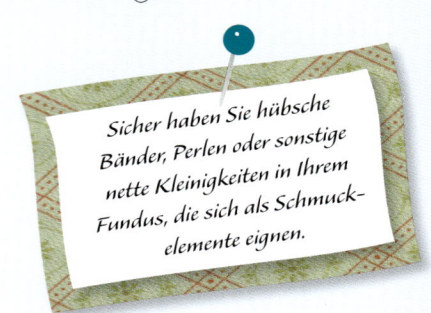

Sicher haben Sie hübsche Bänder, Perlen oder sonstige nette Kleinigkeiten in Ihrem Fundus, die sich als Schmuckelemente eignen.

VERZIERUNG	ANWENDUNG, VORTEILE	VARIANTEN
Bandeinfassung (S. 142)	Mit einer Einfassung in einer dem Stoff angepassten oder kontrastierenden Farbe wird eine Kante umnäht. Kontrastierende Strukturen wirken interessant. Die Einfassung verstärkt die Kante.	Aus Schrägband oder aus im Fadenlauf zugeschnittenem Band; gekauft oder selbst gemacht (siehe gegenüberliegende Seite)
Kedereinfassung (S. 144)	Keder werden an der Kante entlang zwischen zwei Stoffschichten eingenäht, verstärken die Kanten und betonen die Form.	Dick oder dünn, in passender oder kontrastierender Farbe, gedrehte Kordel. Bei selbst gemachten Kedern hat man alle Farben zur Auswahl (S. 144–145).
Fertige Bordüren (S. 146)	Sie werden entlang der Kante der Tasche oder des Überschlages angenäht und wirken als Blickfänger.	Perlenbordüren, Pomponbordüren, Federboas, Paillettenbordüren
Bänder und Borten (S. 146)	Sie sind sehr vielseitig einsetzbar: als Einfassungen, als Borten oder in Form von Quasten, Maschen oder Stoffblumen.	Aus Seide, Samt, Georgette oder Chiffon; drahtverstärkte Bänder, Metallicbänder, Ripsbänder; mit Pailletten, Perlen oder mit Stickerei verzierte Borten
Modeschmuck (S. 147)	Broschen, Stoffblumen und selbstgemachte Talismane können an der Tasche oder am Überschlag angesteckt werden, Armreifen als Schlaufe für Handgelenkstäschchen dienen.	Perlenblumen, Vintage-Broschen, Hutnadeln, Email-Anstecknadeln, Perlenarmbänder, Armreifen
Andere Verzierungen (S. 147)	Nach Belieben	Quasten, Knöpfe, Perlen, Jo-Jos, Applikationen, Pailletten, Stoffblumen, selbst bezogene Knöpfe

Bandeinfassung: Sie wissen sicherlich, wie effektvoll eine Einfassung an einer Patchwork-Decke aussieht. Auch bei Handtaschen wirkt sie wie ein Bilderrahmen, der das Bild erst richtig zur Geltung bringt. Probieren Sie es zuerst einmal mit der Oberkante (siehe S. 142–143).

Kedereinfassung: Eine Kedereinfassung sieht reizvoll aus und wirkt hochprofessionell. Sie stützt die Nähte und trägt dazu bei, dass die Tasche ihre Form behält. Je stärker der Keder ist, desto mehr Halt gibt er (siehe S. 144–145).

Schrägband oder im Fadenlauf zugeschnittenes Band?

Für eine Einfassung mit oder ohne Keder brauchen Sie Einfassungsband. Es kann im Fadenlauf oder schräg zugeschnitten sein. Bei der Auswahl kommt es auf den Verlauf der Kante an, die Sie einfassen wollen. Gebogene Kanten müssen mit Schrägband eingefasst werden, weil nur Schrägband an den gebogenen Kanten keine Wellen schlägt. Gekauftes Einfassungsband ist meist ein Schrägband aus Baumwolle oder Satin. Sie können auch Ihr eigenes Schrägband herstellen (siehe Kasten).

Wenn Sie nur gerade Kanten einfassen wollen, können Sie das Einfassungsband auch im Fadenlauf zuschneiden. Im Zweifel wählen Sie Schrägband, weil es sowohl für gerade als auch für gebogene Kanten hervorragend geeignet ist. Bei allen Techniken in diesem Buch und auch bei der Tasche in diesem Kapitel wird Schrägband verwendet.

SCHRÄGBAND SELBST HERSTELLEN

Fertiges Schrägband zu kaufen, geht zwar schneller, aber Sie sind dabei auf die im Handel erhältlichen Farben und Breiten beschränkt. Machen Sie doch aus einem Stoff Ihrer Wahl Ihr eigenes Schrägband!

Schneller geht es mit einem Schrägbandformer, der in mehreren Breiten erhältlich ist. Er bringt die Kanten des Bandes in Position, so dass Sie sie nur noch bügeln müssen. In einem Winkel von 45 Grad zur Webkante einen Streifen in der Breite zuschneiden, die in der Anleitung für das Gerät angegeben ist. Um einen langen, fortlaufenden Streifen herzustellen, schneiden Sie die Enden der einzelnen Streifen in einem Winkel von 45 Grad ab, legen zwei Enden überlappend rechts auf rechts übereinander, stecken sie zusammen und nähen sie mit 1 cm Nahtzugabe zusammen. Die zwei überstehenden Dreiecke abschneiden. Die Naht auseinanderbügeln und das Band nach der Herstelleranleitung durch den Schrägbandformer ziehen (**Abb. a**).

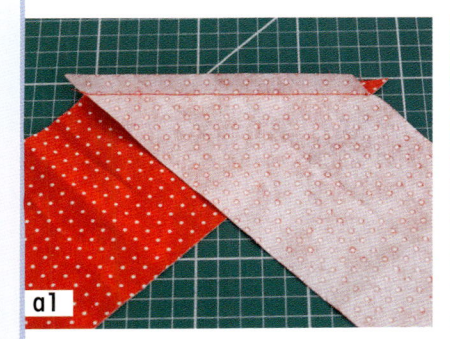

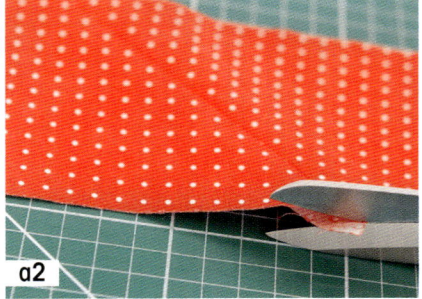

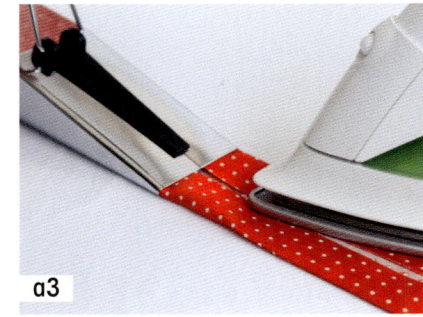

Abb. a1–a3 *Die spitzen Enden rechts auf rechts übereinanderlegen und zusammennähen, die überstehenden Dreiecke abschneiden, das zusammengenähte Band durch den Schrägbandformer ziehen und die Umschläge umbügeln.*

8. Verzierungen

Bandeinfassung

Wenn Sie eine Kante einfassen, entsteht zusätzlich ein hübscher Farbeffekt. Außerdem wird die Kante verstärkt. Sie können die Oberkante der Tasche ebenso einfassen wie die Oberkante eines Faches oder die Kante des Überschlags.

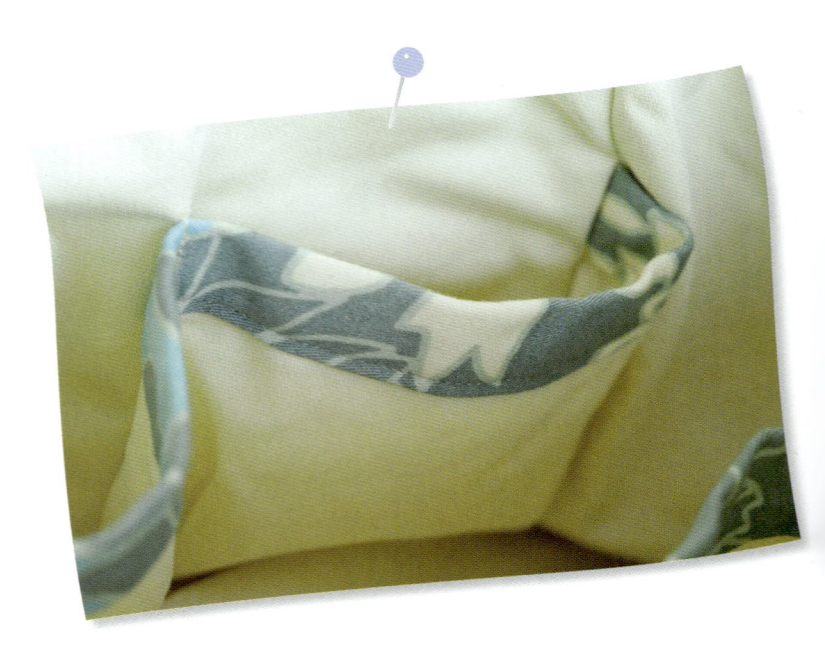

Sie brauchen dazu
- 1 Streifen gefaltetes und gebügeltes Schrägband, gekauft oder selbst gemacht (siehe S. 141). Länge und Breite: siehe **Das sollten Sie wissen**

Das sollten Sie wissen

- Die Breite des Schrägbandes entspricht dem Vierfachen der gewünschten Breite der fertigen Einfassung zuzüglich 3 mm. Wenn die fertige Einfassung 1 cm breit sein soll, muss das Schrägband 4,3 cm breit sein.
- Die Länge des Schrägbandes entspricht der gesamten Länge der Kante zuzüglich 8 cm.
- Die Nahtzugabe beträgt 5 mm, wenn nicht anders angegeben.
- Wenn die Oberkante eines Faches eingefasst wird, stellen Sie das Fach fertig und bringen Sie die Einfassung an, **bevor** Sie es an der Tasche befestigen. Schlagen Sie die kurzen Kanten an beiden Enden ein, um die Schnittkanten zu verdecken.
- Wenn der Überschlag eingefasst wird, stellen Sie ihn fertig und bringen Sie die Einfassung an, **bevor** Sie ihn an der Tasche annähen.

1 Einfassung einschlagen und bügeln: Der Länge nach knapp neben der Mittellinie einen Knick in die vorgefaltete Einfassung bügeln **(Abb. a)**.

Abb. a *Schlagen Sie die Einfassung der Länge nach so um, dass die untere Bruchkante ein bisschen vorsteht.*

2 Kante der Tasche einfassen: Einfassung auseinanderklappen, so dass die schmälere Seite nach oben zeigt. Mit der linken Seite nach oben die kurze Kante am Anfang der Einfassung einschlagen. Oberkante der aufgefalteten Einfassung mit der linken Seite nach oben an der Oberkante der Tasche (rechte Seite) platzieren, die Kanten ausrichten und rundherum feststecken (achten Sie darauf, dass Sie auch wirklich die schmälere Seite der Einfassung feststecken – siehe Schritt 1). Wenn Sie das Ende der einzufassenden Kante fast erreicht haben, die überschüssige Länge der Einfassung zurückschneiden, sodass die Enden einander überlappen. Die vollständig festgesteckte Einfassung mit 3 mm Nahtzugabe an der Oberkante annähen **(Abb. b)**.

3 Andere Möglichkeit – Kante eines Faches einfassen: Auch hier die kurze Kante am Anfang der Einfassung einschlagen. Wenn Sie zum Ende der einzufassenden Kante kommen, die zweite kurze Kante ebenso einschlagen. Die Einfassung mit 3 mm Nahtzugabe an der Oberkante annähen.

4 Einfassung über die Kante klappen und absteppen: Einfassung über die Kante umschlagen; dabei sollte der Knick (Schritt 1) die Kante eng umschließen. Die umgeschlagene Einfassung feststecken (sie ist auf der linken Seite breiter als auf der rechten). Die Einfassung knapp an ihrer unteren Kante auf der rechten Seite der Tasche annähen. Da die Einfassung auf der linken Seite breiter ist, kann sie von der rechten Seite aus problemlos mitgenäht werden **(Abb. c)**.

Abb. b1–b2 *Schlagen Sie vor dem Feststecken die kurze Kante der Einfassung ein. Das zurückgeschnittene Ende der Einfassung ist noch lang genug, um die Schnittkante am Bandanfang zu verdecken.*

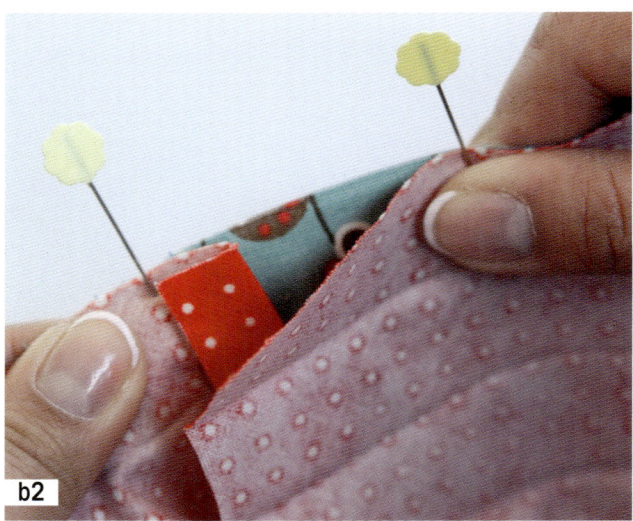

Abb. c1–c2 *Da die Einfassung auf der linken Seite breiter ist, kann sie von der rechten Seite aus ohne Weiteres mitgenäht werden.*

8. Verzierungen

Kedereinfassung

Ein Keder wirkt als schöner Blickfang – an der Ober- und Unterkante, seitlich oder am Überschlag. Hier erfahren Sie, wie man ihn herstellt und wie Sie die Oberkante mit einem durchlaufenden Keder versehen können. Zu Kedereinfassungen an der Bodenkante und an den Seitenkanten siehe S. 151–152 (Schritt 6–9).

Sie brauchen dazu

- 1 Streifen Schrägband (Länge und Breite: siehe **Das sollten Sie wissen**)
- Kederschnur in derselben Länge wie das Schrägband
- Kederfuß
- Trennmesserchen
- Sublimatstift

Das sollten Sie wissen

- Wenn Sie einen Keder an der Oberkante anbringen, müssen Sie das Futter nach der Verstürz-Methode (siehe S. 74–75) einfügen.
- Um die Breite des Schrägbands zu ermitteln, messen Sie den Umfang der Kederschnur und rechnen Sie die doppelte Nahtzugabe zuzüglich 3 mm hinzu.
- Um die Länge des Schrägbands zu ermitteln, messen Sie die gesamte Länge der Kante ab und rechnen Sie 5 cm hinzu.
- Die Nahtzugabe beträgt 5 mm, wenn nicht anders angegeben.
- Bringen Sie den Keder an der Oberkante auf der rechten Seite der Außentasche an, **nachdem** Sie die Außentasche fertiggestellt haben und **bevor** Sie das Futter einfügen.

Mit einem Kederfuß geht das Herstellen und Anbringen des Keders viel schneller. Die Rille an seiner Unterseite hilft Ihnen, die Schnur zu führen.

Abb. a *Am Anfang des Keders wird die Schnur vollständig eingenäht, am Ende werden 5 cm zum Umschlagen offengelassen.*

1 Keder herstellen: Schrägband nach der Anleitung auf S. 141 zuschneiden (keinen Schrägbandformer verwenden). Schrägband der Länge nach links auf links zur Hälfte falten, bügeln, auseinanderklappen und die Schnur genau entlang der Bruchkante auflegen. Den Kederfuß an der Nähmaschine montieren und die Schnur unter die Rille des Fußes legen. Nadelposition 3 mm rechts vom Rand der Schnur einstellen und den Keder zusammennähen, 5 cm vor dem Ende zu nähen aufhören **(Abb. a)**.

2 Keder annähen: Die unversäuberte Oberkante des Keders auf die rechte Seite der Oberkante des Außenstoff-Rückenteils legen (damit die Nahtstelle im Keder nicht an die Vorderseite der Tasche kommt). Schnittkanten ausrichten und zusammenstecken. Mit dem Kederfuß 4 cm vom Ende des Keders beginnend rundherum an der Taschenoberkante entlangnähen, etwas rechts von der in Schritt 1 gesetzten Naht. 5 cm vor dem Ende des Keders zu nähen aufhören **(Abb. b)**.

Abb. b *Das offene Ende des Keders (links) erleichtert das Zusammenfügen der beiden Enden.*

Abb. c1 *Die Stelle markieren, wo das zugenähte Ende (rechts) das offene Ende (links) erreicht.* **Abb. c2** *Am Keder einige Stiche auftrennen und die Schnur bis zur Markierung zurückschneiden. Die kurze Kante des offenen Endes (links) einschlagen und das zugenähte Ende (rechts) in das offene Ende hineinlegen, sodass die Enden der Schnur einander berühren.* **Abb. c3** *Das Ergebnis: eine saubere Nahtstelle.*

3 Nahtstelle: Das offene Ende an der Oberkante der Tasche anlegen, das zugenähte Ende darüberlegen. Die Stelle markieren, wo das zugenähte Ende das offene Ende erreicht **(Abb. c1)**. Nun die Schnur im offenen Ende bis zu dieser Markierung zurückschneiden. Falls erforderlich, mit dem Trennmesserchen einige Stiche auftrennen, um die Schnur freizulegen. Die kurze Kante des offenen Endes einschlagen und das zugenähte Ende in das offene Ende hineinlegen **(Abb. c2)**. Das Band zusammenschlagen (zugenähtes Ende einschließen), zusammenstecken und zwischen Ende und Anfang der in Schritt 2 gesetzten Naht zusammennähen **(Abb. c3)**.

4 Futter an der Außentasche annähen und die Kedereinfassung mitnähen: Den Futterbeutel fertigstellen und dabei eine Wendeöffnung in der Unterkante lassen (siehe S. 74, Schritt 1). Taschenbeutel (rechte Seite nach außen) in den Futterbeutel (linke Seite nach außen) einführen, sodass sich die rechten Seiten von Taschen- und Futterbeutel berühren. Unversäuberte Oberkanten und Seitennähte ausrichten und zusammenstecken. Mit dem Fingernagel fest an der Kederkante entlang über das Futter fahren, damit sich die Kederschnur deutlich abhebt. Die Schnur unter die Rille des Kederfußes legen. An der gesamten Oberkante entlang so knapp wie möglich an der Schnur nähen, ohne sie mitzunähen **(Abb. d)**. Der Keder ist nun angebracht und Sie können mit der Fertigstellung der Tasche fortfahren (siehe S. 156).

Abb. d *Platzieren Sie die Nadel so knapp wie möglich neben der Schnur, ohne diese mitzunähen.*

8. Verzierungen

Gekaufte Schmuckelemente

Ich gebe es zu: Wenn es ans Verzieren der Tasche geht, greife ich gerne auf vorgefertigte Schmuckelemente zurück. Applikationen und Stickereien sehen auf einer Tasche wundervoll aus, aber diese Techniken sind nicht meine Stärke. In zahlreichen Büchern und im Internet finden Sie allerdings auch dazu Anleitungen. Vorgefertigte Verzierungen muss man nicht immer kaufen – es gibt auch andere Möglichkeiten.

Es ist erstaunlich, wo und wie man die originellsten Schmuckelemente finden kann (siehe S. 35 und 109).

Pompon- und Perlenbordüren: Eine bunte, flauschige Pomponbordüre lässt das Herz von Nähbegeisterten höher schlagen. Befestigen Sie sie unten an der Tasche oder am Überschlag. Perlenbordüren sehen besonders auf einer Abendtasche exquisit aus. Hier habe ich nach dem Motto „Doppelt hält besser" eine Pomponbordüre mit langen Perlenfransen kombiniert.

Bänder und Borten: Sie sind schnell angebracht und doch sehr effektvoll. Peppen Sie eine einfarbige Tasche mit einer schicken großen Schleife aus gemustertem Band auf oder veredeln Sie eine einfache Segeltuchtasche mit einer bestickten Borte. Ein Handtäschchen sieht mit einer Schleife aus Satin oder Samt in derselben Farbe fantastisch aus. Hübsche Bänder und Borten bekomme ich von Freundinnen, bringe sie aus dem Urlaub heim oder tausche sie mit anderen Handarbeitsfans.

Quasten: Es gibt die prachtvollsten Quasten aus Fäden, aus Stoff und aus Perlenschnüren zu kaufen – sehen Sie sich in der Vorhangabteilung von Stoffgeschäften um oder erkundigen Sie sich nach Schlüsselquasten ... oder machen Sie sie selbst! Ich setze sie gerne als flotte, farbenfrohe Blickfänger an der Unterkante eines Überschlags oder an Griffschlaufen ein.

Vintage-Broschen: Gerne durchstöbere ich Flohmärkte und Secondhand-Läden nach altem Modeschmuck. Solche Stücke haben Charme und geben der Tasche im Handumdrehen das gewisse, schicke Etwas. Je nach Lust und Laune und zu Ihrem jeweiligen Outfit passend können Sie die Brosche jederzeit durch eine andere ersetzen.

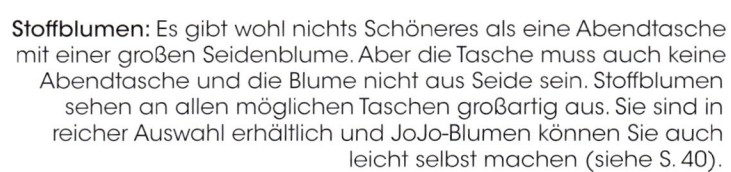

Stoffblumen: Es gibt wohl nichts Schöneres als eine Abendtasche mit einer großen Seidenblume. Aber die Tasche muss auch keine Abendtasche und die Blume nicht aus Seide sein. Stoffblumen sehen an allen möglichen Taschen großartig aus. Sie sind in reicher Auswahl erhältlich und JoJo-Blumen können Sie auch leicht selbst machen (siehe S. 40).

Selbst bezogene Knöpfe: Mit Stoff in einem attraktiven Muster bezogen, eignen sie sich auch als Anstecker, aber noch besser für Taschen. Sie können sie als Knopfverschluss mit Schlaufe einsetzen (siehe S. 42), als Schmuckelemente zu dekorativen Gruppen anordnen oder in der Mitte einer Stoffblume anbringen. Anhand der mitgelieferten Gebrauchsanweisung sind sie ganz leicht herzustellen. Für hübsche Stoffreste gibt es keine bessere Verwendung.

8. Verzierungen

Ihre schicke Hobo-Tasche

Keine Angst – diese Tasche ist nicht so knifflig herzustellen, wie man glauben möchte. Das Geheimnis liegt in den gebogenen Kanten, die das Anbringen des Keders enorm erleichtern. Kedereinfassung und Quaste sind zusammen besonders effektvoll. Durch den breiten Zwickel wirkt die Tasche bei wenig Inhalt schön schlank und erhält im vollgepackten Zustand eine attraktive, geschwungene Silhouette.

Seitenansicht: *Bei geschlossenen Druckknöpfen wirkt die Tasche schlank. Die Kedereinfassung betont die klaren Linien und sorgt für ein professionelles Aussehen.*

Zwickel: *Hier zeigt sich die Tasche mit geöffneten Druckknöpfen als überraschend geräumig.*

Innenleben: *Die gebogene Oberkante ist ein hübsches Detail, das die runde Form betont und Ihnen den schnellen Zugriff auf wichtige Utensilien erleichtert. Auch ein einfaches Innenfach ist vorhanden.*

Das sollten Sie wissen

- Ein schwerer Außenstoff ist hier nicht zu empfehlen. Wählen Sie einen Stoff mittlerer Stärke, damit Sie beim Nähen den Keder unter der äußeren Stoffschicht ertasten können.
- Für die Einfassung brauchen Sie 2,5 m Schrägband (3 cm breit) und 2,5 m Kederschnur (5–6 mm Durchmesser) – siehe S. 144–145.
- Wenn Sie keinen durchlaufenden Keder herstellen möchten, brauchen Sie 2 Stücke Kederschnur mit je 78 cm, ein Stück mit 30 cm und eines mit 64 cm Länge.
- Die Nahtzugabe beträt 1 cm, wenn nicht anders angegeben.
- Bei den Musterteilen (auf den ausklappbaren Seiten des Buches) ist die Nahtzugabe von 1 cm berücksichtigt.

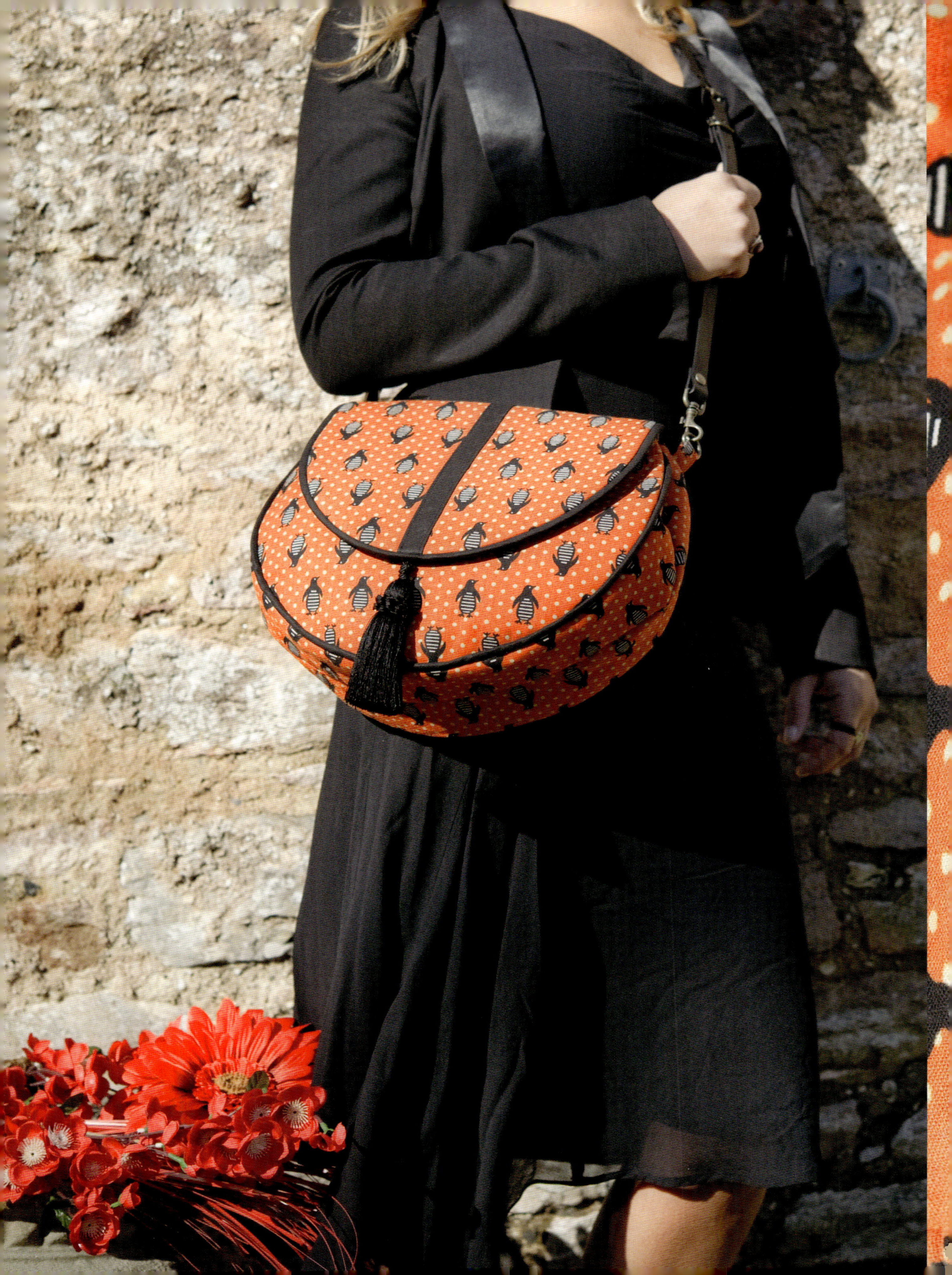

Sie brauchen dazu

- 1 Stück mittelschwerer Stoff als Außenstoff, 50 x 112 cm
- 1 Stück leichter bis mittelschwerer Baumwollstoff als Futter, 50 x 112 cm
- Mittelschwere aufbügelbare Gewebeeinlage, 50 cm
- Aufbügelbare Wattierung, 50 cm
- Keder in einer Komplementärfarbe zur Farbe des Außenstoffs, 2,5 m
- Schrägband in derselben Farbe wie der Keder für die Verzierung am Überschlag, 45 x 3 cm
- Zu den Stoffen farblich passendes Nähgarn
- Fertiger Träger mit Karabinern, ca. 125 x 1,5 cm
- Magnetverschluss, 18 mm
- 2 D-Ringe in der Breite des Trägers
- 2 Druckknöpfe, 1,5 cm
- Quaste, farblich passend zu Keder und Verzierung, 2,5 cm breit
- Kederfuß (optional, aber sehr nützlich – siehe S. 144)
- Trennmesserchen
- Falzbein (optional)
- Wende- oder Sicherheitsnadel
- Sublimatstift

Vorbereitung

Schneiden Sie Stoff und Einlegematerial wie folgt zu (siehe ausklappbare Seiten):

Schicke Hobo-Tasche – Vorderteil:
- 1 x aus dem Außenstoff
- 1 x aus dem aufbügelbaren Einlegematerial
- 1 x aus dem Futterstoff
- 1 x aus der aufbügelbaren Wattierung

Schicke Hobo-Tasche – Rückenteil:
- 1 x aus dem Außenstoff
- 1 x aus dem aufbügelbaren Einlegematerial
- 1 x aus dem Futterstoff
- 1 x aus der aufbügelbaren Wattierung

Schicke Hobo-Tasche – Zwickel:
- 1 x aus dem Außenstoff
- 1 x aus dem aufbügelbaren Einlegematerial
- 1 x aus dem Futterstoff
- 1 x aus der aufbügelbaren Wattierung

Schicke Hobo-Tasche – Überschlag:
- 1 x aus dem Außenstoff
- 1 x aus dem aufbügelbaren Einlegematerial
- 1 x aus dem Futterstoff
- 1 x aus der aufbügelbaren Wattierung

Übertragen Sie alle Passzeichen und Markierungen mit Sublimatstift auf den Stoff

Außerdem:
- 2 Stücke Futterstoff für das gefütterte Innenfach, 25 x 16 cm
- 1 Stück Außenstoff für die Trägerschlaufen, 14 x 5 cm
- 2 Stücke aufbügelbares Einlegematerial für die Verstärkung beim Magnetverschluss, 2,5 cm im Quadrat

Einlegematerial, Mittelnaht für den Zwickel

1 Außenstoffteile verstärken: Teile aus aufbügelbarem Einlegematerial auf der linken Seite der entsprechenden Außenstoffteile aufbügeln. Einlegematerial für den Magnetverschlussbereich bei der entsprechenden Markierung auf der linken Seite der Außenstoffteile für Vorderteil und Überschlag aufbügeln. Die Teile aus der aufbügelbaren Wattierung auf der linken Seite der entsprechenden Außenstoffteile direkt auf das Einlegematerial aufbügeln.

2 Mittelnaht für den Zwickel: Zwickel-Außenstoffteil der Länge nach rechts auf rechts zur Hälfte falten. Den Stoffbruch mit Stecknadeln fixieren und mit 3 mm Nahtzugabe an der Bruchkante entlangnähen **(Abb. a)**. Mit dem Zwickel-Futterteil wiederholen, diesen aber links auf links falten.

Abb. a *Durch die simple, aber praktische Mittelnaht lässt sich der Zwickel leicht und exakt zusammenfalten.*

8. Verzierungen

Trägerschlaufen

3 Trägerschlaufen herstellen: Mit dem Stoffteil für die Trägerschlaufen nach der Anleitung auf S. 102 einen Träger mit offenen Enden herstellen. Träger in zwei gleich lange Stücke schneiden und einen D-Ring auf jede Schlaufe fädeln.

4 Trägerschlaufen am Außenstoff-Rückenteil befestigen: Eine Trägerschlaufe (zur Hälfte gefaltet, mit aufgefädeltem D-Ring) auf einer der Markierungen für die Trägerschlaufen auf der rechten Seite des Außenstoffs platzieren. Schnittkanten ausrichten. Schlaufe mit den Fingern festhalten und mit 5 mm Nahtzugabe annähen. Mit der anderen Trägerschlaufe wiederholen **(Abb. b)**.

Außentasche

5 Magnetverschluss am Außenstoff-Vorderteil anbringen: Magnetteil bei der Markierung für den Magnetverschluss auf der rechten Seite des Vorderteils anbringen (siehe S. 91).

6 Keder an den Seiten und an der Unterkante anbringen: 78 cm vom Keder abschneiden und am Außenstoff-Vorderteil feststecken, dabei bei den entsprechenden Markierungen an den Seitenkanten beginnen und aufhören. (Achten Sie darauf, dass an beiden Enden die gleiche Länge stehenbleibt, diese wird später zurückgeschnitten.) Mit dem Kederfuß und einem Nähgarn in der Farbe des Keders diesen am Außenstoffteil annähen. Die Passzeichen an der Unterkante, die nun vom Keder verdeckt sind, mit kleinen Einschnitten in die Nahtzugabe des Keders freilegen **(Abb. c)**. Am Rückenteil mit einem weiteren 78 cm langen Stück Keder wiederholen.

Abb. b *Nähen Sie die Trägerschlaufe so am Außenstoff an, dass der D-Ring von der Stoffkante weg zeigt.*

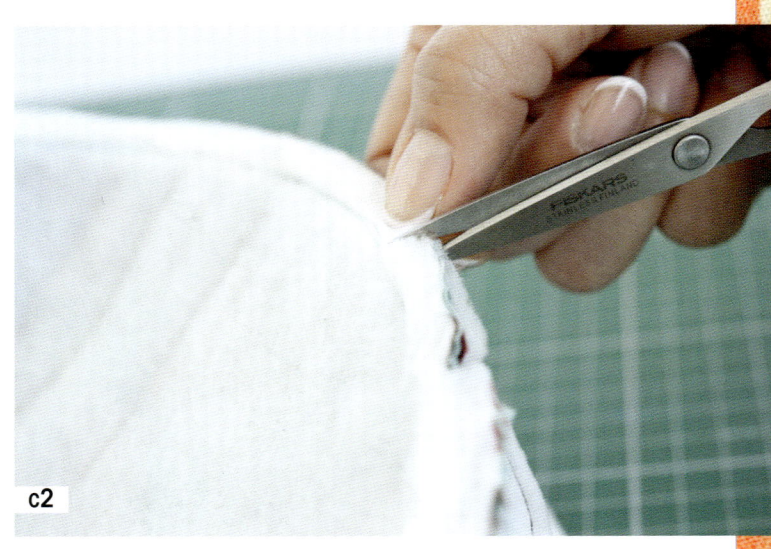

> Richten Sie die Schnittkanten des Keders und des Vorderteils der Tasche exakt aus, damit das fertige Stück professionell aussieht.

Abb. c1–c2 *Nähen Sie den Keder 3 mm rechts von der Kederschnur an der Außentasche an. Machen Sie bei den Passzeichen mit der Schere kleine Einschnitte in die Nahtzugabe des Keders.*

8. Verzierungen

7. Keder an der Oberkante des Vorderteils anbringen: 30 cm vom Keder abschneiden, an der rechten Seite der gebogenen Oberkante des Vorderteils feststecken und annähen (siehe S. 151, Schritt 6).

8. Zwickel an der Außentasche feststecken: Kederenden rechtwinkelig vom Taschenstoff weg umbiegen **(Abb. d)**. Die rechte Seite des Außenstoff-Zwickels an der rechten Seite des Außenstoff-Vorderteils feststecken (über die abstehenden Kederenden hinweg), dabei die Passzeichen an beiden Stoffteilen genau ausrichten. (An beiden Enden des Zwickels soll gleich viel überschüssiger Stoff stehenbleiben, der später zurückgeschnitten wird.) Auf der Zwickelseite zusammenstecken.

9. Zwickel annähen: Mit einem Falzbein oder mit dem Fingernagel fest an der Kederkante entlang über den Stoff des Zwickels fahren, damit sich die Schnur deutlich abhebt. Den Zwickel mit dem Kederfuß an den Seitenkanten und der Unterkante rundherum an der Außentasche annähen. Beim Nähen über die Kederenden nachhelfen, damit der Kederfuß die Schnur ergreift und nachher wieder loskommt (Schnur durch den Stoff des Zwickels ertasten). Auf der Zwickelseite zusammennähen. Überschüssigen Keder an beiden Seiten bis knapp an die Nähte zurückschneiden. Die gebogenen Kanten einschneiden **(Abb. e)**. Schritt 8 und 9 wiederholen, um den Zwickel am Außenstoff-Rückenteil zu befestigen. Überschüssigen Stoff an beiden Zwickel-Oberkanten abschneiden.

Abb. d *Biegen Sie die Kederenden rechtwinkelig um, sodass sie von den Seitenkanten abstehen.*

Abb. e1–e2 *Fühlen Sie beim Annähen des Zwickels die Kederschnur unter dem Stoff. Nähen Sie so knapp wie möglich an der Schnur, ohne sie mitzunähen. Schneiden Sie die gebogene Naht ein, damit sie nach dem Wenden gefällig aussieht.*

Futter

10 Innenfach ins Futter einfügen: Mit den entsprechenden Stoffteilen nach der Anleitung auf S. 125 ein gefüttertes Fach herstellen und mittig auf der rechten Seite des Futter-Rückenteils 4 cm unterhalb der Oberkante feststecken und annähen.

11 Futterbeutel zusammenstecken und nähen: Beim Futter wie in Schritt 8 und 9 vorgehen (ohne Keder), jedoch 15 cm Wendeöffnung in einer unteren Naht lassen.

Überschlag

12 Band für die Verzierung herstellen und annähen: Schrägband in zwei gleich lange Stücke schneiden. Die Streifen rechts auf rechts übereinanderlegen, an beiden langen Kanten zusammenstecken und mit 5 mm Nahtzugabe annähen. Nähte auseinanderbügeln, mit einer Wende- oder Sicherheitsnadel den Stofftunnel auf rechts wenden und bügeln. Das Band senkrecht und mittig auf der rechten Seite des Überschlag-Außenstoffteils feststecken und an beiden langen Kanten knappkantig absteppen **(Abb. f)**.

13 Magnetverschluss: Nichtmagnetischen Teil des Verschlusses bei der Markierung auf der rechten Seite des Überschlag-Futterteils anbringen (siehe S. 91).

14 Quaste annähen: Den Kopf der Quaste mittig auf der Unterkante des Überschlag-Futterteils (rechte Seite) platzieren, sodass die Fransen zur Oberkante des Futterteils zeigen, und die Kordel mit 1 cm Nahtzugabe annähen. Zur Verstärkung mehrmals vorwärts und rückwärts nähen **(Abb. g)**. Überschüssige Kordel abschneiden.

15 Keder am Überschlag befestigen: Den restlichen Keder an der rechten Seite des Überschlag-Außenstoffteils feststecken und annähen (siehe S. 151, Schritt 6).

16 Überschlag fertigstellen: Kederenden wie in Schritt 8 rechtwinkelig umbiegen. Die rechte Seite des Futterteils an der rechten Seite des Außenstoffteils feststecken (über die abstehenden Kederenden hinweg) und die Teile wie in Schritt 9 zusammennähen. Den Überschlag auf rechts wenden, glätten und mit einem Bügeltuch die gesamte rechte und linke Seite bügeln.

Abb. f *Nähen Sie das Band mittig auf der rechten Seite des Überschlags an.*

Ein Kederfuß ist für dieses Projekt am besten geeignet, aber auch mit einem Zippfuß können Sie knapp am Keder nähen.

Abb. g *Nähen Sie zur Verstärkung mehrmals vorwärts und rückwärts über die Quastenkordel.*

Tasche zusammenstellen

17 Überschlag annähen: Mit der linken Seite nach oben den Überschlag mittig auf der rechten Seite des Rückenteils an der Oberkante feststecken. Schnittkanten ausrichten und den Überschlag mit 5 mm Nahtzugabe annähen (siehe S. 81, Schritt 19).

18 Futterbeutel am Taschenbeutel annähen: Kederenden an der gebogenen Oberkante rechtwinkelig umbiegen, sodass sie von der Oberkante weg nach oben zeigen. Taschenbeutel (rechte Seite nach außen) in den Futterbeutel (linke Seite nach außen) einführen, sodass sich die rechten Seiten von Taschen- und Futterbeutel berühren. An der gebogenen vorderen Oberkante zusammenstecken. An der Oberkante rundherum zusammennähen; wenn Sie zum Keder an der gebogenen Kante kommen, montieren Sie den Kederfuß **(Abb. h)**.

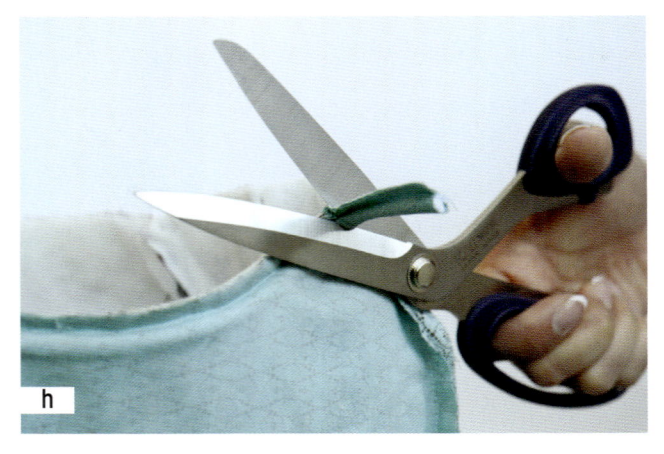

Abb. h Taschen- und Futterbeutel sind zusammengenäht. Nun können Sie die Kederenden abschneiden.

Wenn die Kederschnur unter dem Stoff nicht deutlich zu sehen ist, fahren Sie mit einem weichen Bleistift kräftig an der Kante der Schnur entlang, damit Sie eine Hilfslinie haben, an der Sie entlangnähen können.

19 Tasche auf rechts wenden: Die Außentasche durch die Wendeöffnung im Futter durchziehen und durch das Futter hindurchdrücken. Schnittkanten in die Wendeöffnung schieben und diese durch Absteppen schließen. Die Tasche glätten und bügeln, vor allem auf eine exakte Oberkante achten (siehe Anleitung für das Verstürzen, S. 75, Schritt 5 und 6).

20 Oberkante absteppen: Bei geöffnetem Überschlag die Oberkante mit 5 mm Nahtzugabe rundherum absteppen **(Abb. i)**.

21 Druckknöpfe am Zwickel befestigen: An beiden Seiten des Zwickels die Position für die Druckknöpfe 1,5 cm unterhalb der Oberkante und 1,5 cm innerhalb der Seitenkanten markieren. Druckknöpfe nach der Gebrauchsanweisung des Herstellers anbringen (siehe S. 138, Schritt 22).

22 Vervollkommnung: Den Träger an den D-Ringen befestigen. Fertig!

Abb. i Steppen Sie die gebogene Oberkante mit einer Nahtzugabe von 5 mm ab; nähen Sie nicht direkt am Keder.

Rechts: Durch den selbst gewählten Außenstoff und die Verzierung erhält die stilvolle Tasche eine ganz individuelle Note, die sie von gekauften Handtaschen deutlich abhebt.

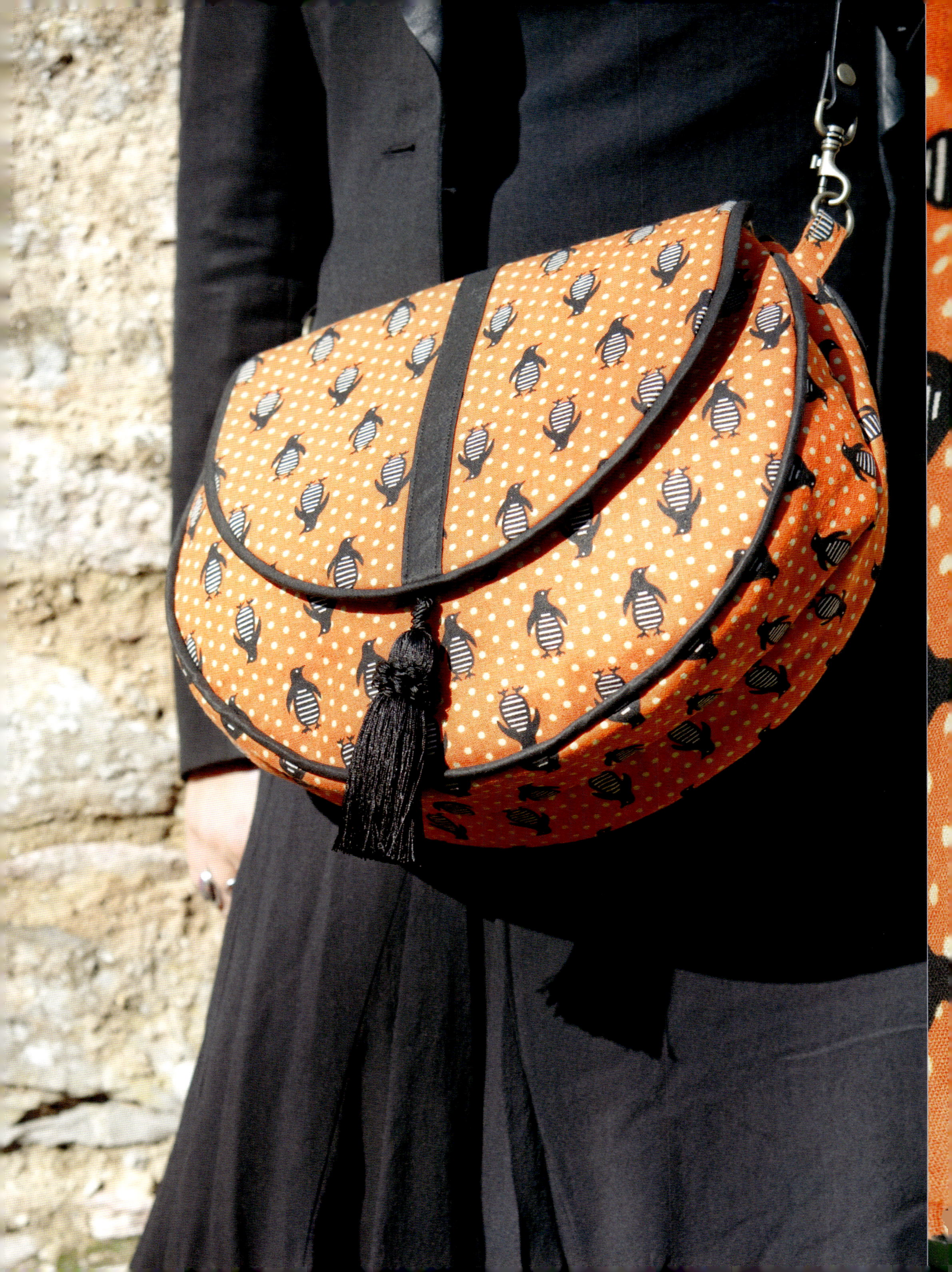

Alle Arbeitsschritte auf einen Blick

Wenn man Handtaschen näht, kommt man bald darauf, dass die Arbeitstechniken und die Reihenfolge der Arbeitsschritte meist sehr ähnlich sind. Ich empfinde das keineswegs als Einschränkung: Da man schnell eine gewisse Routine erreicht, wird die nötige Denkkapazität für das Entwerfen und Gestalten der schönsten eigenen Taschen frei. Nur wenn man einen Plan für die Herstellung der Tasche im Kopf hat, wird das Ergebnis überzeugen. Übung macht dabei den Meister, aber die folgende Liste der einzelnen Schritte in der richtigen Reihenfolge wird Ihnen schneller zum Erfolg verhelfen.

Einsteiger sollten es nicht tragisch nehmen, wenn sie mit dieser Liste vorläufig nicht viel anfangen können. Wenn Sie nach den Anleitungen in diesem Buch – oder nach einer anderen Anleitung – zwei oder drei Taschen genäht haben, werden Sie sehen, dass die Liste alle notwendigen Arbeitsschritte für die Herstellung jeder beliebigen Tasche enthält und genau angibt, was wann zu tun ist. Damit haben Sie eine Gedächtnisstütze für Ihre eigenen Entwürfe. Viel Freude dabei!

Allgemeine Arbeitsschritte

1 Trägerschlaufen herstellen (nach Wunsch), siehe S. 102.

2 Träger/Griffe herstellen (nach Wunsch), siehe S. 100–109.

3 Überschlag herstellen (nach Wunsch), dabei beliebigen Verschluss am Überschlag montieren, siehe S. 82–93.

4 Innen- und Außenfächer herstellen, siehe S. 64–71 und 122–131.

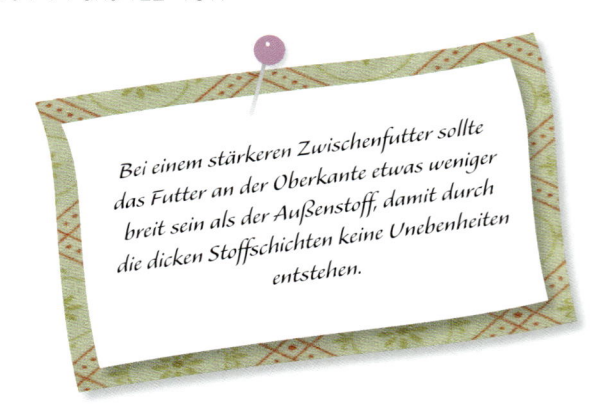

Bei einem stärkeren Zwischenfutter sollte das Futter an der Oberkante etwas weniger breit sein als der Außenstoff, damit durch die dicken Stoffschichten keine Unebenheiten entstehen.

Futter zusammenstellen

1 Futterteile nach dem Schnittmuster zuschneiden.

2 Teile mit Einlegematerial oder Zwischenfutter versehen (nach Wunsch), siehe S. 31 und 36–39.

3 Fächer (nach Wunsch) am Futter befestigen, siehe S. 66–71.

4 Abnäher/Falten/Zwickel/Raffungen (nach Wunsch) am Futter anbringen, siehe S. 46–56.

5 Verschlüsse (z. B. Magnetverschlüsse) an der Oberkante des Futters anbringen, siehe S. 91.

6 Verdeckten Zipp an der Oberkante einfügen, siehe S. 88–89.

7 Futterteile zusammenstecken und nähen (siehe jeweiliges Projekt).

8 Flachen Boden (nach Wunsch) einfügen, siehe S. 54, 120 und 137.

Außentasche zusammenstellen

1 Außenstoffteile zuschneiden.

2 Teile mit Einlegematerial oder Zwischenfutter versehen (nach Wunsch), siehe S. 31 und 36–39.

3 Fächer (nach Wunsch) am Außenstoff befestigen.

4 Abnäher/Falten/Zwickel/Raffungen (nach Wunsch) am Außenstoff anbringen, siehe S. 46–56.

5 Verschlüsse (z. B. Magnet- und Drehverschlüsse) an der Oberkante des Außenstoffs anbringen, siehe S. 84–93.

6 Außenstoff-Teile zusammenstecken und nähen (siehe jeweiliges Projekt).

7 Flachen Boden oder Gitterboden (nach Wunsch) einfügen, siehe S. 54, 120 und 137.

8 Taschenfüße (nach Wunsch) an der rechten Seite des Außenstoffteils für den Boden anbringen, siehe S. 137.

9 Überschlag (nach Wunsch) an der rechten Seite der Außentasche annähen, siehe S. 62, 153 und 154.

10 * Trägerschlaufen mit daran befestigten fertigen Griffen (nach Wunsch) auf der rechten Seite an der Oberkante der Außentasche annähen, siehe S. 110–111.

11 * Selbstgemachte Träger (nach Wunsch) an der Oberkante der Außentasche annähen, siehe S. 102–109.

* Bei diesen Arbeitsschritten hängt die Reihenfolge davon ab, nach welcher Methode das Futter eingefügt wird (siehe S. 72–75).

Bezugsquellen

Das Internet ist ein Eldorado für Handarbeitsfreunde und auch für alle, die Taschen selbst machen wollen. Mit ein paar Mausklicks können Sie sich selbst mit einem Paket voller Handarbeitsfantasien beschenken. Unten finden Sie eine Liste von empfehlenswerten Online-Shops.

Stoffe

buttinette Textil-Versandhaus GmbH, Altach
www.buttinette.com

Coats GmbH, Kenzingen
www.coatsgmbh.de

fabfab – fabulous fabric, Halstenbek
www.stoffe.de

Happy Home – C. F. Rakousky e. U. Klosterneuburg
http://happyhome-stoffe.at

KnorrPrandell GmbH, Lichtenfels
www.knorrprandell.com

Kurt Frowein GmbH & Co. KG
www.kurt-frowein.de

Franz Müller Textil GmbH, Kritzendorf
www.textil-mueller.at

Silke Sönnichsen, Großenwiehe
www.silkes-naehshop.de

Staudinger Handelsgesellschaft m b. H., Wels
www.stoffcorner.eu

Stoffe Brünink & Hemmers GmbH, Nordhorn
www.stoffe-hemmers.de

Stoffgarten e. U., Wien
www.stoffgarten.at

Stoffhaus Kepper, Herborn
www.stoffhaus-kepper.de

Stoff-Palette Marlies Schnekenburger, Donaueschingen
www.stoff4you.at

Textilwelt Internet Vertriebs GmbH, Mönchengladbach
www.stoffe-zanderino.de

T. O. Stoffe, Wien
www.to-stoffe.at

Westfalenstoffe AG, Münster
www.westfalenstoffe.de

Zweigart und Sawitzki, Sindelfingen
www.zweigart.de

Vliese

Freudenberg Vliesstoffe KG, Heidelberg
www.vlieseline.de

Stoff-Palette Marlies Schnekenburger, Donaueschingen
www.onlinestoffe.de/Stoffe-Meterware/Vlieseline/

Zubehör

Amann Handel GmbH, dietenheim
www.amann-mettler.com

buttinette Textil-Versandhaus GmbH, Altach
www.buttinette.com

Coats GmbH, Kenzingen
www.coatsgmbh.de

FadenVersand.de GmbH & Co. KG, Geilenkirchen
www.fadenversand.de

Gütermann AG, Gutach-Breisgau
www.guetermann.com

Jim Knopf GmbH & Co. KG, Offenbach am Main
www.knopfhandel.de

Knopffabrik Dill GmbH & Co. KG, Bärnau
www.dill-buttons.de

knopf-shop.com, Eppingen
www.knopf-shop.com/

KnoepfeVersand.de, Hattenhofen
www.knoepfeversand.de

Madeira Garnfabrik, Freiburg
www.madeira.de

E. & F. Pflänzel GmbH, Wien
www.pfaff-wien.at

Prym Comsumer GmbH, Stolberg
www.prym-consumer.com

Regina Stabentheiner-Reisner, Wien
www.reginas-naehzubehoer.at

Silke Sönnichsen, Großenwiehe
www.silkes-naehshop.de

Staudinger Handelsgesellschaft m b. H., Wels
http://www.stoffcorner.eu

Stoffe Brünink & Hemmers GmbH, Nordhorn
www.stoffe-hemmers.de

Stoffgarten e. U., Wien
www.stoffgarten.at

Stoff-Palette Marlies Schnekenburger, Donaueschingen
www.stoff4you.at

Union Knopf GmbH, Bielefeld
www.unionknopf.de

YKK, Mainhausen
www.ykk.de

Über die Autorin

Lisa Lam ist Absolventin des London College of Fashion. Ihr Online-Shop U-Handbag.com liefert alles Notwendige zum Selbermachen von Taschen. Beruflich (aber auch zum Vergnügen!) entwirft sie Taschen und schreibt regelmäßig für Handarbeitszeitschriften. Lisa Lam und ihr Ehemann Alan leben in Brighton. Durch ihren Blog ist Lisa in ständigem Kontakt mit den Handarbeitsfreunden in der Internetgemeinde und ist immer wieder begeistert vom Ideenreichtum und dem schöpferischen Potential ihrer Fans.

Lisa Lams Blog:
www.u-handbag.typepad.com

Lisa Lams Online-Shop:
www.u-handbag.com

Danksagung

Ein großes Dankeschön an meine Kunden und Blog-Leser – Ihr Interesse und Ihre Bereitschaft, Wissen und Ideen mit anderen zu teilen, ist überwältigend. Wenn Sie nicht wären, müsste ich mich endlich nach einer „richtigen" Arbeit umsehen … Ich danke meiner Freundin Amy Butler, die ein wahres Handarbeitsgenie ist – die Zusammenarbeit mit ihr ist eine richtige Freude. Mein Dank gilt auch dem Team des Verlages David & Charles: Charly Baily für ihre Kreativität, James Brooks, weil er immer Ruhe bewahrt hat, Jenny Fox-Proverbs, weil sie mir als einfallsreiche Ansprechperson in allen Handarbeitsdingen zur Verfügung stand, und meiner Lektorin Ame Verso für ihre phänomenale Genauigkeit. Ich danke meiner Agentin Jane Graham Maw, die mich als unbekannte Autorin trotzdem betreut hat, und Chrissie Day, die mich zum Bücherschreiben gebracht hat. Schließlich möchte ich Lorna und Jack von Bangwallop danken, die die großartigen Fotos gemacht haben und denen stimmige Aufnahmen genauso ein Herzensanliegen waren wie mir.

Stichwortverzeichnis

A
Abnäher 19, 46–49
Absteppen 19
Anatomie der Tasche 14–15
Anzugsstoff 33
Arbeitsschritte 156
auf rechts wenden/ links wenden 19
Ausfransen 73
Außenfach 135–136

B
Bänder 135
Bänder/Borten 140, 146
Baumwolle 32
Befestigung
(für Träger oder Griffe) 14
Behälter für Künstlerbedarf 31
Boden 15, 119–120, 136–37
 flacher 24, 28, 46–47, 54–55, 61
 Gitterstoffboden 57, 137
 (kontrastierender) 40
 papiertütenartiger Boden 62
Bordüren 140–155
Bruchkante 19
Bügeln 20, 36–37, 51, 104
Bulldogklemmen, Mini- 11
Bürotasche 76–81

C
Clutch 31, 58–63

D
Denim 33
Durchziehnadel 11

E
Einfassungsband 141
Einlegematerial 21, 31, 36–39, 61–62, 78, 96, 115, 150
Einlegematerial, aufbügelbares 21, 36–38
einschneiden/Ecken einschneiden 19

F
Fächer (Seitentaschen) 122–139
 mit Abnähern an den Ecken 122–123, 130–131
 Außenfach 112, 116–117, 122–127, 130–131, 135–136, 154
 Außenfach, hinteres 135–136
 Außenfach, vorderes 112, 116–117, 126, 135–136
 Blasebalgfach 122–123, 126–127, 136
 Einfassung 142–143
 mit Gummizug 122–123
 Innenfach 15, 64–71, 80, 94, 98, 112, 119–120, 122–125, 137, 154
 Innenfach, gefüttertes 122–123, 125
 Innenfach, ungefüttertes 122–125, 154
 Zipp-Innenfach 64–65, 70–71
 Zipptasche, eingeschnittene 64–69, 94, 98, 112, 119–120
Fadenlauflinie 19
Farbe 34
Federmappe (Federpennal) 31, 86–87
Filzen 107
Füllfederhalterung 80
Futter 15, 19, 43–44, 62–81, 98–99, 115, 119–121, 137–138, 154–155
 Arbeitsschritte 156
 Fächer 64–71
 Hineinstecken (Methode) 64, 72–73
 Keder 145
 Stoffe 32
 Verstürzen (Methode) 64, 74–75
 Zippverschlüsse 87, 89, 90

G
Garn 11
Geldbeutel, zweifach oder dreifach faltbar 31
Gewebeeinlage, aufbügelbare 38
Griffe/Träger 14, 44, 79, 100–121, 135–137, 151
 zum Annähen 111
 Clutch 58, 60
 fertige 28, 74, 110–111
 Futter 74
 mit Karabinern 111
 Kettenträger 111
 mit Klammervorrichtung 111
 verstärkte 97, 100–101, 108–109, 115, 117

H
Hammer 11
Handgelenkstasche mit Zippverschluss 31
Handnähnadel 10
Hobo-Tasche 31, 148–155, 160

I
Imprägnierspray 20

K
Kanten, unversäuberte 19
Karabiner 108–109
Klebstoff 11
Knöpfe, selbstbezogene 40, 43, 147
Kunststoffschlauch, biegsamer 108–109
Kuriertasche 31

L
laminiertes Tuch 32
Laptoptasche 31, 79–80
Leder 61, 105
Leinen 32
linke Seite/linke Seite nach außen/
links auf links/linke Seite nach oben 19
Lochzange 11

M
Markieren 10
Maschinenstiche 13
Messen 10
Modeschmuck als Verzierung 140, 147
Muster 35

N
Nähmaschine 12–13
Nahtzugabe 13, 19
Nieten 85, 97, 105

O
Öltuch 32
Ösen 85, 99

P
Passzeichen 19
Pomponbordüre 146
Projekte
 Elegante Rüschen-Clutch 58–63
 Perfekte Businesstasche 76–81
 Reisetasche „Große Fahrt" 112–121
 Schicke Hobo-Tasche 148–155, 160
 Tasche „Einfach Klasse" 24, 26–27
 Tasche „Kecke Falte" 24, 28–29
 Tasche „Schlanke Linie" 24, 28
 Tausendsassa-Tragetasche 132–139
 Topaktuelle Oversize-Tasche 94–99
 Umhängetasche zum Wenden 40–45
 Vielseitige Tragetasche 24–29

Q
Quadratstich 19, 31
Quasten 147, 154
Quetschfalten 24, 28–29, 46–47, 50–51
Quiltstoff 32

R
Raffungen 46–47, 56, 135
Rauleder, Raulederimitat 33
rechte Seite/rechte Seite nach außen/
rechts auf rechts/rechte Seite nach oben 19
Reisetaschen 31, 112–121
Rüsche 60–61, 63

S
Samt 33
Satin 33
Schere 10, 21
Schneiderahle 11
Schneidergeräte 10, 21
Schnittmuster 16–19, 22–23, 31
Schrägbandformer 11
Schultertasche 31
Schwarz-Weiß-Effekt 34
Segeltuch 33
Seide 33
Stäbchenband 57
Stoffblumen 40, 43, 147
Stoffe 30–39
 Farbe 34
 Kategorien 32–33
 Muster 35
 neue 35
 Stärke (Gewicht) 32
 Vorbereitung 20–21
 Wiederverwertung 35, 100, 107
Stoffschichten übereinanderlegen 21
Struktur (= Textur) 34, 47
Struktur/Volumen 46–56, 128–131

T
Taschenfüße 119, 137
Tascheninneres 15
Taschenrücken 15
Tasche vergrößern/verkleinern 22–23, 35
Träger 14, 27, 94, 96–97, 100–121
 doppelseitige 100–101, 104
 mit geschlossenen Enden 100–101, 103, 108
 mit Karabinern 100–101, 105
 mit offenen Enden 100–102
 verstellbare 100–101, 106–107, 115
Tragetaschen 24–29, 132–139
Trennmesserchen 10

U
Überschlag 62–63, 78, 80–81, 93, 98–99, 117, 131, 154–155
Unterteilungen 15

V
Verschlüsse 14, 82–99
 Drehverschluss 79, 81–82, 85, 92–94, 97–98, 131
 Druckknöpfe 138, 155
 Knopfverschluss mit Schlaufe 40, 42–44
 Magnetverschluss 61–62, 82, 84, 91, 125, 127, 131, 134, 137–138, 151, 154
 Magnetverschluss, verdeckter 82, 84, 91, 131
 siehe auch Zippverschluss
Verstärkung 46, 57, 91–92
Verzierungen 61–61, 63, 140–155

W
Wattierung/Polsterung 39, 57, 102–104
Wendenadel 11
Werkzeug 10–11

Z
Zange 11
Ziehharmonikafalten 126
Zippverschluss 80, 82–83, 86–90
 Arten 83
 Einfassung 88–89
 an der Oberkante 82–83, 86–89
 verdeckter an der Oberkante 82–83, 88–89
 weit öffnender 82–83, 90, 112, 115, 118–121
Zippfächer 64–71, 94, 98, 112, 119–120
Zusammenstecken 10
Zwickel 14, 46–47, 52–53, 78–80, 138, 148, 150, 152, 155
Zwischenfutter 31, 36–39

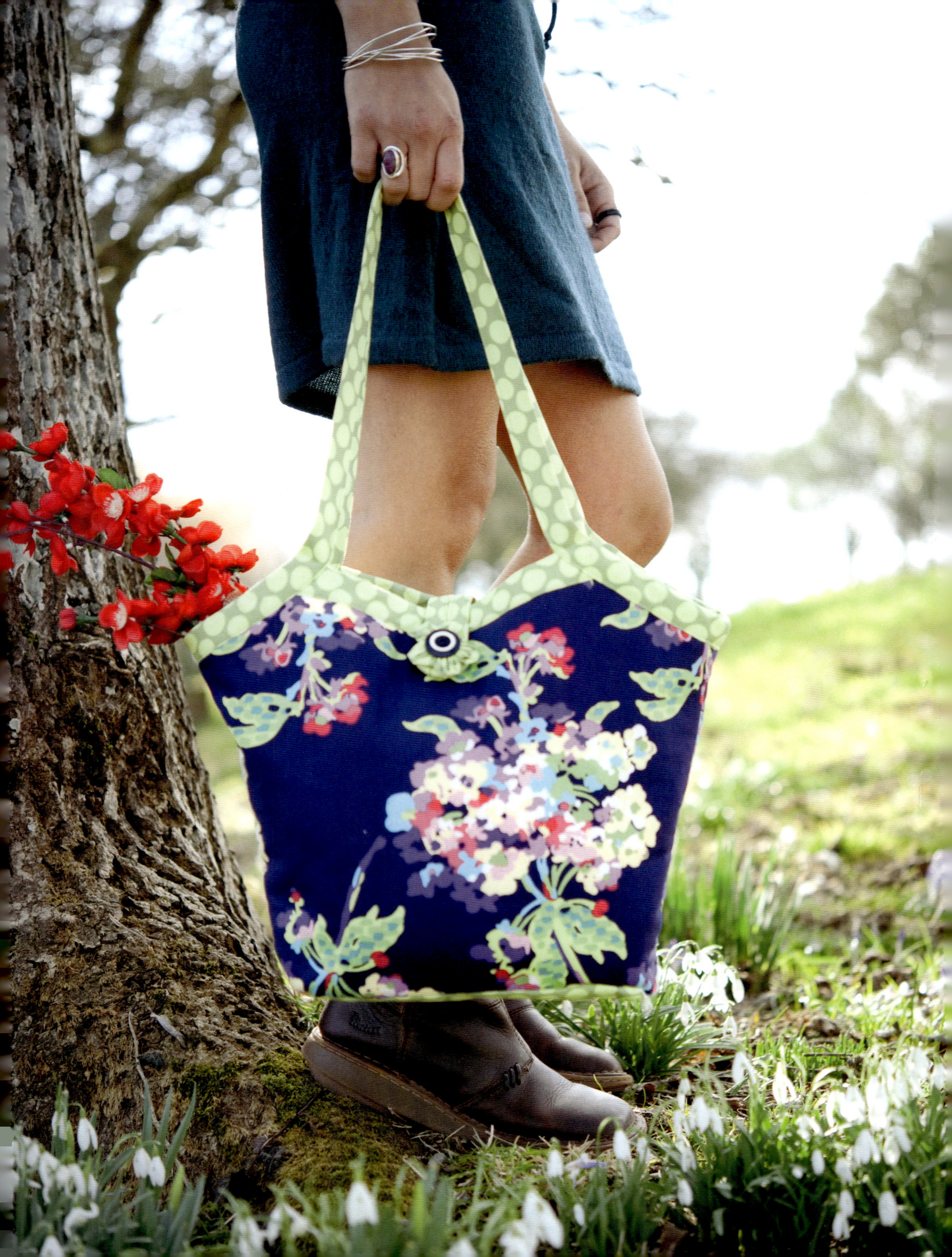